JN243443

介護福祉士
実務者研修テキスト

第1巻 人間と社会

黒澤貞夫　編集
石橋真二
是枝祥子
上原千寿子
白井孝子

中央法規

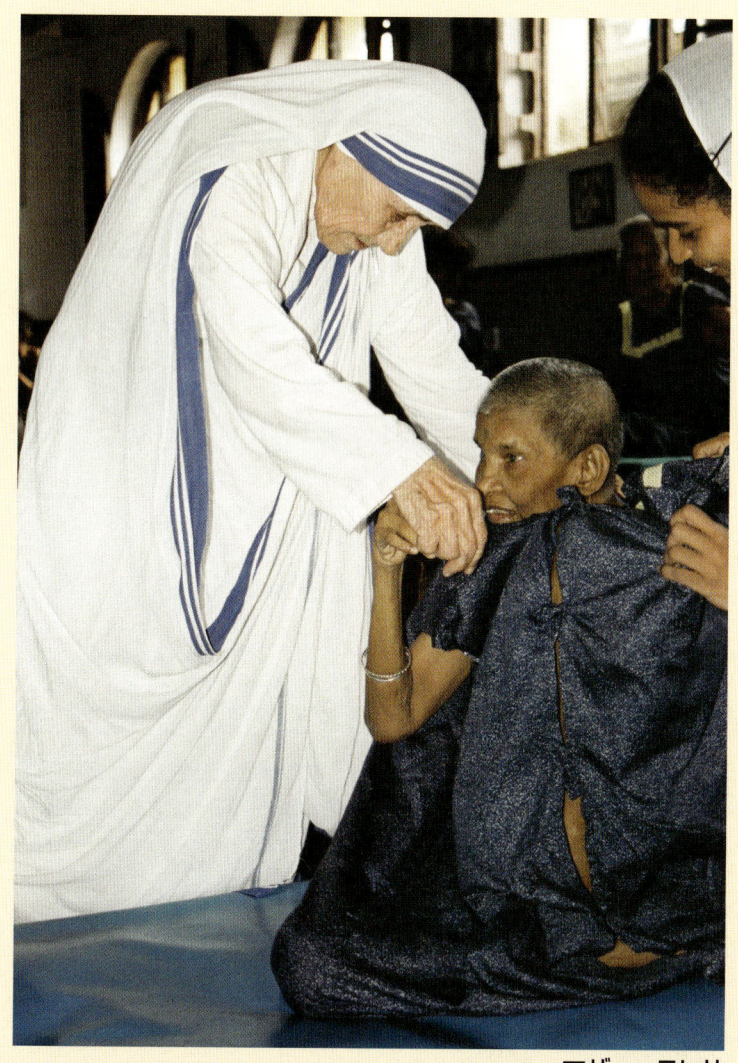

マザー・テレサ

この世で最大の不幸は，戦争や貧困などではありません。人から見放され，「自分は誰からも必要とされていない」と感じることなのです。だれからも受け入れられず，だれからも愛されず，必要とされない悲しみ，これこそが本当の不幸なのです。

写真提供：片柳弘史 s.j.

高齢者夫婦を支える主な資源と制度

地域で暮らす高齢者夫婦を支えるさまざまな資源も，その背景には各種の制度が存在しています。
夫婦であっても，その年齢や状態によって，利用するサービスは異なることがわかります。

介護保険制度

地域支援事業

地域包括支援センター

介護予防

短期入所生活介護（ショートステイ）

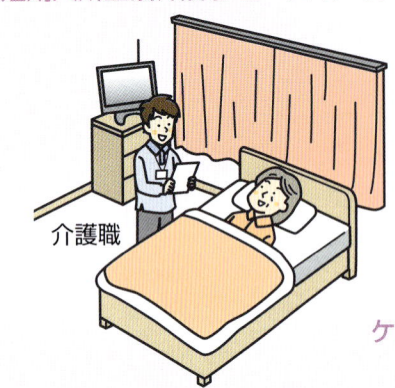

介護職

ケアプランの作成

ケアマネジャー

訪問介護

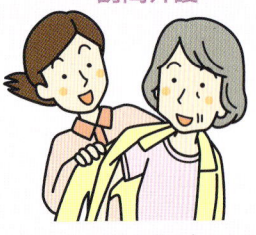

ホームヘルパー

福祉用具貸与

訪問看護

訪問看護師

訪問診療

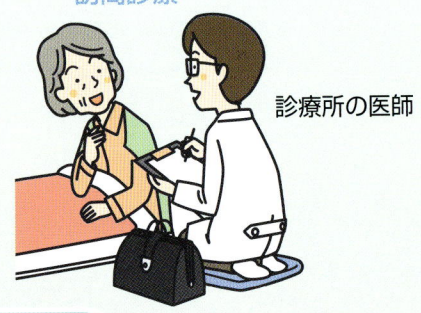

診療所の医師

後期高齢者医療制度

社会福祉制度

社会福祉協議会

金銭管理のサポート
（日常生活自立支援事業）

生活支援員

相談・見守り

地域住民

民生委員

外出支援

ボランティア

 Aさん　 Bさん

78歳　　74歳

要介護3

老齢年金（※平成27年4月以降）

国民年金／月額6万5008円
【老齢基礎年金（満額）：1人分】

厚生年金／月額22万1507円
【夫婦2人分の老齢基礎年金を含む標準的な年金額】

年金制度

家族

例えば，介護が必要なAさんには，介護職やケアマネジャーがかかわっているけれど，そのサービスは「介護保険」という国の保険システムのもとで提供されているんだね

外来診療

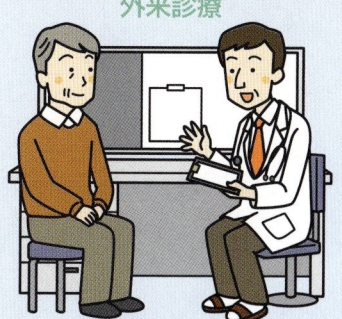

地域病院の医師

国民健康保険制度

● ライフサイクルからみた主な社会保障制度

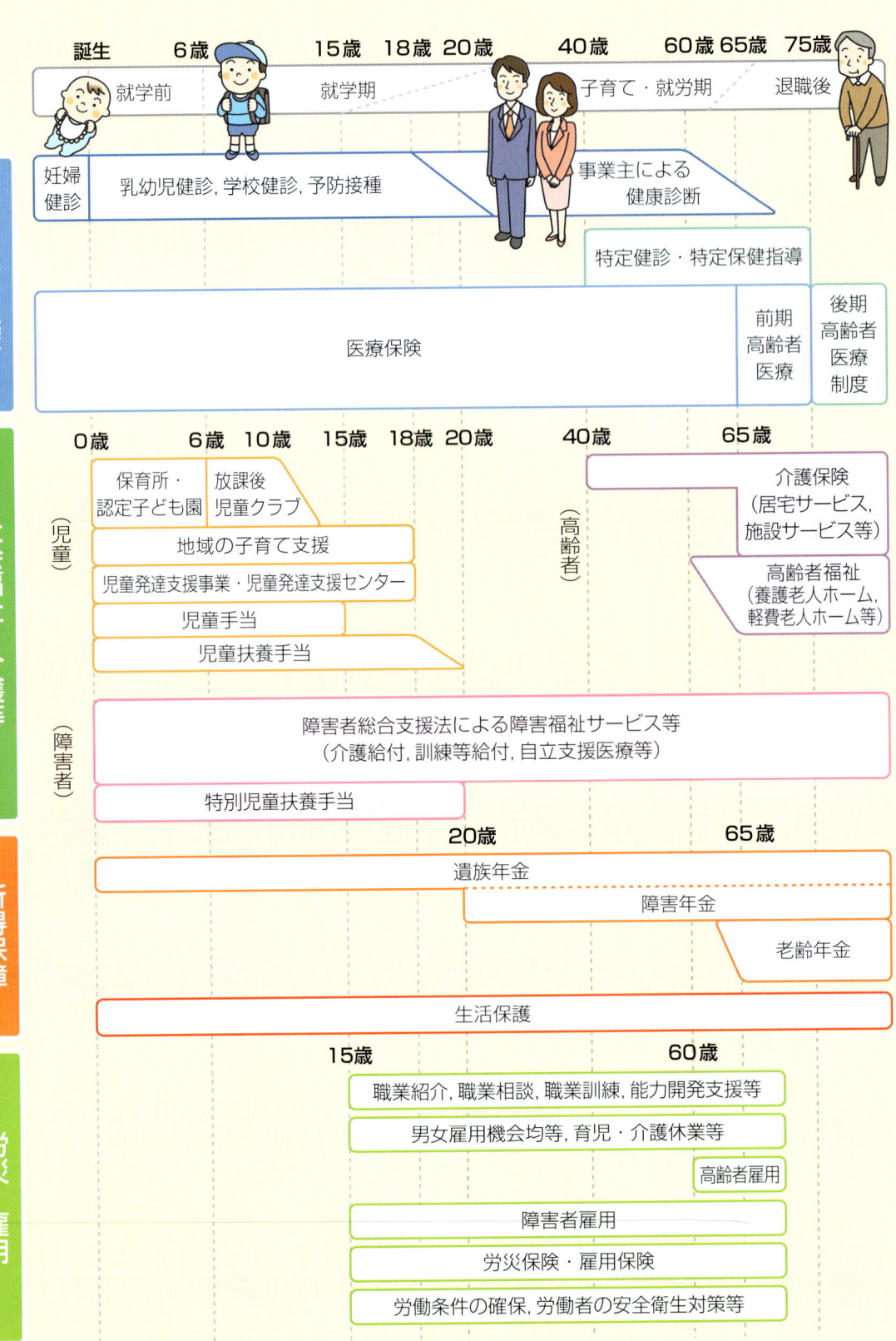

はじめに

　2015（平成27）年2月，厚生労働省の社会保障審議会福祉部会・福祉人材確保専門委員会は「2025年に向けた介護人材の確保」という報告書をまとめ，公表しました。

　この報告書によると，2025（平成37）年には約248万人の介護人材が必要になると推計されています。その一方で，今後さらなる人口減少の進行が見込まれ，現状の施策を継続した場合，2025（平成37）年には約30万人の介護人材が不足するとの見通しが示されています。そのため，介護人材の量と質の確保に向けた総合的な取り組みを行っていく必要があると，報告書ではまとめています。

　こうしたなかで，専門性の高い介護人材として，中核的な役割を果たすことが期待されているのが介護福祉士です。介護福祉士に求められる能力としては，今後も進展する介護ニーズの多様化と高度化に対応するため，利用者の自立支援に向けて業務を遂行する力や他職種と連携する力，さらには指導力やマネジメント力などがあげられています。

　「実務者研修」は，介護福祉士の資質向上を目的として，すべての者が一定の教育プログラムを経た後に国家試験を受験するという形で，資格取得方法の一元化が目指されたのを機に，2012（平成24）年度から実施されている研修です。介護福祉士国家試験を受験する者のうち，いわゆる実務経験ルートについては，3年以上の実務経験に加えて，今後は「実務者研修」の受講が必要になるとされています。

　私たちは，2012（平成24）年10月より『介護職員等実務者研修（450時間研修）テキスト』と題して，「実務者研修」のカリキュラムに準拠したスタンダード・テキストを発行してきましたが，このたび『介護福祉士実務者研修テキスト』とシリーズ名を一新し，全5巻構成のテキストを発行することといたしました。本書はそのなかの1冊であり，履修科目における「人間の尊厳と自立」「社会の理解Ⅰ」「社会の理解Ⅱ」を収載しています。

　今回の編集にあたっては，「実務者研修」を通信課程で受講する方々にも無理なく，わかりやすく自己学習を進めることができるような工夫をしています。読者の皆様には，本書に加えて，『第2巻 介護Ⅰ』『第3巻 介護Ⅱ』『第4巻 こころとからだのしくみ』『第5巻 医療的ケア』のご活用もお願い申し上げます。さらには，お気づきの点をお寄せいただき，今後改訂を重ねていきたいと考える次第です。

編者一同

介護福祉士実務者研修テキスト
【第1巻】人間と社会

はじめに
本書をご活用していただくにあたって

Contents

第3章 社会のしくみの理解 (社会の理解Ⅱ)

本書をご活用していただくにあたって

【編集方針】

■ 1850時間の介護福祉士養成課程のうち，実務経験のみでは修得できない知識・技術を中心に，全5巻のシリーズとして構成しています。

■ 国が示す実務者研修のカリキュラムにもとづいて，介護福祉士に求められる基礎的・応用的（実践的）な知識と技術を修得できるようにしています。

■ 介護職員初任者研修，訪問介護員養成研修，介護職員基礎研修等を修了したことにより履修免除となる科目が「章単位」で設定されており，学びやすい目次構成にしています。

■ 図表やイラストを多用してビジュアル的側面に配慮しています。

【特　　徴】

■ 各章の冒頭に，国が示す実務者研修各科目の【到達目標】を明示しています。

■ 各節の単元ごとに「□月□日」と日付を記入できる欄を設けています。自己学習を計画的に進めるために，学習し終えたところから日付を記入して，学習の進行状況を確認してみましょう。

■ 本文中における重要語句（キーワード）を，色文字・ゴシック体（強調書体）で明示しています。

■ 本文中，必要に応じて参照ページ（☞第○巻 p.○と明示）を掲載しています。該当ページをみると，より詳しい内容や関連する情報が記述されています。

■ 各章の本文の終わりには「学習のポイント」を掲載しています。これは各節の単元ごとに本文中の重要事項をまとめたものです。テキストに出てくる順番に掲載していますので，重要事項が理解・把握できているかどうか振り返ってみましょう。

■ 本文中，専門用語や難解な用語をゴシック体（強調書体）で明示し，章末に「用語解説」を掲載しています。また参照ページを明示していますので，用語解説から本文，本文から用語解説を必要に応じて確認することができます。

【本文表記】

■「障害」という用語には否定的なイメージがあり，「障がい」と表記するなどの取り扱いが広がっていますが，わが国の法令用語としては「障害」が用いられています。こうした動向をふまえつつ，本書におきましては法令との整合性を図るために，「障害」を用語として用いています。

■ 法令用語と同様に，本書におきましては医学関連の用語についても，学会等での議論や医学辞典における表記にもとづいた用語を用いています。

第1章

人間の尊厳と自立

【到達目標】

● 尊厳の保持，自立・自律の支援，ノーマライゼーション，利用者のプライバシーの保護，権利擁護等，介護の基本的な理念を理解している。

人間の多面的な理解と尊厳

月

日

1. 人間を理解するということ

❶ 人間の多面的な理解

▶▶ 生活の営みの姿

人間の理解は，まず生活の営みの姿を知ることからはじまります。生活の営みとは，日々の暮らしをつくっている現実の状況です。人は日々の生活を平穏で幸せに過ごしたいと思っています。しかし，生活とは，現実のなかにとどまっているものではありません。"よりよく生きる" という明日への歩みを含んでいるのです。

人間を理解するということとは，この現実の生活と，これからの生活の両面を理解することなのです。いつの時代にあっても，人は老い，病み，心身の障害などを人生の課題としています。これらのさまざまな課題を乗り越えていくうえでは，生活の支援が必要とされます。

▶▶ 人間の多面性

介護職とは，人々の生活を支援する専門職です。そのため，介護職には，人間の多面的な理解が求められています。

人間の多面性については，二つに分けてみることができます。一つは人間の生活を過去，現在，未来への視点から理解することです。すなわち，現在の生活は，これまでの生活のうえにあり，そしてこれからの生活のありようを含んでいます。二つ目は，現在の生活の支障（さしつかえ）を理解することです。これは，個別の生活状況と特性を分けてみることからわかります。これらのことから，介護サービス利用者がどのような生活支援を求めているかを総合的に理解します。

実際の介護の場面では，これらの理解は，介護職と利用者との人間関係におけるコミュニケーションによってしだいに明らかになっていきます。この人間関係における多面的な理解は，人間の尊厳を基盤とした相互の信頼と尊敬をもって行われます。

❷ 生命への畏敬の念

人間の尊厳とは，人間が個人として尊重されることを意味しています。それはその人らしい生き方が尊重されることです。すなわち，限りある生命（人生）を個性的に十分に生きることを万人の願いとしてお互いに尊重することです。

それには，人間としての**生命への畏敬の念**が原点となります。この畏敬の念は，傍観者の態度からは生まれません。老い，病み，心身の障害がありながらも懸命に生きる姿などへの，人間的な関係における共感から生まれるものなのです。

事例1　生まれたときからの障害に立ち向かうひたむきさ（実習生の話）

　生まれたときから障害のあるＡさん。桜が咲く4月に小学校の門をくぐることはできません。しかし，Ａさんは，スプーンで食事をすることに取り組んで，少しずつできるようになりました。人間の生きる力という，生命への限りなき力を感じました。

事例2　頸髄損傷で再起をかけた生活への訓練の姿

　大学生のＢさん（女性）は，趣味の山登りで滑落して頸髄損傷（☞第4巻 p.251）（四肢麻痺）（☞第4巻 p.250）の重症を負いました。Ｂさんは悲しみのなかから再起を目指して施設を利用し，車いすとベッド間の移乗の訓練に取り組みました。その結果，6か月かけて移乗できるようになりました。両親は障害のある娘を不憫に思っていましたが，娘の努力に感激の涙を流しました。担当の生活支援員は，生命のもつ素晴らしさに感動しました。

すべての人は，生きることへの挑戦を続けているといえます。事例のＡさんからは，この世に生を享けて精一杯生きている姿に感動し共感します。Ｂさんの事例からは，人間の苦悩や絶望を乗り越えていく生きる力に共感し，そこから導かれる人間の尊厳の姿を学ぶのです。

生命への畏敬と尊厳は，**人間の無限の可能性**を意味しています。それは，現実の困難な生活状況においても，**よりよく生きる**という理念が失われることはないということです。このことは，現実を受け止めながら，明日への期待や願いをもつことです。それは人間の本質ともいえます。

2. 人間の尊厳の意義

❶ 「尊厳」という理念

人間の尊厳とは, 人間が個人として尊重されることを意味しています。それは, 人々の生活の営みにおいて, その人らしい生き方を目指すべきものがあるという意味であり, 理念としてとらえることができます。

この尊厳という理念は, わが国の法制度においてもみることができます。例えば障害者基本法[1] (➡ p.48 参照) の目的において, 表 1-1 のように示されています。

この法律の目的は, 二つの視点からみることができます。一つは, 基本的人権を生まれながらもっているかけがえのない個人として尊重されることを理念としていることであり, 二つ目は, 障害者の自立および社会参加を国家の施策の基本としていることです。

人間の尊厳を理解するためには, 人権の思想を学び, それが憲法, 法律などにどのように具体的に導かれているかを体系的に知ることが必要です。そして, この法律に示されているように, 人々の社会参加や自立という課題について, 社会関係や日常生活の実現から, いかにその人らしく生きるかという課題を考えることが重要になります。

表 1-1 ● 障害者基本法における尊厳に関する規定

（目的）

第1条　この法律は, 全ての国民が, 障害の有無にかかわらず, 等しく基本的人権を享有するかけがえのない個人として尊重されるものであるとの理念にのっとり, 全ての国民が, 障害の有無によって分け隔てられることなく, 相互に人格と個性を尊重し合いながら共生する社会を実現するため, 障害者の自立及び社会参加の支援等のための施策に関し, 基本原則を定め, 及び国, 地方公共団体等の責務を明らかにするとともに, 障害者の自立及び社会参加の支援等のための施策の基本となる事項を定めること等により, 障害者の自立及び社会参加の支援等のための施策を総合的かつ計画的に推進することを目的とする。

---

❷「尊厳」を理念ととらえること

　理念とは，「すべての人が共通のものとして理解し尊重する」という意味で普遍的なものです。例えば「幸せな生活」という理念は抽象的で，個人の生活を個別的・具体的に示してはいません。

　しかし，理念は個々人の生活と切り離すことはできません。つまり，現実の生活の彩りのなかにこそ，理念が含まれているのです。理念は，日々の暮らしのなかから，よりよい生活を目指す人間の努力の姿に宿るのです。

　こうした理念（人間の尊厳）をもとに，社会は「個人の幸せにとって大切な考え方」として共有し，社会のしくみや人間関係の基盤としているのです。

　そして，理念は社会が目指すものであり，現実の生活の指標となるものです。介護における生活支援技術は，この理念を根底において実践されます。例えば「その人らしい生活」や「自立に向けた食事」などを支援することです。

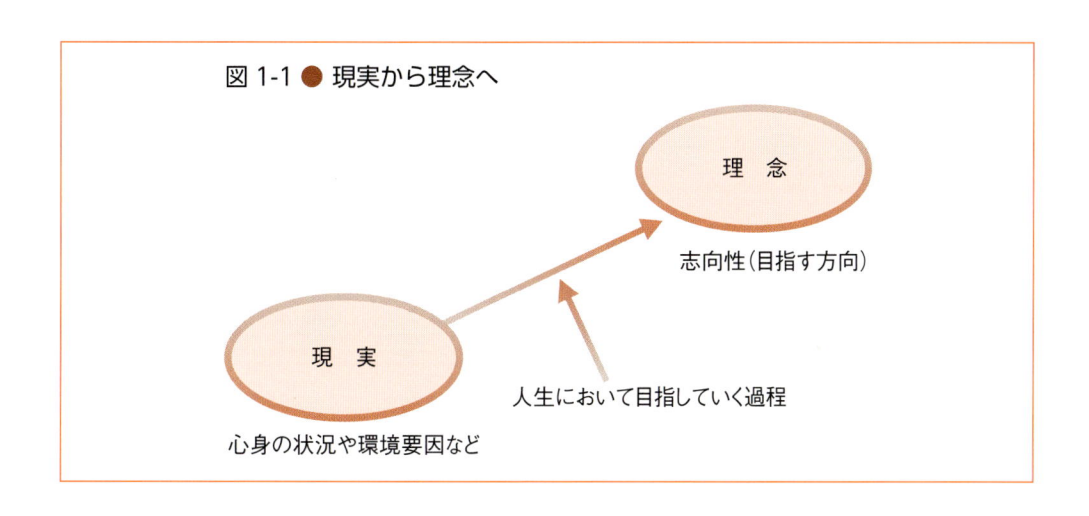

図 1-1 ● 現実から理念へ

理念
志向性（目指す方向）

現実
心身の状況や環境要因など

人生において目指していく過程

3. 人権，そして尊厳をめぐる歴史的経緯

❶ 人権思想の潮流

▶▶ 人権と社会権の歴史

人間の尊厳を理解するためには，まず世界史における人権思想の流れをみる必要があります。人権の思想は，人類の苦難の歴史のうえに生まれました。それは人々の貧困，飢餓，戦乱，病，専制政治等における生活の苦しみを乗り越えて人間らしい生活を求める思想でした。

この思想は，それまでの政治体制を変革し，新たに国民のための国家を創るうえでの理念として誕生しました。アメリカの独立宣言（1776年），フランスの「人および市民の権利宣言」（以下，人権宣言）（1789年）は，いずれも国民主権による自由・平等の思想を宣言したものです。

そして，20世紀に入り，第一次世界大戦を経て，新たな人権思想が登場しました。それが社会権（生存権）といわれる人権思想です。自由，平等の人権を単なるスローガンに終わらせるのではなく，実質的に人々の生活を，人間らしい生活を，保障しようとするものです。世界史のうえで，典型的に社会権（生存権）を憲法に掲げたのは，ドイツのワイマール憲法（1919年）が最初であるといわれています。

わが国では，第二次世界大戦後の1946（昭和21）年に制定された日本国憲法において，戦争の惨禍をふまえて，平和と安全，そして幸せを希求した国民の総意にもとづいた自由権，そして社会権（生存権）の人権条項が掲げられました。人間の尊厳とは，このように人権思想の歴史的な流れのなかに位置づけられるのです。

▶▶ さまざまな人権規定

人権思想の発祥の地であるヨーロッパにおいて，中世の社会にあっては，宗教の教義こそが人々の生活の価値のよりどころでした。その後，ルネッサンス運動によって，しだいに神から人間中心への思想的潮流が生じていきました。一部の人だけでなく，市民全体の意識の変化が，新たな時代の幕開けとなったのです。人々は人権に関するスローガンを掲げ，それは憲法制定の動きとなっていきました。

人権思想の源流の一つとして，1776年のアメリカの独立宣言があります。

また，アメリカ独立宣言による人権思想の影響として，ヨーロッパにおいては，1789年のフランス革命における人権宣言につながっていきました。

これらの人権に関する宣言は，今日の人権思想の源流となるものです。

❷ 人権思想の具現化

▶▶ 自由権と社会権

人権は，自由権と社会権（生存権）に分けて考えることができます。

自由権は，人間の幸福追求のために，個人の自由な意思決定と自由な活動を保障する権利です。この人間の自由な精神にもとづく社会的自立の権利保障は，人間の尊厳の基盤となる人権思想です。

しかし，自由権のみで，実質的な意味での人間らしい生活を保障するものではありません。歴史をたどってみると，社会的に力のある人や経済力のある人のみの自由権となっていた時代がありましたが，そうであってはならないからです。そのために，自由権と並んで社会権が生まれるのですが，それは先に述べたように1919年のドイツのワイマール憲法を待たなければなりません。

社会権のなかでは，原則的な権利は生存権であるといわれています。生存権は，ワイマール憲法の「経済生活の秩序は，すべての者に人間たるに値する生活を保障することを目的とする正義の原則に適合しなくてはならず，個人の経済生活は，この限界内で保障される（第151条第1項）」（傍点は筆者）に示されています。

ワイマール憲法は，それまでの自由・平等の権利とともに，人間らしい生存・生活が実質的に保障されることを掲げました。このことは第二次世界大戦後の世界人権宣言やわが国の憲法第25条にひきつがれています。

▶▶ 世界人権宣言

世界人権宣言は，第二次世界大戦という悲惨な経験から生まれたものです。そこには，平和を迎えた新たな時代の息吹を感じる人々の願いが込められています。人権の源流は生命への畏敬の念であり，そして思想的には人類全体の幸福を追求するヒューマニズム（人間主義）があります。このヒューマニズムは人間の尊厳と自立に深くかかわる思想となっています。

世界人権宣言に示された「自己の尊厳と自己の人格の自由な発展」は，社会生活において人間の尊厳が保持されるためには，一人ひとりが主体的に自己の有する能力を十分にいかすことができる機会とそのための環境が用意されるべきであることを意味しています。そして，人格的な自由な発展とは，例えば老い，病，心身の障害などを克服して，社会生活において活動・参加することを意味しています。

表 1-2 ● さまざまな人権規定

独立宣言（アメリカ）（抜粋）

　われわれは，自明の真理として，すべての人は平等につくられ，造物主によって，一定の奪い難い天賦の権利が付与され，そのなかに生命，自由および幸福の追求が含まれていると信じる。また，これらの権利を確保するために，人類の間に政府が組織されたこと，そしてその正当な権力は被治者の同意に由来することを信じる。

人権宣言（フランス）

第1条　人は自由かつ権利において平等なものとして出生し，かつ生存する。社会的差別は共同の利益の上にのみ設けることができる。

世界人権宣言

第22条　すべて人は，社会の一員として，社会保障を受ける権利を有し，かつ，国家的努力及び国際的協力により，また，各国の組織及び資源に応じて，自己の尊厳と自己の人格の自由な発展とに欠くことのできない経済的，社会的及び文化的権利を実現する権利を有する。

月

日

4. 人権，そして尊厳に関する諸規定

❶ 日本国憲法における規定 ::

　わが国において，尊厳に関する諸規定の中心となるものは日本国憲法です。すなわち，憲法に掲げる基本的人権の条項は，理念としてわが国の福祉関係の諸規定を導くものです。そして，具体的な施策の指針となるものです。

　憲法第13条前段の個人の尊重は，個人の尊厳を意味しています。この条項は人権の基礎となるものです。

　個人が尊重されるとは，一人ひとりが何ものにも替えることのできない最高の価値を有しているという意味です。したがって，全体の都合によって個人の権利が抑圧され，不当な人権の侵害が行われることを否定するものです。そのような状況があれば，すみやかな人権の回復と，その原因となる環境の改善を図ることが求められます。

　例えば「高齢者虐待の防止，高齢者の養護者に対する支援等に関する法律」（以下，高齢者虐待防止法）（☞第1巻p.208）は，高齢者の尊厳を保持するために，高齢者への虐待を防止するためのしくみや養護者に対する支援について定めています。

　憲法第25条にいう健康で文化的な生活とは，人間の尊厳が生活のうえで実質的に保持されることを意味しています。すなわち，生存権の条項です。この生存権は，社会権のなかでは原則的な規定であり，国が掲げる理念を示しているものです。具体的には，個別の法律によって国民一人ひとりの生存権が保障されることになります。

表1-3 ● 日本国憲法における人権，尊厳に関する規定

第13条　すべて国民は，個人として尊重される。生命，自由及び幸福追求に対する国民の権利については，公共の福祉に反しない限り，立法その他の国政の上で，最大の尊重を必要とする。
第25条　すべて国民は，健康で文化的な最低限度の生活を営む権利を有する。
②　国は，すべての生活部面について，社会福祉，社会保障及び公衆衛生の向上及び増進に努めなければならない。

---

❷ 社会福祉法における規定

　社会福祉法は社会福祉の理念と原則を示し，社会福祉事業の基本事項を定めたものです。ここに示されている社会福祉の理念と原則について，重要な視点は二つあります。

　一つは，社会福祉は人間の尊厳を尊重して行われることを基本的理念とすることです。そして，その内容は，自立した生活が営まれることへの支援を示しています。現代社会においては，人類の到達している人間生活における至高の価値を人間の尊厳において，それを社会福祉の基本的理念としています。そして，その内容は，自立した生活への支援であるということです。すなわち，社会福祉サービスは，その人の主体的な意思にもとづいた，その人らしい生活を支えるものになります。このことは，利用者の選択と責任による主体性を尊重した支援を意味しています。

　二つ目は，その理念を具体的に実践するにあたって，人間生活の多面性におけるニーズの多様性を理解し，その対応は，利用者の意思（意向）に沿うということです。そして，生活ニーズの充足には，保健医療等サービスとの連携・協働が必要となります。したがって，サービス提供にかかわるすべての関係者には，人間の尊厳の理念を尊重することが求められます。

表 1-4 ● 社会福祉法における人権，尊厳に関する規定

（福祉サービスの基本的理念）
第3条　福祉サービスは，個人の尊厳の保持を旨とし，その内容は，福祉サービスの利用者が心身ともに健やかに育成され，又はその有する能力に応じ自立した日常生活を営むことができるように支援するものとして，良質かつ適切なものでなければならない。
（福祉サービスの提供の原則）
第5条　社会福祉を目的とする事業を経営する者は，その提供する多様な福祉サービスについて，利用者の意向を十分に尊重し，かつ，保健医療サービスその他の関連するサービスとの有機的な連携を図るよう創意工夫を行いつつ，これを総合的に提供することができるようにその事業の実施に努めなければならない。

❸ 介護保険法，障害者総合支援法における規定

　介護保険法および「障害者の日常生活及び社会生活を総合的に支援するための法律」（以下，障害者総合支援法）の目的は，人間の尊厳と自立についての理念と，高齢者および障害者（児）福祉のこれからの方向性を示すものです。

表1-5 ● 介護保険法における人権，尊厳に関する規定

（目的）

第1条　この法律は，加齢に伴って生ずる心身の変化に起因する疾病等により要介護状態となり，入浴，排せつ，食事等の介護，機能訓練並びに看護及び療養上の管理その他の医療を要する者等について，これらの者が尊厳を保持し，その有する能力に応じ自立した日常生活を営むことができるよう，必要な保健医療サービス及び福祉サービスに係る給付を行うため，国民の共同連帯の理念に基づき介護保険制度を設け，その行う保険給付等に関して必要な事項を定め，もって国民の保健医療の向上及び福祉の増進を図ることを目的とする。

（下線は筆者）

表1-6 ● 障害者総合支援法における人権，尊厳に関する規定

（目的）

第1条　（略）障害者及び障害児が基本的人権を享有する個人としての尊厳にふさわしい日常生活又は社会生活を営むことができるよう，必要な障害福祉サービスに係る給付，地域生活支援事業その他の支援を総合的に行い，もって障害者及び障害児の福祉の増進を図るとともに，障害の有無にかかわらず国民が相互に人格と個性を尊重し安心して暮らすことのできる地域社会の実現に寄与することを目的とする。

（下線は筆者）

自立・自律の支援

月
日

1. 介護における自立

❶ 自立とは何か

▶▶ 自立のとらえ方

　自立支援と聞くと「自分でできるようにするための支援」と思いがちですが，介護職に求められる自立支援は，自分でできるようにすることのみを目標に行うものではありません。介護においては，まず何のための自立なのかを正確に理解しておく必要があります。

　「人の手助けを借りて15分で衣服を着，仕事に出かけられる人間は，自分で衣服を着るのに2時間かかるために家にいるほかない人間より自立している」（定藤丈弘・北野誠一・岡本栄一編『自立生活の思想と展望──福祉のまちづくりと新しい地域福祉の創造をめざして』ミネルヴァ書房，p.8，1993年）という有名な自立生活（IL）❷（➡ p.48参照）の規定があるように，自立のとらえ方は，ADL❸（➡ p.48参照）を向上させる考え方から，QOL❹（➡ p.48参照）を充実させる行為としてとらえる考え方へと進展してきました。

　つまり，「しんどい思いをして自力でできたとしても，それだけで日々が過ぎていく生活よりは，自分の意思で人の手を借り，仕事や社会参加をして充実した生活を送るほうがより自立的な生活である」ということです。

▶▶ 自立と依存のあり方

　介護職にとって重要なことは，<u>自立</u>か<u>依存</u>かの二者択一的な判断をしてはならないということです。自立が大切であるとして，依存を否定的にとらえることは間違っています。家族は互いに依存し合いながら生きていますし，依存的であることが，人の生きる活力の要因になることもあります。

　介護が必要になっても，利用者は「積極的自立」と「消極的自立」を行きつ戻りつしていて，仮に目線を依存に移したとしても，そこでも「積極的依存」と「消極的依存」を行きつ戻りつします。

　例えば，すべての生活場面に介助が必要であるから「自立していない」のではなく，介護関係や介護環境をよい状態に変えれば，多くの選択肢から自らの行動を決められるでしょう。また，身体機能が低下したためにより多くの介助が必要となっても，気持ちを切り替えて機能訓練などを行い，身体機能がある程度回復することで，消極的自立から積極的自立へと気持ちが変化していくこともあります。

　依存的であることを否定するのではなく，その利用者の気持ちを受け入れる介護の力があって，自立に結びつけることができるのです。さらに，福祉用具の適切な利用によって介護環境が変わることで，介護関係に変化が生まれ，さらに暮らしが広がる例も数多くみられます。

　このように，介護関係や介護環境をよい状態に変えようとする介護職のはたらきがあれば，認知障害（認知症など）がある場合でも，多くの選択肢から自らの行動（自立と依存のあり方）を決めていけると考えられます。

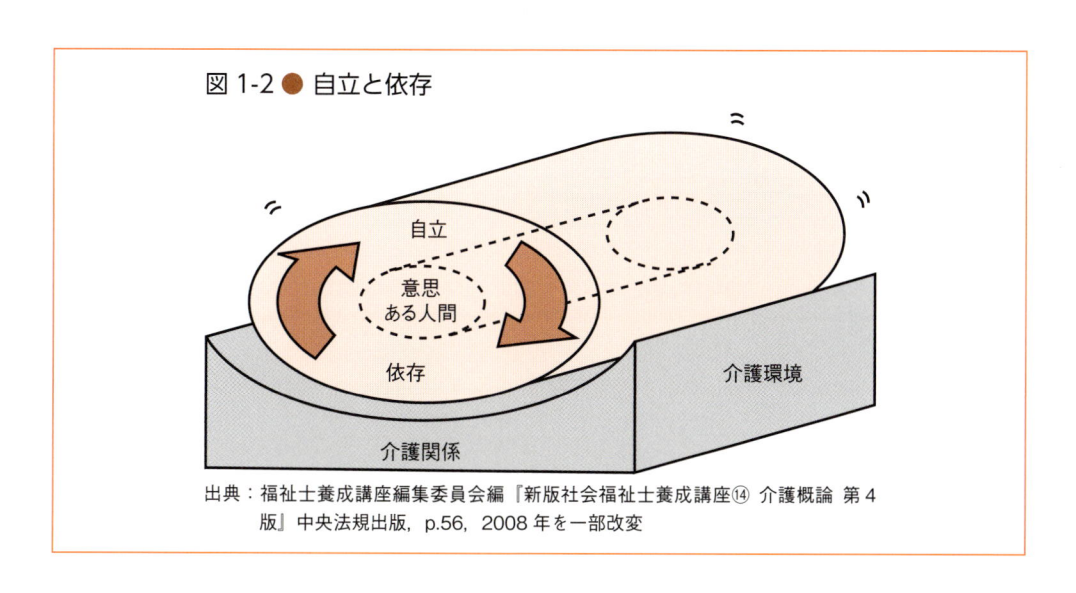

図 1-2 ● 自立と依存

出典：福祉士養成講座編集委員会編『新版社会福祉士養成講座⑭ 介護概論 第4版』中央法規出版，p.56，2008年を一部改変

❷ 自立支援とは何か

▶▶ 自立と自己決定・自己選択

　自分がしたくないことを他人から強制されたり，逆に自分がしたいことを他人に制限されたりするのは誰にとってもいやなことです。その強制や制限が人権を侵害することになる場合もあります。このことは，介護を必要とする人にとってももちろん例外ではありません。

　また，自分でできることでも人に頼ったり，自分の意思でしなかったりということは誰にでもあることです。

　しかし，介護を必要とする人の場合は，「できることを自分の意思でしない」のではなく，「したいという意思があるのにできない」ことがほとんどであり，その人の意思にもとづかない結果であるという点で大きく異なります。

　逆に，できることでも，その人の価値観やおかれた環境によっては，「しないことの選択」も大きな意味をもちます。

　さらに，「人前では衣服を身につけている」「排泄はトイレで行う」「食事はこぼさないようにする」といった行為は，社会の慣習から形成された人としての理性であり，「人を傷つけない」「他人の財産を侵害しない」などは，社会規範で義務づけられた禁止行為です。

　これらの行為をあえておかすことは，社会のなかでのその人の評価を悪化させるばかりでなく，場合によっては社会での存在をもおびやかされることになります。

　自らの理性や価値観，社会規範などに照らし，行動するか否かを自己決定することを自律といい，自己決定にもとづいて福祉サービスを利用したり，介護や支援を受けたりして生活することを「自律生活」と表現する場合もあります。

　介護職にとっては，判断能力の低下や障害の特性などにより，自己決定・自己選択が困難な人の「しないこと」を支えることも，その人の尊厳を守るためには必要な介護であり，重要な自立支援（自律支援）といえます。

　要するに，自立とは，他者の援助を受けるにしても受けないにしても，自分の行動に責任を負うことであり，自らの能力に合った生活を自分で選択し，実践することです。

▶▶ 自立支援の意義

　自分がしたいと思うことが何らかの事情によってかなわなければ，意欲が萎えることがあるでしょう。逆に，したいと思うことがかなえば気持ちも明るくなり，ほかのことへの意欲もわいてくるという経験もあるのではないでしょうか。

　それと同様に，心身能力などの低下により，「したい」と思うことを自力で実現させにくくなった人は，自分の思いが満たされないことからしだいに生活の意欲を失い，その結果，自力でできることもできなくなるという悪循環におちいる場合も少なくありません。逆に，自分でしたいと思うことがかなえばうれしいことであり，それが自力でかなったならば，生活への意欲もわいてくると考えられます。

　先に述べたことにも関連しますが，介護の専門職として目指す自立支援とは，「自力でできるようにする」という狭いものではなく，表1-7に示すような意義をもっています。そしてこのことが，尊厳ある暮らしを支え，その人らしい人生の営みを支える介護にもなるのです。

表1-7 ● 介護職が目指す自立支援の意義

　自らの意思にもとづいて自力でできるところを増やしながら，介護も含めて，
① 　その人がしたいと思うことを満たすことで生活意欲を高め，介護が必要になっても充実した日々を送れるように支えること
② 　その人が，その人らしい生活をしていくうえでの生活づくりを，さまざまな（身体的，精神的，社会的，経済的）視点から支えること

2. 自立への意欲と動機づけ

❶ 生活意欲を高めるための支援

　自立支援の意義は，介護を必要とする人の生活意欲を高め，その人らしい尊厳^{そんげん}のある暮らしを支えることにあります。

　では，具体的に生活意欲を高める支援とはどのような支援なのでしょうか。それを考えるために，図 1-3 をもとに人の意欲と行動の関係を整理してみます。

▶▶ 動機と欲求

　人が何らかの行動をするとき，多くの場合，その行動のもととなる動機が存在します。「おなかがすいたから食事をしたい」「尿意があるのでトイレに行きたい」「疲れたから横になりたい」という場合，「おなかがすいた」「尿意がある」「疲れた」という部分が，行動の前提となる動機であり，その動機をもとに「食事をしたい」「トイレに行きたい」「横になりたい」という欲求（☞第 4 巻 p.336）が生まれます。

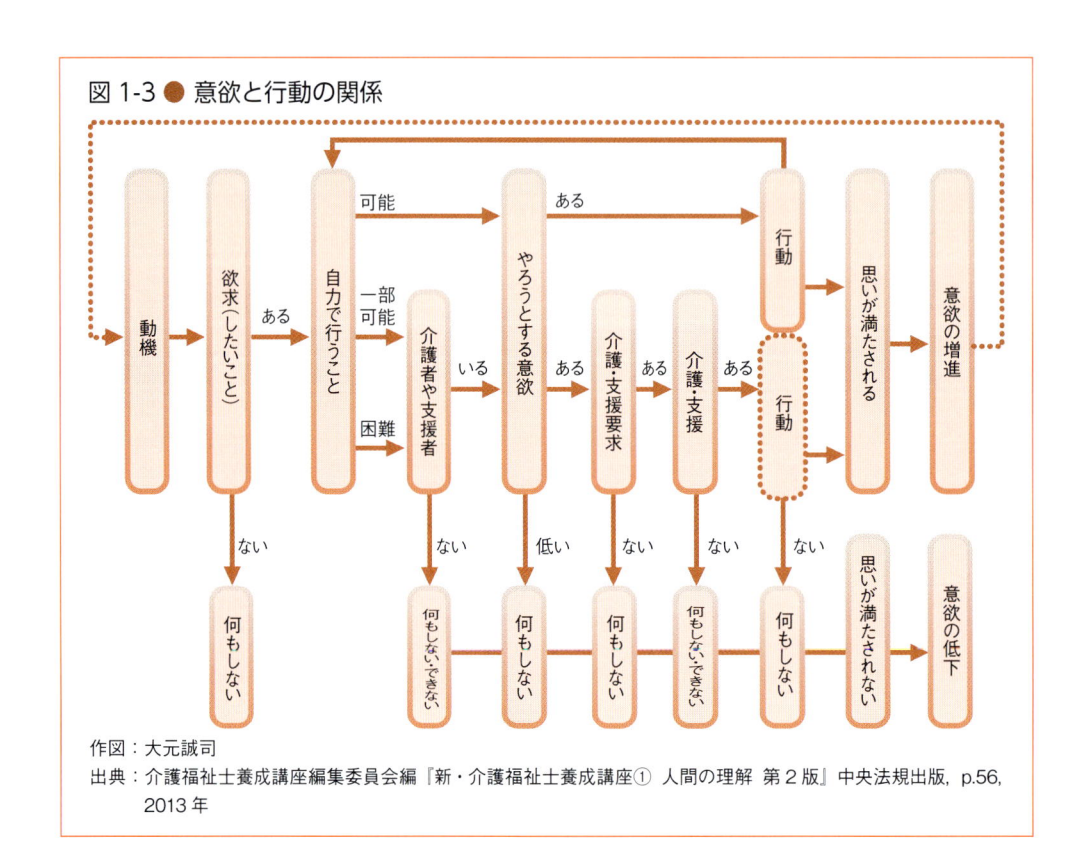

図 1-3 ● 意欲と行動の関係

作図：大元誠司
出典：介護福祉士養成講座編集委員会編『新・介護福祉士養成講座① 人間の理解 第 2 版』中央法規出版，p.56，2013 年

▶▶ 意欲と行動

　人は自らの欲求に対して，それを満たすために必要な行為・行動が自力で可能なことが明らかであれば，欲求はそのまま意欲（☞第4巻p.347）としてひきつがれ，行動へとつながっていきます。

　また，自力で可能かどうかが明らかでない場合にも，意欲が高ければ行動を試みます。逆に，意欲が低ければ，行動する前にあきらめる場合もあるでしょう。

　介護が必要な人の場合には，その困難な部分に協力・支援してもらえる環境があるかどうかが，その後の行動（☞第4巻p.347）に大きく影響します。

▶▶ 行動の結果と意欲

　行動の結果，期待どおりに欲求が満たされたときは，次に同じような行動を必要とする動機と欲求が起こったときの行動への自信となり，ほかの事柄への意欲も増進して新たな動機と欲求を活性化させます。

　結果が期待どおりにならなかったときには自信を失い，こうした不満足の繰り返しはほかの事柄への意欲も低下させ，動機と欲求を衰退させていくことになります。

　例えば，「ベッドから離れて，たまには散歩でもしましょう」と誘ったとしても，本人にとって，ベッドから離れる意味や散歩をする目的がわからなければ，簡単には行動に移してはくれないでしょう。

　その人が「ベッドから離れる」行動を起こすためには，まず動機と欲求の過程で，ベッドから離れる意味が認められること，すなわち，その人の生活に即した「ベッドから離れる意味」やその内容を考え，介護が必要な人の場合には，その困難な部分に協力・支援していく環境があるということもきちんと伝えます。また，生活の具体的な場面を演出し，はたらきかけていくことが大切です。

　意欲をもたないままの自立支援は自立の強要になりかねません。そのため，自立支援では，利用者のやろうとする意欲を高める直接的・間接的な支援が重要です。日々のちょっとしたかかわりのなかでの動機づけ（☞第4巻p.347）が，自立への意欲につながると考えられます。また，このような積み重ねがほかの事柄に対する意欲をも増進させ，生活全般の意欲を高めていくことになります。

3. 自立した生活を支えるための援助の視点

❶ 意欲と意思にもとづいた生活づくりの支援 ::

▶▶ 意欲を高めるための支援

　人の行為や行動は，動機から生じた欲求と，それを満たそうとする意欲を前提として成り立ちます。

　このとき理解しておかなければならないのは，援助の基本姿勢として，生活の主体者は利用者であるということ，そして，生活は利用者の意思にもとづいて営まれているということです。

　介護を要する人の欲求や意欲に目が向けられず，単に機能的に動作が可能か困難かだけの評価に頼った介護や支援を行うことは，その人の意思にもとづかない行為・行動の押しつけにもなり，人権や尊厳をいちじるしくそこなう可能性があります。

　自立支援では前提として，まず行為・行動を本人が行おうとする意欲を高めるための支援が重要です。その意欲と意思にもとづいた生活づくりを支援する視点を大切にした援助でなければなりません。

▶▶ 意欲と欲求

　意欲は欲求があって生まれます。では，その欲求はどこから生まれるのでしょうか。マズロー（Maslow, A.H.）[5]（➡ p.48 参照）によれば，より基礎的な欲求がしっかりと満たされてこそ，さらなる欲求を求める気持ちがはたらくといいます。

　意欲には，自発的なものと外発的なものがありますが，介護の場面では，まずは基礎的な欲求を確実に満たし，承認欲求につなげることから，意欲を高める工夫が求められます。

図 1-4 ● マズローの欲求階層説

❷ 人との関係性のなかでの自立と自律 ::

　自立支援を狭い意味でとらえると，自力で困難な部分に対して，介護という行為により，その人の生活づくりを支えることになります。言い換えれば，「その人が "したいこと" を支援すること」といえます。しかし，自立をもっと広い視野でみると，決して "したいこと" への支援のみが自立支援ではありません。

　例えば，食事中，一度口に入れたものを何らかの事情で出すときは，他人に不快感を与えないように配慮する，あるいは排泄物は人に見せないということなどは，人との関係性のなかで求められる礼儀・マナーです。それを欠いた行為は利用者の自尊心をいちじるしく傷つけます。

　また，自分が人に見せたくない部分を人に見られたり，知られたくないことを知られたりすることは，プライバシーの侵害となり，尊厳をそこなうことになります。もちろん，その対象が介護職であっても，基本的に変わりはありません。

　しかし，介護を必要とする状態にある人のなかには，そうした配慮やプライバシーの保持そのものが自分だけでは行えない場合があります。つまり，人に見せたくない，あるいは知られたくないことを，介護職という他人に知らせ，介護や支援を受けなければならないといった，矛盾した関係性のなかで生活しなければならない状況があるのです。

　自立支援にあたっては，介護職自身が利用者にとっては他人の存在であること，そして利用者は介護している人に本来見せたくない部分を見せながら介護サービスを利用しているということを十分に理解し，利用者が見せたくないところや人に対してしたくないところには細心の配慮をもって接することが重要です。

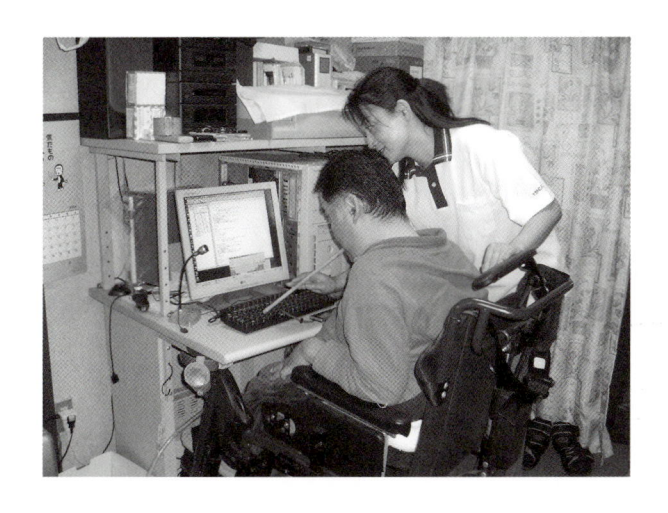

4. 介護における自立支援の実践

❶ 自分のことは自分で行いたい利用者への支援 ::

プロフィール

利用者：Ｙさん，女性，80歳，要介護3。一人暮らしで，自立して生活していたが，トイレで転倒し，腰部打撲に伴う腰椎圧迫骨折によって，いわゆる寝たきりの状態となる。長男夫婦，次男の妻の介護を受けているが，何としてでももとのように自分のことは自分でしたいと思っている。

機能障害：

・身体機能の状況：ふだんは寝たきりの状態であるが，ベッド上での**長座位** [6]（➡ p.48 参照）姿勢は何とか可能

・精神機能の状況：物事を前向きに考え，生活意欲が強い

生活障害：食事の際はベッド上でオーバーテーブルを使用，長座位姿勢で可能。排泄は紙おむつ使用。衣類の着脱は上衣は何とか可能。**IADL** [7]（➡ p.48 参照）は，すべてに介助を要する。

既往症・健康状態：骨粗鬆症（☞第4巻 p.74・75），高血圧症（☞第4巻 p.73）

社会資源：居宅介護支援・訪問介護・訪問入浴介護・医療機関・民生委員・社会福祉協議会

Ｙさんは，トイレで転倒したことにより，今はいわゆる寝たきりの状態です。本人は，市営住宅の5階に一人暮らしですが，向かい側に次男夫婦が住んでおり，次男の妻が朝夜のケアを行っています。また，昼食の時間になると，近隣で飲食業を営む長男夫婦が訪れ，昼食の世話をしています。

Ｙさんは，結婚して間もなく夫を亡くし，二人の子を女手一つで育て，働くばかりの生活をしてきました。しかし，何事にも前向きで生き生きとしています。

Ｙさんは，寝たきりになっても，次のように生活したいと望んでいます。

・排泄は何とかトイレに行き，自力で行いたい。

・清拭で身体を清潔にするのみでは満足できず，浴槽でぬるめの湯に入り，さっぱりしたい。

・調理など，自分でできることは自分で行いたい。

Ｙさんの望む生活を実現するために，**ケアプラン** [8]（➡ p.49 参照）の原案がつくられました。そして，サービス担当者会議（☞第2巻 p.177）が開かれ，Ｙさんの身体状況では，腰部に負担のかからない程度に，本人の動ける範囲で身体を動かすことに問題はないことが確認されました。

Ｙさんに提供されるサービスは，表 1-8 のとおりです。

表1-8 ● Yさんへの提供サービス

	曜日	提供サービス	サービス内容等	援助目標
月	11:30〜1時間	訪問介護	ポータブルトイレで排泄, 昼食の配膳	健康チェック(観察)
火	11:30〜1時間	訪問介護	ポータブルトイレで排泄, 昼食の配膳	ベッドでの端座位姿勢保持
水	11:30〜1時間	訪問介護	ポータブルトイレで排泄, 昼食の配膳	立位姿勢保持
木	11:30〜1時間	訪問介護	ポータブルトイレで排泄, 昼食の配膳	ポータブルトイレへの移乗介助
金	11:30〜0.5時間	訪問介護	ポータブルトイレで排泄, 昼食の配膳	
	15:30〜1時間	訪問入浴介護	入浴介助	安全にゆったり入浴する 健康チェック
土	家族対応			
日	家族対応			

　訪問介護員が担当することは，Yさんが生活行為を自立できるよう支援することです。移動や排泄の介助などでは，可能な限りYさんの動作能力を支援することを心がけました。そして，Yさんが自力で行おうとする意欲が高まるように，小さな効果が見えたり動作能力の向上が望めたりすると，ともに喜び合える援助関係を構築するよう努めました。

　Yさんは，転倒前から行っていた自分なりの膝の屈伸や，足首の運動などの機能維持体操を，ベッド上で工夫し，続けていました。2か月経過した頃に，「思い切って，一人でポータブルトイレに移ってみたんですよ。怖かったけどできたんですよ。一人で……。うれしかった……」と，満面の笑みで，力強く自信に満ちた声で話してくれました。

　「Yさん，願いがかないましたね」と訪問介護員も声をかけました。するとYさんは，自分の力を信じて支援してくれたおかげだとお礼を言い，ともに喜びました。

　Yさんは，次の目標である「トイレまで自力で行く」に向かって，その後1か月で，移動手段を自分で工夫し，達成しました。移動手段は，簡易な4本足つきの丸いすを両手で動かし，杖代わりにして移動するというものです。「自力で行いたい」という意欲が，願いを達成させました。

❷ 最期まで自分らしい生活を送りたい利用者への支援 :::::::::::::::::::::::::::::::::::

プロフィール

利用者：Hさん，男性，74歳，要介護4。老夫婦世帯。心疾患のある病弱な妻が介護者。
　本人も妻も最期まで家で生活したいと願っている。妻は，認知症の夫の思いを尊重
　して介護したいと思っており，本人の食事が自立できるように工夫をしたい，常時
　寝たきりの状態でいるのでベッドから離れる時間もつくりたいと考えている。休日
　には，近隣に住む長男・長女が交代で訪れ，買い物などを行ってくれる。

機能障害：
・身体機能の状況：右片麻痺で右腕は「く」の字に変形，右手は握り手に変形している。
　寝たきりだが，健側はよく動く。座位姿勢保持は可能。車いす使用。
・精神機能状況：認知症の症状があり，時々大きな声を出したり，物を投げたり蹴飛
　ばしたりする。コミュニケーションが図れずいらだち，感情が不安定。

生活障害：食事は全介助。排泄は紙おむつ使用で全介助。更衣は全介助。移動は車い
　す介助。入浴は訪問入浴での全介助。IADLは，全介助。

既往症・健康状態：高血圧症，胃穿孔手術，脳梗塞後遺症で右片麻痺，言語障害，認
　知症

社会資源：居宅介護支援・訪問介護・訪問入浴介護・訪問看護

　Hさんは，**脳梗塞**[9]（➡p.49参照）の後遺症で，いわゆる寝たきりの生活になり，病弱
な妻の介護を受けています。**失語症**[10]（➡p.49参照）により，思うようなコミュニケーショ
ンが図れず，イライラして大きな声を出したり，暴力的な行為を行ったりしますが，
妻は，発症前の夫も現在の夫も自分にとってはかけがえのない夫であり，一人の人間
としての尊厳をもって対応したいと言っています。

　妻は，夫の介護については，「最期まで在宅で生活させたい」「何とか自力で食事が
できるようにしてあげたい」と，可能な限り自立的に生活してほしいと願っています。
身体の清潔は，訪問入浴介護を利用しています。

　日中は，「ベッドから離れて車いすで過ごせるようになる」「自力で食事ができるよ
うになる」ことを目標にしました。妻の希望で，訪問介護を週2回（月・水），訪問
入浴介護を週1回（金）利用することにしました。

　訪問介護では，清拭，着替え，おむつ交換，シーツ交換，手浴・足浴などが行われ
ます。

　着替えや手浴など，Hさんが行えるところは，自力で行ってもらいます。例えば，
健側の手で患側の衣類の着脱を行ったり，洗面器で手を洗ったりしてもらいます。
小さな行為ですが，できる行為を見出し，自力で行える範囲を一つでも増やして自力
で行えるように対応します。

　ベッド上では**端座位**[11]（➡p.49参照）（☞第4巻p.293）になってもらい，シーツ交換時

には車いすに移乗することで，身体を動かします。

　Ｈさんには生活行為の必要性から，声かけで移動してもらうようにします。一つひとつの移動動作ごとに声かけ確認をして実施します。

　妻から，食事のときに**きざみ食**[12]（➡ p.49 参照）を用意しているが，全介助で負担が大きいと相談がありました。そこで，麻痺のない左手で，持ち手の安定したスプーンで食べてもらってはどうかと助言しました。

　妻の話では，初めはなかなかうまくいかなかったが，徐々に慣れ，自力での食事が可能になったとのことでした。

　あるとき，Ｈさんが，シーツ交換のときに車いすに移乗した際，テーブルのほうを指差してにこにこしているので，訪問介護員が「テーブルのほうに行きたいのですか，行ってお茶を飲みましょうか」と言葉かけすると，うなずきました。

　車いすをテーブル近くに移動すると，ほんの少しですが生活空間が広がり，Ｈさんの表情も豊かでおだやかになりました。それ以来，Ｈさんは，清拭をすませると，車いすに移乗して居間のテーブルに移動し，妻とお茶を楽しむようになりました。

　小さな生活行為でも，自力で行えることの充実感によって，自分らしい生活につながるのです。そういった環境の整備も介護職の専門性といえます。妻や本人の生活上の表情の少しの変化に配慮し対応することが専門職には求められます。

人権と尊厳

月

日

1. 介護における権利擁護と人権尊重

❶ 一人の人間としての利用者の権利

▶▶ 個別の人格として認識する

利用者一人ひとりを，個々独立した存在であり，それぞれに独自の人生を現在進行形で歩んでいる人間としてはっきりと認識することは，介護職として最も重要なことといえます。日本国憲法第13条では，「すべて国民は，個人として尊重される。生命，自由及び幸福追求に対する国民の権利については，公共の福祉に反しない限り，立法その他の国政の上で，最大の尊重を必要とする」と個人の尊重をうたっています。

▶▶ 人としての権利に変わりはないことをこころにきざむ

介護が必要な人々は，人間として他者と違った特別な存在ではなく，当たり前に人として人生を送っており，現在も当たり前に生活を営んでいます。そして，現在は，さまざまな背景のなかで介護を必要とする状況となり，他者からの支援を必要とする状況にあります。人として，何ら変わりなく権利の主体者であることを忘れてはなりません。

▶▶ 利用者の権利とは何かを問い続ける

例えば，ある利用者に対して，呼吸器に機能障害があり，健康上に悪影響を及ぼす可能性があるから，喫煙することは望ましくないという診断が医師から下されているとしましょう。

喫煙を希望することや喫煙することは，その人のもつ固有の権利としてとらえることができます。医師から喫煙が望ましくないと診断されたとしても，即座に奪われるものではありません。個人の権利を考えてみると，健康上望ましくないからといって，医師が喫煙そのものの権利を奪うことができるとはいえないのです。

このような場合，支援者として，喫煙したいという希望をもつことも，ルールに沿って喫煙することも，また，その利用者が健康を維持して生活を営んでいくことも権利としてあることを認識します。そして，最終的には，利用者の判断とその自己決定を最大限に尊重することを前提にして，その自己決定の過程に，利用者の最大幸福のために何ができるのかを考えながら支援することが，介護職には求められています。

❷ 生活者としての利用者の権利

▶▶ 人間らしい生活を送る権利の国家による保障

介護職は，利用者はそれぞれの日常生活において，その主体者であるということを理解することが重要です。

日本国憲法第25条では，第1項に「すべて国民は，健康で文化的な最低限度の生活を営む権利を有する」，第2項に「国は，すべての生活部面について，社会福祉，社会保障及び公衆衛生の向上及び増進に努めなければならない」とあります。このことは，利用者の生活も，すべての人々とともに権利として保障されており，さらには，介護をはじめとする福祉，保健，医療などのサービスや，またそれを支えるさまざまな制度は，公的責任において保障されるべきものであり，人々の生活権を保障するものでなければならないということです。

▶▶ サービス利用による「自立生活の実現」を目指す権利

利用者は，その人らしい生活を実現するために，個人や家族などの支援のほかに，必要な社会的諸サービスを利用することが権利として保障されています。そして，利用者の立場から，サービスの利用の結果，その人らしい自立生活，その人が望む豊かな生活を営むことができることが，権利として保障されなければなりません。

▶▶ 生活上の変化に応じたサービス利用へ向けた保障と権利

私たちの生活は絶えず変化していきます。そのなかで，介護を必要とする状況が生じた場合，この状況に応じて生活をより充実させていくために，地域社会のさまざまな社会資源を活用し社会的制度やサービス利用へのアクセスを行うことが必要となります。例えば高齢者の介護ニーズに対しては，要介護認定を受けるという介護保険制度へのアクセスを保障していくことが必要です。

▶▶ 選択と自己決定の権利

介護保険サービスや障害者サービスの利用は，利用者を中心として，サービス内容の周知や申請手続き，サービス提供者の「選択と契約」という概念で成り立っています。利用者の選択の権利を保障するためには，選択に必要な情報や，その選択に伴うリスクや責任に関する情報の提供が必要となります。

しかし，高齢者や障害者は，選択や契約に関する十分な判断能力をもち合わせていないこともあります。介護保険制度や障害福祉サービスの利用においては，ケアマネジメント（☞第3巻 p.32～37）のシステムを導入して，利用者の自己選択と自己決定を支援することも権利の保障として行われているととらえることができます。

❸ 権利侵害が生じる状況

▶▶ 日常生活場面における権利侵害

(1) 生活環境における権利侵害

　生活環境や生活条件の不適切さや不十分さによって，利用者の生活の安全性や快適性がおびやかされることがあります。住居・住宅の環境や周囲の地域環境によって，利用者の社会関係が途絶え，生活に不自由さが生じる場合や，騒音や災害に対する危険の回避が困難になるなどの安全上の課題が考えられます。

(2) 対人関係によって生じる権利侵害

　対人関係において，直接的に生活上の権利が侵害される場合があります。

　その代表的な例が，身体的虐待，心理的虐待，性的虐待，介護等放棄（ネグレクト）などの虐待です。利用者にとっては，身近な家族や近親者などによって権利の侵害が日常的に起こり得るのです。また，介護サービス提供者によって起こり得ることも視野に入れて，虐待防止の視点をもつことが必要となります。

(3) 気づかないままに行われる権利侵害

　虐待行為や権利の侵害については，意図的である場合ばかりでないことに注目することが大切です。行為者が気づかずに，知らず知らずのうちに行っている場合もあります。さらに，家族などの場合には，専門的知識や経験が不十分であるために，利用者の状況を理解することができずに感情的対応をした結果として，また，長期間にわたる人間関係の複雑さなどが影響して，権利侵害が起こる可能性もあります。そしてこれらは，侵害された人々から訴えが表明されないこともあります。それぞれの事例について十分に状況を把握して対応していくことが求められます。

▶▶ 社会生活場面における権利侵害

(1) 人々の認識や態度による権利侵害（差別・偏見）

　　介護を必要とする状況は，本来，その人の社会生活上の能力や役割を失うことを意味するものではありません。しかし，利用者はそのおかれた状況がゆえに，社会的・経済的活動から遠ざけられてしまうこともあります。

　　このような活動への参加制約が制度的に行われることもあり得ますが，そればかりでなく人々の認識や態度によっても起こり得ます。**ステレオタイプ**[13]（➡ p.49 参照）な認識によって差別や偏見（へんけん）が助長され，実質的に排除されることもあります。例えば，施設の規則だからといって利用者の生活スタイルを認めなかったり，本人の意向をくみ入れずに，介護職の都合で生活支援を行ってしまうことなどもその例です。

(2) 悪質商法などによる権利侵害

　　利用者やその周囲の人々に対して，悪質商法（☞第 1 巻 p.218）などによる財産の搾取（さくしゅ）や不当な売買契約（ばいばいけいやく）を結ばされること，また，巧妙な詐欺（さぎ）などの犯罪が社会問題化しています。

　　このような問題に対しては，法律的な保護制度や犯罪防止の観点からの対策が必要となっているといえるでしょう。介護職として必要な知識を得るとともに，利用者への対応が求められています。

(3) 制度・サービスを利用する際の権利侵害

　　利用者が本来利用することができるサービス・制度の十分な情報提供が行われていなかったり，相談や支援の体制が十分でないために，利用することができずに，結果として生活上の支障をきたしていることもあります。

　　利用者はサービス・制度に近づき，獲得するための手だてを必要としているのです。利用者のアクセス権について十分に検討していくことが必要とされています。

❹ 権利侵害の生じる背景

▶▶ 他者への依存を否定する傾向

　私たちは本来，他者に依存せずに，独立して存在したいという願望をもっています。それと同時に，私たちの生活は，本来，他者への依存や関係性なしに成立するものではありません。

　日常生活におけるさまざまな諸動作や行為について，自分でできることは自分ですることが望ましいとする価値観のなかでは，他者による介入や他者への依存を望ましくないものとして，否定的にとらえていく傾向もあります。利用者が権利侵害を訴えにくくしている環境があることに関心を向ける必要があります。

▶▶ 支援者に起因する権利侵害

　介護にかかわる権利侵害は，家族などを含めて支援者に起因する課題であることが多くあります。つまり，利用者の生活上の権利について十分に認識せず，鋭敏な感覚やそれに伴う配慮をおこたることによって権利侵害が生じることが多いといえます。また，支援者の支援に対する知識や技術の未熟さによって起こる場合もあります。

▶▶ 介護を必要とする人の心情に起因する権利侵害

　利用者のこころのなかは，他者からの支援を受ける必要のある状況を頭では理解しながら，そのことを受け入れることが容易ではないことがしばしばあります。そうした場合，自分について「他者に依存しなければならない弱く貧しい存在」としてとらえて，他者（支援者）に対して負い目を感じ，自分を低い立場におくことによって，そのこころの葛藤に折り合いをつけようとすることにもつながります。

　このような場合には，利用者は，自分の希望に沿わないことや，不快な思いを我慢したり，あきらめたりするなどして，受動的に支援を受け入れることがあります。

　このような支援関係のなかでは，利用者の権利を侵害していたとしても，支援者はそれに気づくことができず，それが当たり前の状態になってしまう危険性もあります。特に，高齢者などにみられる遠慮やつつしみ深い性格が，権利の侵害をみえなくしてしまうことがあることにも留意する必要があります。

❺ 権利擁護の視点 ::

▶▶ 利用者主体の姿勢を徹底的に貫く

　介護職にとって，利用者主体の支援姿勢を徹底的につらぬくことが，利用者への直接的な権利擁護[14]（➡ p.49 参照）にとって最も重要な視点ということができます。また，介護職は当然，自らが利用者の権利を侵害しないために，細心の注意を払い，努力を積み重ねていくことが必要です。さらに，他者からの権利侵害に対して敏感になり，利用者の状況を的確に把握し，利用者の権利擁護のために積極的に対応していくことが求められます。

▶▶ 家族の権利擁護をともに担う

　介護職は，利用者を取り巻く家族などの周囲の人々の権利擁護をともに担っていく視点をもつことも必要とされています。時には，利用者本人とその家族の意向や見解が食い違うこともあります。介護職は，利用者の自己実現と権利擁護を中心にすえながらも，家族全体の福祉の実現に寄与することが求められます。また，虐待の行為者となっている家族や関係者に対しては，虐待防止のために，家族や関係者を一つのまとまりのある単位として支援する視点が必要となります。

▶▶ 潜在的な権利侵害を見出し，対応する

　利用者自身やその家族が，権利の侵害を被っていることに気がつかなかったり，認識していなかったりすることも大いにあり得ることです。権利侵害が常態化していたり，あきらめから利用者や家族が自らを抑制してしまうことなどにより，顕在化しない権利侵害の実態を見出し，対応することも重要です。

　介護職は，権利の侵害を現に受けていたり，受けやすい状況にある利用者や家族の抑圧された意識を取り除き，自ら権利侵害を認識し，それに対して立ち向かう力量を獲得していくエンパワメント[15]（➡ p.50 参照）の視点をもつことも重要となってきます。

▶▶ 多職種連携のもとで支援する

　権利侵害の状況に対して，介護職だけで対応できることばかりではないと考えられます。介護福祉の領域における権利擁護の実践は，社会福祉士や法律の専門家などとの連携をもって対応することが求められてきます。

　そのような場合にも，介護職は，利用者の一番身近にいる生活支援の専門職として役割を果たしていく認識を高めておくことが重要です。

　以上のように，介護職は，利用者の生活支援を通じて，その当事者や関係者の権利擁護の担い手としての意識と実践力を高めていくことが求められているのです。

2. 介護における尊厳保持の実践

❶ 生きる実感と尊厳

▶▶ 基本的な介護職の態度の確認

利用者の尊厳を守ることは介護の基本とされていますが，往々にして，表1-9にあるような，尊厳をないがしろにした介護がなされてきましたし，今もなお，そうした介護が行われていたりします。そこで改めて，表1-9のような対応がなされていないかどうか，基本的な介護職の態度を確認しておきましょう。

> **表 1-9 ● 尊厳をないがしろにした介護の例**
>
> ① 尊厳を傷つける言葉
> ・「○○ちゃん」と，本人がいやがっていることも気にかけずに，幼児扱いする。
> ・「なにしてるの！」と，失敗したことを責め立てる。
> ・「もう食べたでしょ」と，怒る。
> ② 無視
> ・苦手な利用者には対応しない。
> ③ 業務優先の視点
> ・何を食べているのかわからないくらい，一緒くたに食事させる。
> ・食べ終わった食器を次々に片づける。
> ・入浴に際し，居室で衣服を脱がせ，タオル1枚を掛けただけで，浴室の前の廊下に並べて順に待たせる。
> ・利用者が何かを訴えようとすると，自分の業務手順を優先に考え，「後で」と言う。

▶▶ マザー・テレサの言葉

表1-10にまとめたのは，**マザー・テレサ**[16]（➡ p.50 参照）の言葉です。人間は社会的動物であるといわれるように，他者との関係のなかで自分の存在意義を見出して生きています。誰からも必要とされていないと感じることは，人間にとっては生きる意欲を奪われることでもあるのです。

> **表 1-10 ● マザー・テレサの言葉**
>
> ①　人間にとっていちばんひどい病気はだれからも必要とされていないと感じることです。
> ②　だれからも受け入れられず，だれからも愛されず，必要とされないという悲しみ，これこそ本当の飢えなのです。
> ③　人間にとってもっとも悲しむべきことは，病気でも貧乏でもなく，自分はこの世に不要な人間なのだと思い込むことであり，そしてまた，最大の悪はそういう人に対する愛が足りないことなのです。
>
> 出典①：いもとようこ絵『マザー・テレサ——愛のことば』女子パウロ会，p.4，1998年
> 　　②：いもとようこ絵『マザー・テレサ——愛のことば』女子パウロ会，p.5，1998年
> 　　③：沖守弘『マザー・テレサ——あふれる愛』講談社，p.26，1984年

▶▶ 介護の場における尊厳の保持

　介護を受けなければならない状態が続くと、「申し訳ない」「お世話になっている」「面倒をかけている」という気持ちが芽生えてきます。この気持ちが強くなると、「自分は周囲に迷惑ばかりかけている存在だ」と感じてしまいます。これでは生きる力を失い、生きる実感をもてる生活とはほど遠い生活を送るようになっていきます。それは人としての尊厳を奪われた状態といえます。

　では、どうすれば生きる実感を得ることができるのでしょうか。

　例えば、施設では洗濯のすんだ食事用のエプロンやお手ふきなどを利用者にたたんでもらう作業をお願いすることがあります。これは職員の仕事を減らすためというよりも、利用者が作業をすることによって、誰かの「役に立っている」「必要とされている」という意識をもってもらうために行われます。つまり、役割を実感してもらうために行っているのです。

　介護を要する状態であったとしても、何らかの「役に立っている」「必要とされている」と実感してもらえるように支援していくことが必要です。そのことが人としての尊厳の保持につながります。

▶▶ 存在そのものを尊ぶ姿勢

　行為として、または作業として何かを担うことができなくとも、その人のかもし出すやすらぎや、優しさ、あたたかさなどが、周囲の人をなごませてくれることはよくあります。

　介護の現場では、介護職が利用者にいやされ「〇〇さんがいるからこの仕事を続けられる」と感謝する場面がみられます。介護職はその人が、「誰かの役に立っている」「いてくれるだけでうれしい」と伝えることが大切です。

　人はどのような状況で生きていようと、その一人ひとりがかけがえのない存在であり、無用な人は一人もおらず、誰もが個人として尊重されなければなりません。これは人間であるがゆえの尊厳です。このことを、何もできないと思い込んでしまっている利用者に伝えることで、生きる力がわいてくるのではないでしょうか。

▶▶ 尊厳のある暮らしと介護職

　人はどのような状態であろうと，一人の人間として存在しています。その人には今まで生きてきた長い歴史があります。その人が今まで自分なりにつくり上げてきた生活，すなわち，「自分流の生活スタイル」「生活のこだわり」「その人らしい生活」などと表現されるものがあります。介護を必要とするようになっても，今までの暮らし方を継続（けいぞく）できることが大切です。

　同じように，利用者一人ひとりにそれぞれの歴史があり，その延長線上に現在の暮らしがあります。単に「要介護者」としてひとくくりにしてしまうと，大切なその人自体がみえなくなってしまいます。

　尊厳（そんげん）のある暮らしを支援するということは，その人の「生活のいろどり」「今まで営（いとな）んできた生活」を，介護が必要になっても営めるように環境を整備しながら，生活のしづらさが生じた部分を支援することです。

　介護は利用者と介護職の相互関係のなかで行われます。言い換えると，介護はリレーションシップ（人と人との結びつき）を基盤（きばん）としています。例えば，大正時代と昭和初期の小学校の教科書（図 1-5）をみてみると，私たちが習った教科書と全く違います。利用者との相互関係を築く一つの手がかりとして，介護職は，利用者の育った時代の生活の様子などを知ることも大切です。

図 1-5 ● 利用者の生きた時代・生活を知る材料（昔の教科書）

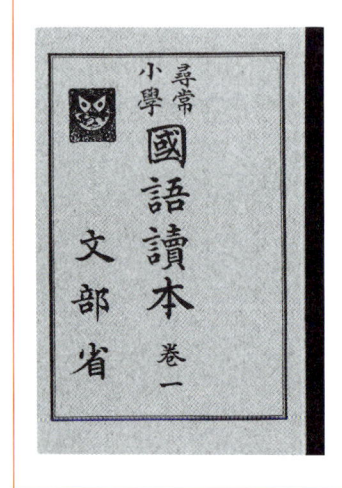

▶▶ 尊厳のある暮らしを支える介護実践

2010（平成22）年に内閣府が行った60歳以上の人を対象にした調査では、「虚弱化したとき望む居住形態」として46.2％の人が「現在のまま、自宅に留まりたい」と答え、「改築の上、自宅に留まりたい」を合わせると66.4％となり、7割近い人たちが虚弱化しても、居宅生活の継続を希望しています（図1-6）。

このように、介護が必要になっても、自宅に住み、家族や親しい人々とともに暮らしたいと多くの高齢者が願っています。しかし、現在のサービスだけでは生活を維持できない、あるいは、居宅介護には向いていない住環境であるなどの理由で、住み慣れた自宅での生活をあきらめ、施設に移り住む人たちが多くいます。

そのような人たちは、いったん自分の希望をあきらめなければならないつらさに加え、今まで地域でつくってきた人間関係を失い、新しい環境のなかで自分なりの生活の仕方や、施設のほかの利用者や職員と新たな関係をつくらなければならなくなります。

若い人でも環境が変わると適応するのに多くのエネルギーを費やしますが、ましてや何らかの生活の不都合さをかかえた高齢者にとっては、適応のための努力には大変な困難やストレスを伴います。

介護職は、そのような施設利用者の気持ちを理解し、施設での生活が限りなくその人の以前の暮らしに近いものになるように環境を整備することが必要になります。

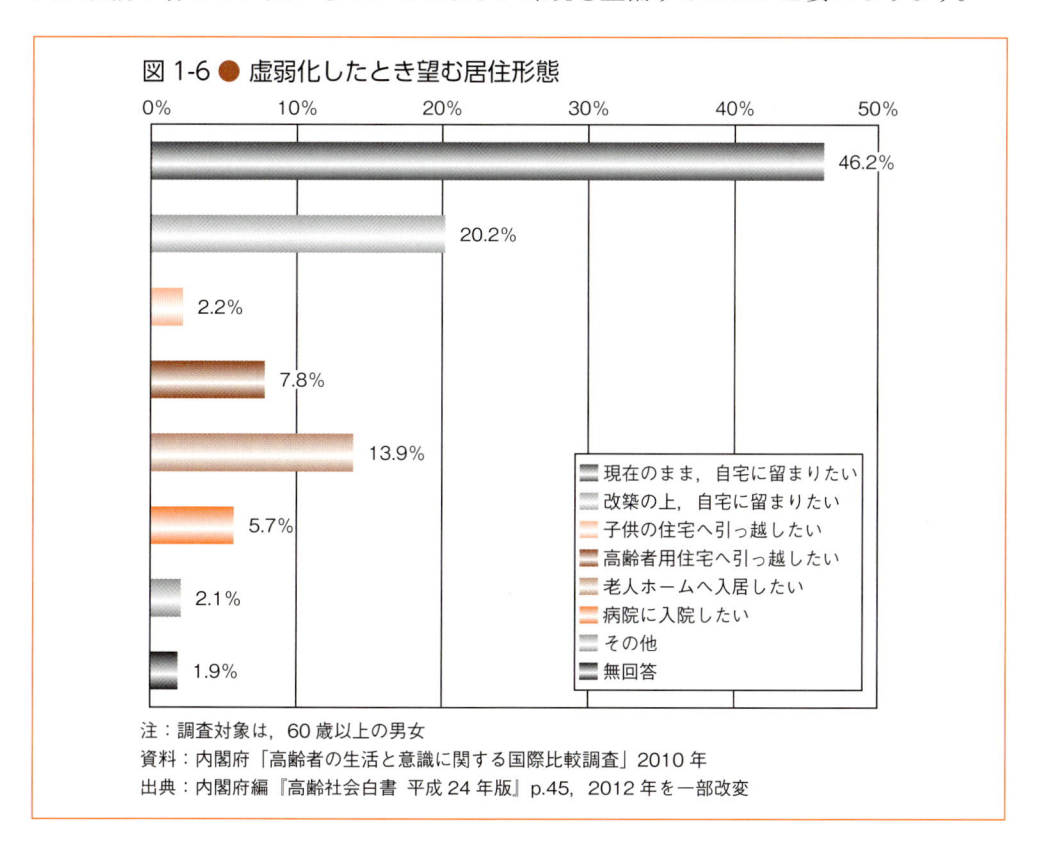

図1-6 ● 虚弱化したとき望む居住形態

- 現在のまま、自宅に留まりたい：46.2％
- 改築の上、自宅に留まりたい：20.2％
- 子供の住宅へ引っ越したい：2.2％
- 高齢者用住宅へ引っ越したい：7.8％
- 老人ホームへ入居したい：13.9％
- 病院に入院したい：5.7％
- その他：2.1％
- 無回答：1.9％

注：調査対象は、60歳以上の男女
資料：内閣府「高齢者の生活と意識に関する国際比較調査」2010年
出典：内閣府編『高齢社会白書 平成24年版』p.45、2012年を一部改変

3. 尊厳を無視した介護の課題

❶ 高齢者虐待の実態と対応

▶▶ 高齢者虐待防止法とは

近年の高齢者に対する虐待は深刻な状況にあることから，2005（平成17）年に高齢者虐待の防止，高齢者の養護者に対する支援等に関する法律（高齢者虐待防止法）が制定されました。この法律の制定目的の1つは，高齢者の尊厳の保持です。そのために虐待を早期に発見し，また防止することが大変重要になってきます。そして目的の2つ目は虐待者となってしまった養護者（介護をしている家族等）の負担の軽減を図ることなどによって，虐待している人が虐待をしないですむように支援することです。また，この法律では介護施設の従事者による虐待も取りあげています。

この法律でいう虐待の種類は①身体的虐待，②介護等放棄（ネグレクト），③心理的虐待，④性的虐待，⑤経済的虐待です（☞第1巻p.208表3-32参照）。

▶▶ 高齢者虐待の実態

2013（平成25）年度の全国調査をもとに高齢者虐待について考えてみましょう。

家族介護者（養護者）等による虐待の相談や通報をしたのは，31.3％が介護支援相談員で最も多いです。その次は警察が12.4％となっています。その数も年間2万8000件を超えています。その内容は「身体的虐待」が最も多く65％以上に及びます。次いで「心理的虐待」40％強，次に「介護等放棄（ネグレクト）」「経済的虐待」となっています（図1-8）。虐待の発生の要因としては最も多いのが「虐待者の介護疲れ・介護ストレス」，次いで「虐待者の障害・疾病」「家庭における経済的困窮（経済的問題）」となっています（表1-11）。虐待を受けやすい人は男性より女性が多く，要介護度が重い（介護の程度が大きい）人や認知症を患った人たちの割合が高くなっています。虐待の程度は「生命・身体・生活への影響や本人意思の無視等」といった程度から「生命・身体・生活に関する重大な危険」まで，5段階で評価していますが，重大な危険がある者が8.9％と全体の一割近くを占めています（図1-9）。

施設における虐待も年々その相談や件数が増加しています。専門職種による丁寧な生活支援を期待して入所した場所で虐待が行われているという実態があります。

月
日

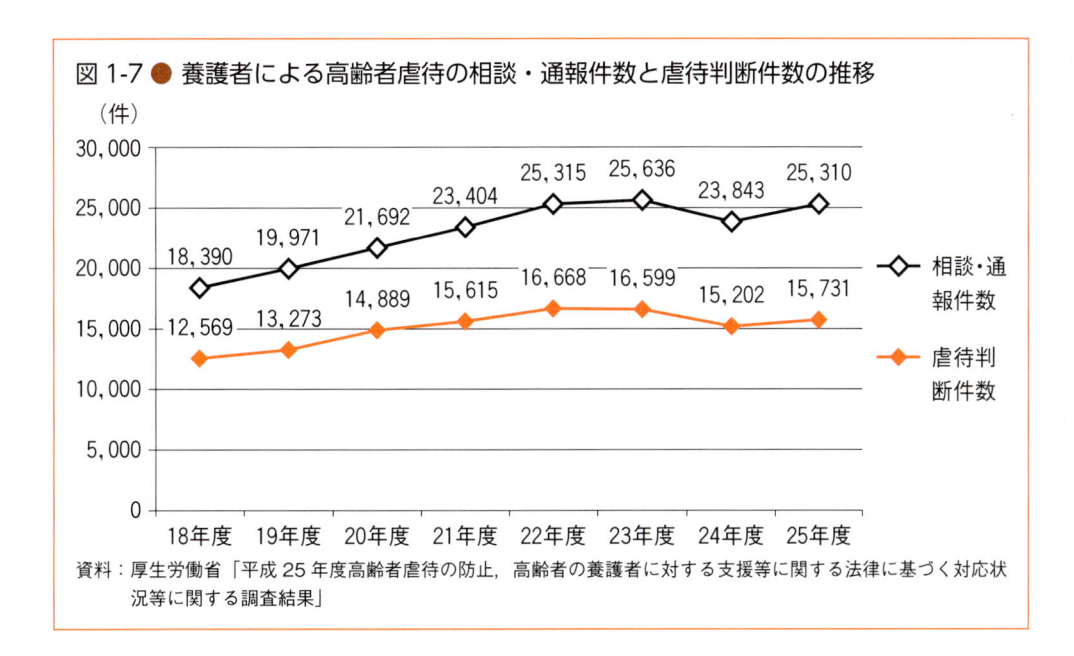

図 1-7 ● 養護者による高齢者虐待の相談・通報件数と虐待判断件数の推移

（件）

相談・通報件数: 18,390／19,971／21,692／23,404／25,315／25,636／23,843／25,310

虐待判断件数: 12,569／13,273／14,889／15,615／16,668／16,599／15,202／15,731

18年度　19年度　20年度　21年度　22年度　23年度　24年度　25年度

資料：厚生労働省「平成25年度高齢者虐待の防止，高齢者の養護者に対する支援等に関する法律に基づく対応状況等に関する調査結果」

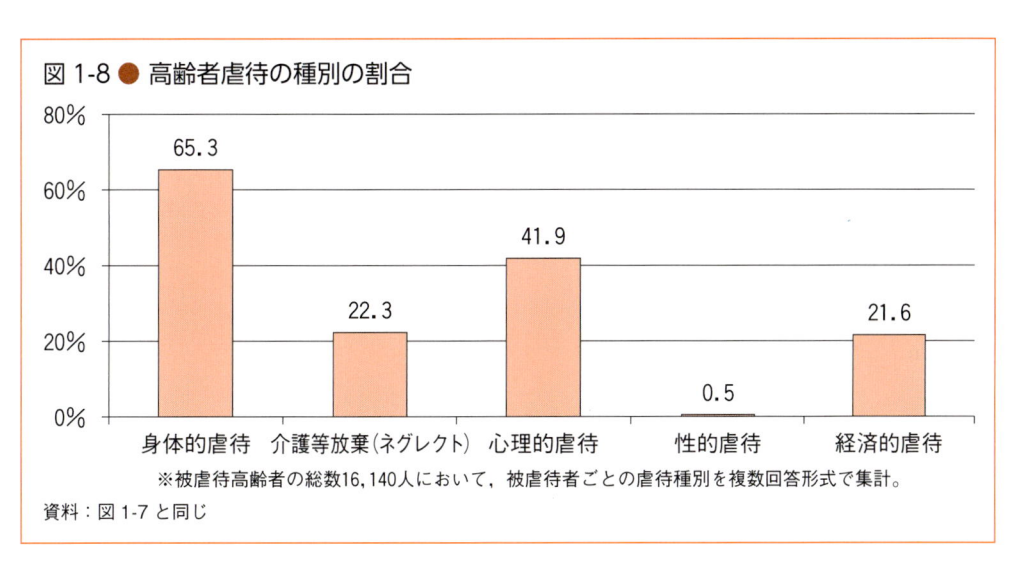

図 1-8 ● 高齢者虐待の種別の割合

身体的虐待 65.3　介護等放棄（ネグレクト） 22.3　心理的虐待 41.9　性的虐待 0.5　経済的虐待 21.6

※被虐待高齢者の総数16,140人において，被虐待者ごとの虐待種別を複数回答形式で集計。

資料：図1-7と同じ

表 1-11 ● 虐待の発生要因（複数回答）

要因	件数	割合(%)
虐待者の介護疲れ・介護ストレス	1,398	25.5
虐待者の障害・疾病	1,221	22.2
家庭における経済的困窮（経済的問題）	925	16.8
被虐待高齢者の認知症の症状	766	13.9
家庭における被虐待者と虐待者の虐待発生までの人間関係	633	11.5
虐待者の性格や人格（に基づく言動）	507	9.2
虐待者の飲酒の影響	348	6.3
虐待者の理解力の不足や低下	240	4.4
虐待者の知識や情報の不足	221	4.0
その他	1,093	19.9

注：回答のあった 5,493 件の事例を集計。
資料：図 1-7 と同じ，一部改変

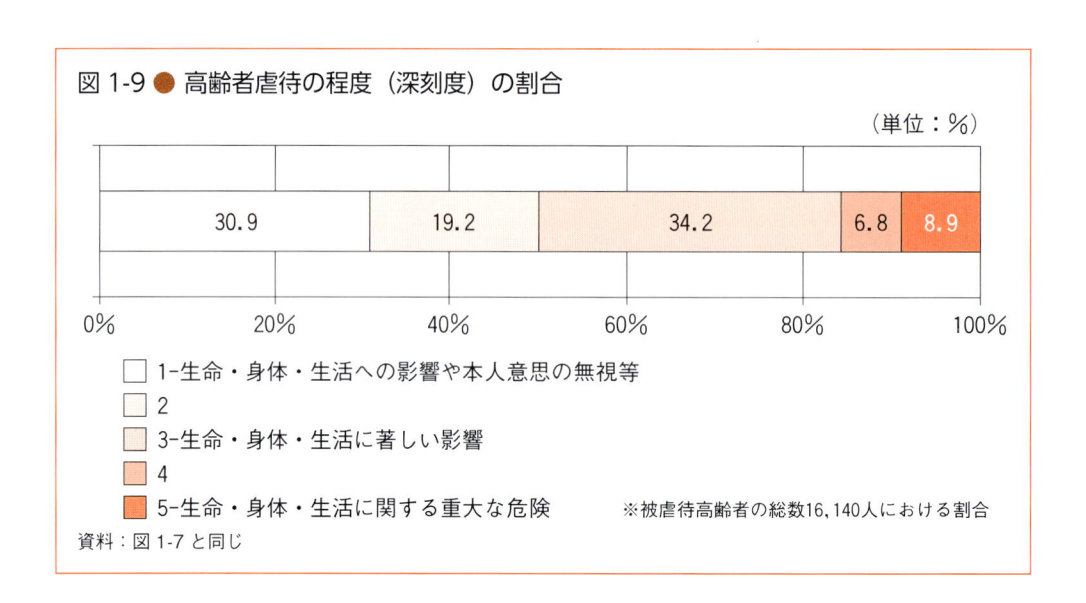

図 1-9 ● 高齢者虐待の程度（深刻度）の割合

（単位：％）

| 30.9 | 19.2 | 34.2 | 6.8 | 8.9 |

0%　　　20%　　　40%　　　60%　　　80%　　　100%

☐ 1-生命・身体・生活への影響や本人意思の無視等
☐ 2
☐ 3-生命・身体・生活に著しい影響
☐ 4
☐ 5-生命・身体・生活に関する重大な危険　　※被虐待高齢者の総数16,140人における割合

資料：図 1-7 と同じ

▶▶ 介護職の役割

　介護を提供する施設において，介護職が利用者を虐待しているという実態があるという話をしました。身体的虐待はもちろん，言葉による虐待や非言語的（態度等）な虐待も許されるものではありません。厚生労働省により出された報告書では「求められる介護福祉士像」として12項目があげられています。そのなかには，「尊厳を支えるケアの実践」「『個別ケア』の実践」「高い倫理性の保持」があります。介護職は常にその人の尊厳を支え，専門職者としての高い倫理性をもっていなくてはいけません。自分自身が虐待者に絶対ならないということは当たり前のことですが，介護職にとっては虐待の早期発見と虐待予防の支援も重要な役割です。

　前述のとおり，家族介護者等が虐待をしてしまう一番の原因は，介護疲れや介護ストレスでした。介護者の負担やストレスを軽減するための支援も介護職の役割です。家族のちょっとした動作や表情，利用者のあざやふだんと違う様子，不安げな様子等からその人の生活に思いをはせ，万が一にも虐待が予測される場合には，他の専門職と連携しながら，観察し，必要に応じ虐待をしている家族の負担を取り除くため支援することも必要になってきます。

❷ 利用者の生活の場と尊厳

▶▶ 環境づくりと個別ケア

かつて特別養護老人ホームなどの施設は，生活の場というよりは病院のようなしつらえでした。

最近では，より個別ニーズに即した居住環境を整えつつあります。自分の居室に，入居前に自宅で使っていた家具や仏壇を持ち込んだりするのもその一例です。また，以前はほとんどの施設が真っ白なシーツを利用していましたが，今では色や柄の入ったシーツを使用したり，いすのようなポータブルトイレを使用したりと，生活感を出す工夫がされています。

住環境だけではなく，介護方法もより家庭的なものを目指しています。その代表がユニットケアです。ユニットケアとは在宅に近い居住環境で，利用者一人ひとりの個性や生活のリズムに沿い，他人との人間関係を築きながら日常生活を営めるようにする介護の手法です。

このような，在宅に近い生活の場の提供と個別ケアの手法が徐々に浸透しています。

しかし，いまだに個人の尊厳を大切にした個別ケアという視点より，集団生活を主眼とした介護を提供している施設も多くあります。例えば，入浴日には廊下の前で順番を待たされる。身体を洗うだけの流れ作業のような入浴をする。脱衣室が廊下から見えてしまう。食事の前の早い時間から食堂に集められ，エプロンをつけられている。失禁を心配して過剰におむつを使用する。利用者に用事を頼まれても職員の業務を優先する，といった光景です。

▶▶ 尊厳を見落しがちな介護実践

何気なく行っていることが尊厳を無視した介護実践となっている場合があります。

例えば，便秘が続いている利用者が大量の排便をした際に，介護職はうれしくて，「○○さん，すごく大量の便が出たよ」と大きな声で話したり，本人の前で言ったりします。

私たちがこのような話題の当事者になったら，どう感じるでしょうか。たとえ悪意がなくとも，本人にとってそれはどう感じられるかを考えることが必要です。同様に，認知症の人の前で本人の認知症の程度や中核症状について話題にしたり，他者に説明をしたりするのも尊厳の保持とは相反する行為です。

事例：自己決定

　利用者に「今日はご飯はいりません」「今日はお風呂に入りません」と言われたら，どうしたらよいのでしょうか。その人の自己決定を尊重して，無理にすすめないほうがよいのでしょうか。

　確かに，私たちは食事を1食抜いたり，お風呂に入らないときもあります。そういう意味では無理強いをする必要はないと思います。しかし，その人の発した言葉が本当のニーズなのかを推し量る必要があります。

　食事を例にとると，眠くて今は食べたくないのか，メニューに食べたくない食材があるのか，体調は良好なのか，家族や友人との関係で何かあったのか，何か悩んでいるのかなどを観察します。入浴も同様です。認知症の人の場合には，それに加えて判断力・理解力などについても考慮する必要があります。

事例：「おむつを付けているから大丈夫」

　施設では，利用者が「トイレに行きたい」と言うと，介護職が「○○さんはおむつを付けているから大丈夫ですよ」と答えている場面に出会うことがあります。これはおかしなことです。

　私たちは排泄行為はトイレでします。おむつを付けていようが，尿意を感じてトイレに行きたい場合には，それを支援することが原則です。あわせておむつを使用している人が，尿意を訴えるということは適切な排泄介護ができていない可能性もあります。

事例：「ちょっと待って」

　利用者が，廊下で介護職に用事を頼もうと声をかける場面をよく見かけます。そのとき，忙しそうに働いている介護職は声をかけられると「ちょっと待ってください」と言って通り過ぎることがあります。利用者は何人もの介護職に繰り返し声をかけています。そのたびに「ちょっと待って」という言葉が返ってきます。

　自分に置き換えてみましょう。用事があって，介護職に声をかけて，何度も「ちょっと待って」と言われ，ちょっと待っても介護職は来ない。そんな生活を繰り返していて，生活のうるおいや豊かさを感じることができるのでしょうか。

　確かに，介護職は忙しいかもしれません。しかし，ちょっと立ち止まって話を聞く，または「今は○○で忙しくしていますが，○○分後には来ますので，そのときでもよろしいですか」など，相手を大切にする答え方もあるのではないでしょうか。

❸ 身体拘束の禁止 ⋯⋯⋯⋯⋯⋯⋯⋯⋯⋯⋯⋯⋯⋯⋯⋯⋯⋯⋯⋯⋯⋯⋯⋯⋯⋯⋯⋯⋯

▶▶ 意識していないとおちいりやすい身体拘束

　利用者に対して自分が虐待など行うはずはない，また，していないと思っていても，誰もがおちいりやすいのが**身体拘束**です。

　これまで介護の現場では，介護職の都合を優先させた結果として身体拘束という事態が起きてきました。介護職の都合を優先させることが日常化している事業所などでは，拘束は一つの介護の方法として行われてきたのです。このことは，介護の現場がそうした状況を生みやすいということを示しています。

　明らかな虐待は別として，身体拘束は主に認知症の人に対して多くみられます。認知症の行動・心理症状（BPSD）への適切な対応ができずに，そのときの行動だけに対処しようとするため，結果として拘束が行われます。

　拘束を当然のこととしていると，尊厳や人権といった意識もおろそかになりやすく，介護の質を高められずに，働く職員の意識も低下していきます。

▶▶ 拘束しない介護

　拘束しない介護を行うには，さまざまな工夫が必要です。

　認知症の人は，見当識障害のために，自分の居場所も理解できない状況にあります。そのような状況で，一つひとつの言葉を誤りだと修正される，〇〇してはだめと行動を禁止される，常に誰かが監視しているようで落ち着かないということがあると，なんとか自分を保とうと努力している利用者は，相当にストレスをため込んでしまいます。

　認知症の人が自分の思いや考えを言葉でうまく言い表すことができないとき，「だめ」と止めた手を思い切り振り払おうとするのは，当然のことです。認知症の人の心理を理解し，その人に寄り添うように対応することが必要です。信頼関係をつくるなかで落ち着きを取り戻し，自分がそこにいることに不安を抱かなければ，認知症の人は普通に生活や行動ができるようになります。

▶▶ 身体拘束禁止に向けた動き

　介護保険制度の導入に合わせて，国は介護の質を確保するためにも，身体拘束禁止に乗り出しました。拘束しない介護を行うためには，さまざまな工夫をしなければなりません。しかし拘束しない介護は，人権の面からも，尊厳の面からも，そしてQOL の面からも，重要なことなのです。身体拘束として禁止の対象となる具体的な行為は，表 1-12 のとおりです。

表 1-12 ● 介護保険指定基準において禁止の対象となる具体的な行為

① 徘徊しないように，車いすやいす，ベッドに体幹や四肢をひも等で縛る。
② 転落しないように，ベッドに体幹や四肢をひも等で縛る。
③ 自分で降りられないように，ベッドを柵（サイドレール）で囲む。
④ 点滴，経管栄養等のチューブを抜かないように，四肢をひも等で縛る。
⑤ 点滴，経管栄養等のチューブを抜かないように，または皮膚をかきむしらないように，手指の機能を制限するミトン型の手袋等をつける。
⑥ 車いすやいすからずり落ちたり，立ち上がったりしないように，Y 字型抑制帯や腰ベルト，車いすテーブルをつける。
⑦ 立ち上がる能力のある人の立ち上がりを妨げるようないすを使用する。
⑧ 脱衣やおむつはずしを制限するために，介護衣（つなぎ服）を着せる。
⑨ 他人への迷惑行為を防ぐために，ベッドなどに体幹や四肢をひも等で縛る。
⑩ 行動を落ち着かせるために，向精神薬を過剰に服用させる。
⑪ 自分の意思で開けることのできない居室等に隔離する。

資料：厚生労働省「身体拘束ゼロへの手引き」2001 年

4. ノーマライゼーションの実現

❶ ノーマライゼーションとは

　誰もが安心して，幸せに暮らせる社会をつくるために，ノーマライゼーション（normalization）という考え方があります。障害者と高齢者，健常者など区別して隔離するのではなく，すべての人がごく普通（normal）に生活できる社会をつくっていこうという考え方です。つまり，普通の生活ができるように環境を整えていこうということです。

　このノーマライゼーションの考え方は，1950年代前半にデンマークにおける知的障害者に対する新たな福祉的対応の方向性を示したもので，ノーマライゼーションという用語を表現したのはバンク－ミケルセン（Bank-Mikkelsen,N.E.）でした。

　当時，障害があろうとなかろうと，その年齢に合った普通の暮らしができるように，社会のさまざまな条件を変えていこうという運動が，知的障害の子をもつ親の会から始まりました。その活動にバンク－ミケルセンがかかわるなかで，国に提出する要請書のタイトルにノーマライゼーションを使用したのが始まりでした。

▶▶ ノーマルな生活を提供すること

　バンク－ミケルセンは，ノーマライゼーションは障害のある人を「ノーマルな人」にすることではないと言っています。その人たちを丸ごと受け入れて，ノーマルな生活条件を提供することとしています。それは，大きな施設に住まわせるのではなく，一般家庭と同じような大きさで，地域のなかにつくらなければならず，寝室は大部屋でなく個室に，食事は大食堂ではなく少人数で，つまり普通の家庭のようにしなければならないということです。日々の生活リズムや仕事や余暇や男女交際の条件も，できるだけ普通の人に近づけるようにすることです。そして，その人たちの「人としての権利」が実現するような社会の状態をつくりだしていかなければならないとしています。

　彼は，ノーマライゼーションを実現するうえで，忘れてはならないこととして，障害のある人々のために何かをしようとするとき，一番大切なのは「自分自身がそのような状態におかれたとき，どう感じ，何をしたいか？」です。それを真剣に考えること，そうすれば，答えはおのずから導きだせると述べています。

　現在では，このノーマライゼーションの考え方は，わが国では障害分野だけでなく，社会福祉全体の理念として広がっています。

❷ その人らしい生活とは

▶▶ 「その人らしさ」の尊重

　高齢者や障害のある人の生活支援を考えるとき，障害や疾病だけに着目するのではなく，一人ひとりの生活経験の多様性から形成された「その人らしさ」をいかに尊重していくかという視点が大切です。

　尊厳には生命や人間の尊厳としての普遍的な尊厳がありますが，介護においては個別的な尊厳も尊重される必要があります。個別的な尊厳とは，誰にでも共通するものではないが，その人がもつ「自分らしさ」，要はその人にとっての「人間らしさ」＝「その人らしさ」を尊重することです。

　その人らしさの尊重とは，その人が社会環境のなかでつちかってきた自分なりの「存在感」や「役割」を感じながら生きていけるように支援していくことです。介護を必要とする状態になった途端に，尊厳が奪われ，自尊心をなくしてしまい，ただ「生かされている」だけのような状態では，生きる意欲そのものが失われていくこととなります。

▶▶ その人らしい生活を支えるために

　介護を必要とする人が自立した生活を送るためには，生活意欲を高め，その人らしい尊厳のある暮らしを支えることが大切です。それには本人自らの選択と決定（自己決定）が伴います。そして時として，その人らしさが「こだわり」となり，他人からみるとそれが「わがまま」や「頑固」と感じることがあるかもしれません。

　しかし，その人らしい生活を支えるとは，その人がその人らしくいるための個人の生き方の尊重であり，尊厳を守ることです。「わがまま」や「頑固」として決めつけるのは簡単です。しかし，なぜ今，この人はこのようなことを言っているのか，自分できちんと「こだわり」を伝えようとしているこの人の本当の思いや願いは何かということを考えることが大切です。

　その人の生きてきた歴史，人生そのものに興味を抱いて，一生懸命真剣に，目の前の利用者の個別性をとらえる努力をしないと，逆にケアの押しつけとなり，尊厳をそこなうようなことになりかねません。介護にたずさわる者として，相手の人生にきちんと寄り添い，謙虚な気持ちや態度，細やかな配慮をもって接することが大切です。

5. プライバシーの保護

❶ プライバシーの権利

　人は誰でも他の人には知られたくないと思うような，ごく私的な情報をもっています。そのような情報を**プライバシー**（privacy）といいます。プライバシーの種類には，会話や手紙，メールなどのコミュニケーションの内容や住所，行動など自分自身に関する情報，一人でいられる環境などの自分にかかわる空間・領域などがあります。このようなプライバシーについて，自らコントロールする権利が**プライバシーの権利**です。通信手段の発達や情報化のなかで，私事がみだりに公開される危険が大きくなったことから，一つの基本的人権として確立されるようになりました。要は，私生活に関する事項や私生活をみだりに干渉されず，他人にわずらわされることなく，自分自身の意思で選択・決定でき，幸福に生活する権利として主張されています。

▶▶ 個人情報とは

　似たような意味でよく使われるのは**個人情報**という用語です。厳密にいうと，個人情報＝プライバシーではありません。

　個人情報とは，**個人情報の保護に関する法律**（以下，**個人情報保護法**）では「生存する個人に関する情報であって，当該情報に含まれる氏名，生年月日その他の記述等により特定の個人を識別することができるもの」となっています。

　個人情報保護法では，企業や団体などの事業者が個人を識別し，個人情報を適切に取り扱う方法を規定したもので，プライバシーの保護を直接の目的とはしていません。しかし，現実的にはこのような法律や規定が守られることで，結果的にはプライバシーが保護されるようになってきています。

▶▶ プライバシーの保護

　プライバシーの範囲も，自分は大丈夫だから，相手も大丈夫とは限りません。非常に個別性も強く，微妙で微細なものです。プライバシーは，他人に知られたくない秘密，侵害されたくない領域，いやだと感じる部分なので，特に介護を要する高齢者や障害のある人のプライバシーの権利は，介護する側がきちんと保障していかなければなりません。そのためには，自己決定するための情報を介護する者として提示していくことが大切です。プライバシーをおかすことで，その人の尊厳をおかすこともあり得るということを自覚しておく必要があります。

44

❷ 利用者のプライバシーの保護

　近年では，老人ホームに入所する前やサービスを利用する前に，各事業所がプライバシーポリシーやプライバシー保護マニュアルのようなものを作成し，本人や家族に同意を得るところも少なくありません。

　前述しましたが，プライバシーの範囲は人によって異なります。他人の前で服を脱ぐことに抵抗がない人もいれば，それは絶対にいやだという意見もあります。また排泄介助の際，部屋にこもるにおいを避けるため，介護者が扉も窓もカーテンも開けっ放しでおむつ交換をしても，利用者側としてはおむつ交換なのだからきちんと隠してやってほしいと思い，気づかないうちにプライバシーをおかしているケースもあります。特に排泄・更衣・入浴などの身体介護では，常に相手の気持ちを察することを忘れないようにします。利用者が感じるはずかしい思い（侮辱・屈辱）をきちんと理解する力が必要です。

　どうしても全裸になってもらうことが必要な場合は，その状態になる場所を決めて行っているか，露出部分や露出時間を最小限にするためにはどうしたらいいかなど**表1-13**のようにリスト化して，ルーティンワークになりがちなふだんのケアを振り返り，見直していくことが大切です。

表1-13 ● 利用者のプライバシー保護のチェックリスト（例）

- ☐ 介護者の都合で，居室のカーテンを開けっ放しにしていないか。
- ☐ 「ちょっと待ってね」と言って，どれくらいの時間待たせているか。
- ☐ 居室に入るときドアが開いていても，ノックをし，間をおいたり，応答を待ってから対応しているか。
- ☐ 他人がいる場所でむやみに全裸にしていないか（例えば，入浴介助や居室などで）
- ☐ 食べたくないときに無理に食べさせていないか（例えば，食事介助などで）
- ☐ 排泄音を他人に聞かれることに配慮しているか（居室でのポータブルトイレの介助などで）

　また，プライバシーの保護に関しては，日本介護福祉士会の倫理綱領でもうたわれており，利用者や家族の情報を知り得たとしても，その内容をむやみに漏らさないことです。特に介護職は，相手との信頼関係のうえに成り立つ仕事であるため，知り得た個人情報やプライバシーにかかわることを漏らすことで，信用を失うことになります。

　現在のケアに満足することなく，倫理観を高め，よりよいケアの積み重ねができるよう，日々自己研鑽していくことが大切なことです。

第1章 学習のポイント 重要事項を確認しよう！

第1節 人間の多面的な理解と尊厳

■人間を理解するということ

- 人間の理解は，まず生活の営みの姿を知ることからはじまります。生活の営みとは，日々の暮らしをつくっている現実の状況です。 → p.2
- 介護職には，人間の多面的な理解が求められています。 → p.2
- 生命への畏敬と尊厳は，人間の無限の可能性を意味しています。それは，現実の困難な生活状況においても，よりよく生きるという理念が失われることはないということです。 → p.3

■人間の尊厳の意義

- 人間の尊厳とは，人間が個人として尊重されることを意味しています。 → p.4

■人権，そして尊厳をめぐる歴史的経緯

- 人権は，自由権と社会権（生存権）に分けて考えることができます。 → p.7

■人権，そして尊厳に関する諸規定

- わが国において，尊厳に関する諸規定の中心となるものは日本国憲法です。 → p.9

第2節 自立・自律の支援

■介護における自立

- 介護職に求められる自立支援は，自分でできるようにすることのみを目標に行うものではありません。 → p.12
- 介護職にとって重要なことは，自立か依存かの二者択一的な判断をしてはならないということです。 → p.13
- 自立とは，他者の援助を受けるにしても受けないにしても，自分の行動に責任を負うことであり，自らの能力に合った生活を自分で選択し，実践することです。 → p.14

■自立への意欲と動機づけ

- 自立支援の意義は，介護を必要とする人の生活意欲を高め，その人らしい尊厳のある暮らしを支えることにあります。 → p.16

1 障害者基本法

しょうがいしゃきほんほう

➡ p.4 参照

障害者施策を推進する基本原則，施策全般についての基本的事項を定めた法律。1970（昭和45）年に制定された心身障害者対策基本法が，障害者を取り巻く社会情勢の変化に対応したものにするため1993（平成5）年に改正され，障害者基本法となった。

2 自立生活 (IL)

じりつせいかつ

➡ p.12 参照

「自立生活」という用語は，アメリカの概念を日本語訳したもので，肉体的あるいは物理的に他人に依存しなければならない重度障害者が，自己決定にもとづいて，主体的な生活を営むことを意味する。IL（Independent Living）ともいわれる。

3 ADL

エーディーエル

➡ p.12 参照

Activities of Daily Living の略。「日常生活動作」「日常生活活動」などと訳される。人間が毎日の生活を送るための基本的動作群のことで，食事，更衣，整容，排泄，入浴，移乗，移動などがある。

4 QOL

キューオーエル

➡ p.12 参照

Quality of Life の略。「生活の質」「人生の質」「生命の質」などと訳される。一般的な考えは，生活者の満足感・安定感・幸福感を規定している諸要因の質のこと。諸要因の一方に生活者自身の意識構造，もう一方に生活の場の諸環境があると考えられる。

5 マズロー (Maslow, A.H.)

まずろー

➡ p.18 参照

アメリカの心理学者。「人間は自己実現に向かって絶えず成長する生きものである」と仮定し，人間の欲求を5段階の階層により理論化したことで知られている。

6 長座位

ちょうざい

➡ p.20 参照

膝を伸ばし，背中をまっすぐにした状態の座位のこと。

7 IADL

アイエーディーエル

➡ p.20 参照

Instrumental Activities of Daily Living の略。「手段的日常生活動作」と訳される。

ADLが食事，入浴，排泄などの日常生活の基本動作であるのに対し，IADLは，バスに乗って買い物に行く，電話をかける，食事のしたくをするなどのように，より広義かつADLで使用する動作を応用した動作（ADLより複雑な動作）を指す。

8 ケアプラン

けあぷらん
➡ p.20 参照

個々人のニーズに合わせた適切な保健・医療・福祉サービスを提供するための計画書のこと。介護保険制度では，居宅介護支援事業所の介護支援専門員により居宅介護支援（ケアマネジメント）の過程で作成される要介護者の在宅生活を支援するための居宅サービス計画や，介護保険施設で提供されるサービスを明示する施設サービス計画をいう。

9 脳梗塞

のうこうそく
➡ p.22 参照

脳血栓や脳塞栓などによる脳血流障害により，脳細胞が壊死におちいった状態のこと。

10 失語症

しつごしょう
➡ p.22 参照

大脳の言語野が損傷されることによって生じる言語機能の障害であり，すでに獲得していた言語を話したり，聞いたり，書いたり，読んだりすることが困難になる。損傷部位によって言語の表出面が障害される運動性失語症，理解面が障害される感覚性失語症など，異なるタイプが現れる。

11 端座位

たんざい
➡ p.22 参照

ベッドの端に腰かける座位のこと。

12 きざみ食

きざみしょく
➡ p.23 参照

咀嚼力が弱い人のために，食べ物を小さくきざんで食べやすくした食事のこと。料理によっては，小さくきざむだけでなく，食塊をつくりやすくする工夫が必要になる。

13 ステレオタイプ

すてれおたいぷ
➡ p.27 参照

ある集団の成員全般に対する認知・信念などのこと。実際にはどんな集団でも個人差があり，そのステレオタイプが全員に当てはまることはないが，ステレオタイプが集団の全員にあてはまると考えがちである。

14 権利擁護

けんりようご
➡ p.29 参照

社会福祉の分野では，自己の権利や援助のニーズを表明することが困難な利用者に代わって，援助者が代理として，その権利の獲得やニーズの充足を行うことをいう。

15 エンパワメント

えんぱわめんと
➡ p.29 参照

社会的に排除されたり，差別されたりしてきたために「能力のない人」とみなされ，自分自身もそう思ってきた人々が，自らについての自信や信頼を回復し，自らの問題を自らが解決することの過程を通して，身体的・心理的・社会的な力を主体的に獲得していくこと。

16 マザー・テレサ

まざー・てれさ
➡ p.30 参照

カトリックの聖職者。マケドニア生まれ。インドのカルカッタをはじめ，世界中の苦しむ人の保護・救済のために，献身的に奉仕した人として知られている。1979年ノーベル平和賞受賞。

第**2**章

介護保険制度の理解
（社会の理解Ⅰ）

第**1**節 ▶ 介護保険制度創設の背景と目的

第**2**節 ▶ 介護保険制度の基礎的理解

第**3**節 ▶ 介護保険制度における専門職の役割

【到達目標】

● 介護保険制度の体系，目的，サービスの種類と内容，利用までの流れ，利用者負担，専門職の役割等を理解し，利用者等に助言できる。

介護保険制度創設の背景と目的

第1節

月

日

1. 介護保険制度の創設をめぐる社会的背景

❶ 人口の少子高齢化

介護保険制度は2000（平成12）年に始まりました。この制度が創設された背景には，①人口の高齢化が進行したこと，②そのために介護や支援を要する高齢者が増えたこと，③その高齢者の介護は家族だけでは担えなくなったことなどがあげられます。

▶▶ 人口の高齢化

人口の高齢化とは，総人口に占める高齢者（一般には65歳以上を指す）の比率が増えることです。近年，わが国では高齢化が進行し，2014（平成26）年10月時点での人口の高齢化率[1]（➡ p.99参照）（総人口に占める65歳以上人口の比率）は26.0％（表2-1）になっており，世界トップクラスの水準です。わが国の高齢化率は今後も伸びるものと推計されています。

表 2-1 ● わが国の人口と年齢3区分別人口の割合

	計	0～14歳 （年少人口）	15～64歳 （生産年齢人口）	65歳以上 （老年人口）	うち75歳以上
人口（千人）	127,083	16,233	77,850	33,000	15,917
比率（％）	100	12.8	61.3	26.0	12.5

資料：総務省「人口推計（平成26年10月1日現在）」

人口が高齢化する要因としては，**平均寿命**[2]（➡ p.99参照）の延びと出生率の低下の二つがあります。わが国の平均寿命は，2012（平成24）年現在で男性79.94歳，女性86.41歳であり，戦後間もなくの時期と比べて20歳以上も延びています（**表2-2**）。出生率については，1970年代前半の第2次ベビーブーム以降低落傾向にあり，2014（平成26）年の合計特殊出生率[3]（➡ p.99参照）は1.42になっています（**表2-3**）。

こうした傾向は，人口の高齢化だけでなく，死亡数が出生数を上回ることで，人口減少を招くことになります。実際，わが国では2005（平成17）年に戦後初めての人口の自然減が起こりました。今後は高齢化と並行して，人口減少も起こっていきます。

表 2-2 ● 平均寿命の推移

年次	男	女
1950（昭和 25）年	59.57	62.97
1960（昭和 35）年	65.32	70.19
1970（昭和 45）年	69.31	74.66
1980（昭和 55）年	73.35	78.76
1990（平成 2）年	75.92	81.90
2000（平成 12）年	77.72	84.60
2005（平成 17）年	78.56	85.52
2010（平成 22）年	79.55	86.30
2012（平成 24）年	79.94	86.41

資料：厚生労働省「完全生命表」

表 2-3 ● 出生率の推移

年次	出生数 （1,000 人）	普通出生率 （人口1,000対）	合計特殊 出生率
1950（昭和 25）年	2,338	28.1	3.65
1960（昭和 35）年	1,606	17.2	2.00
1970（昭和 45）年	1,934	18.8	2.13
1980（昭和 55）年	1,577	13.6	1.75
1990（平成 2）年	1,222	10.0	1.54
2000（平成 12）年	1,191	9.5	1.36
2005（平成 17）年	1,063	8.4	1.26
2010（平成 22）年	1,071	8.5	1.39
2014（平成 26）年	1,003	8.0	1.42

資料：厚生労働省「人口動態統計」

▶▶ 介護や支援を要する高齢者の増加

　人口が高齢化すると，当然，生活上の支援や介護が必要な人々が増えていきます。

　これについて，介護保険制度の創設に向けた議論がされていた 1996（平成 8）年に，厚生省（当時）が表 2-4 のようなデータを示しました。これによると，高齢者を年齢階層別にみたとき，介護が必要な人は**前期高齢者**[4]（➡ p.99 参照）で 1.5 〜 3.5% 程度出現しますが，**後期高齢者**[5]（➡ p.99 参照）では急増し，85 歳以上ではおよそ 4 人に 1 人になるとみられていました。

　実際は，介護保険制度が施行された 2000（平成 12）年以降のデータをみると，高齢者人口の約 18% が要介護者・要支援者となっています。さらに，近年のデータでは，前期高齢者の要介護認定率は約 5%，後期高齢者は約 31% と報告されています。

表 2-4 ● 年齢階層別要介護出現率

（単位：%）

	65〜69歳	70〜74歳	75〜79歳	80〜84歳	85歳以上
寝たきり（痴呆を含む）	1.5	3.0	5.5	10.0	20.5
痴呆性老人（寝たきり除く）	0.0	0.5	1.0	1.5	3.5

注：「痴呆」の言い方は当時のまま
資料：厚生省大臣官房統計情報部「国民生活基礎調査」「社会福祉施設等調査」等から推計
出典：厚生省編『厚生白書 平成 8 年版』p.117, 1996 年

❷ 家族による高齢者介護の限界 ::

▶▶ 家族による介護の難しさ

　従来，わが国では高齢者の介護は家族が担うべきと考える傾向がありました。しかし，そうした家族介護は大きな問題に直面していました。

　まず，わが国の平均世帯人員（世帯当たりの家族の人数）は減少の一途にあり，近年では平均 2.5 人程度となっています。また，65 歳以上の者のいる世帯のうち，三世代が同居している世帯は，1986（昭和 61）年には 50％近くありましたが，2014（平成 26）年にはわずか 13％ほどに減少しました。近年は高齢者のいる世帯のうち，高齢者のみで暮らす世帯（高齢者単独世帯と高齢者夫婦のみ世帯の合算）が 60％近くとなっています。

　つまり，世帯あたりの家族の人数が減り，高齢者のみの世帯が増えたことで，家族での介護が困難な状況になっていたのです。

　その他にも，高齢者が介護を必要とする期間が長期化していること（「平成 10 年国民生活基礎調査」によれば，介護が必要な高齢者のうち，その期間が 3 年以上にわたる場合が 53.7％），家族による介護は，多くは介護者自身も高齢であること（「平成 22 年国民生活基礎調査」によれば，高齢者の同居介護者のうち，45.2％ が 60 歳以上），家族による介護は主に女性が担っており，家族介護者の女性問題（女性の社会進出と自己実現を阻む要素）としての側面が顕在化してきたことなど，家族介護における多様な問題が浮かび上がっていました。

▶▶ 「介護の社会化」の必要性

　こうしたさまざまな要因から，1990 年代前半からは高齢者の介護を家族だけで担うには限界があるとの理解が進み，高齢者介護を社会全体で支えようという，介護の社会化の機運が高まっていきました。

　1990 年代半ばからの政策的議論のなかで，そのためのしくみとして，社会保険制度による介護サービスの提供が検討され，介護保険制度が誕生していくこととなります。

2.1990年代までの高齢者介護の制度と社会福祉基礎構造改革

❶ 老人福祉制度と医療保険（老人保健）制度

介護保険制度創設以前は，老人福祉制度と医療保険（老人保健）制度の二つの制度で，高齢者介護の施策が実施されていました（表2-5）。

▶▶ 老人福祉制度

介護保険制度の訪問介護や通所介護，介護老人福祉施設（特別養護老人ホーム）のサービスは老人福祉制度として実施され

> **表2-5 ●　老人福祉制度と医療保険制度**
>
> ①　老人福祉制度
> 　実施方式：行政の責任による措置制度
> 　実施主体：国・自治体・社会福祉法人を中心
> 　財源：公費（税）
> 　利用者負担：応能負担
> ②　医療保険制度
> 　実施方式：社会保険による利用契約制度
> 　実施主体：医療法人を主体
> 　財源：保険料＋公費
> 　利用者負担：応益負担

ていました。これは，市町村が福祉サービスの必要性を判断し，行政の責任で支援をする措置制度というしくみによるものです。

このしくみでは，利用料は所得に応じた負担（応能負担）であり，低所得者にとっては使いやすいものの，中高所得階層には費用負担が大きくなっていました。また，低所得者が利用するものとのイメージもあり，利用時に所得調査なども必要とされることから，利用には心理的抵抗感があったことも否めません。

▶▶ 医療保険（老人保健）制度

介護保険制度の訪問看護や通所リハビリテーション（デイケア），介護老人保健施設のサービスは，以前は医療保険（老人保健）制度で実施されていました。これは，高齢者が自分で主治医を選び，それを通じて利用サービスを決めるという契約制度です。利用料は，原則的に所得に関係なく一定の割合で負担するもの（応益負担）でした。

この制度は，老人福祉制度と同様の介護が必要な高齢者へのサービスであるにもかかわらず，別建てのしくみでわかりづらいとの課題もありました。さらに，1980年代以降に整備されたいわゆる老人病院では，治療の必要がないのに退院先がなく入院を続けざるを得ない社会的入院[6]（➡ p.99参照）という問題も生じていました。

こうした問題を背景に，この二つの制度について見直しと再編をすることにより，介護保険制度へと移行していったのです（図2-1）。

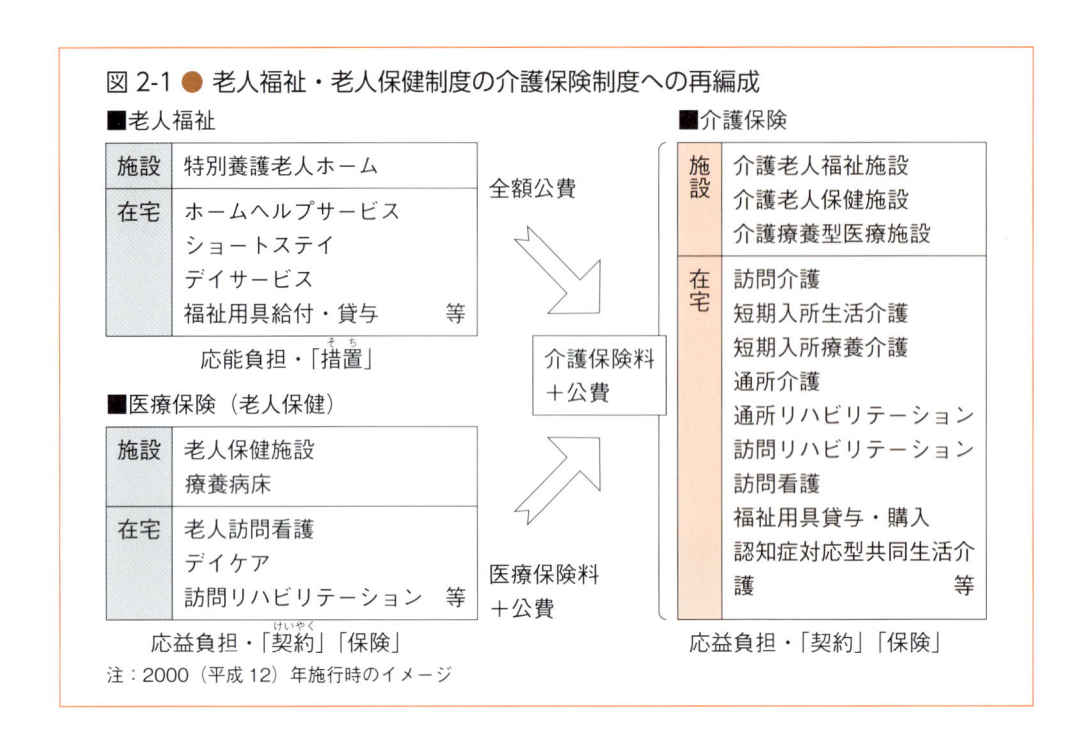

図 2-1 ● 老人福祉・老人保健制度の介護保険制度への再編成

■老人福祉

| 施設 | 特別養護老人ホーム |
| 在宅 | ホームヘルプサービス
ショートステイ
デイサービス
福祉用具給付・貸与　　　等 |

応能負担・「措置（そち）」

■医療保険（老人保健）

| 施設 | 老人保健施設
療養病床 |
| 在宅 | 老人訪問看護
デイケア
訪問リハビリテーション　等 |

応益負担・「契約（けいやく）」「保険」

全額公費

介護保険料
＋公費

医療保険料
＋公費

■介護保険

| 施設 | 介護老人福祉施設
介護老人保健施設
介護療養型医療施設 |
| 在宅 | 訪問介護
短期入所生活介護
短期入所療養介護
通所介護
通所リハビリテーション
訪問リハビリテーション
訪問看護
福祉用具貸与・購入
認知症対応型共同生活介護　　　等 |

応益負担・「契約」「保険」

注：2000（平成 12）年施行時のイメージ

❷ 社会福祉基礎構造改革と介護保険制度

▶▶ 措置制度とは

　従来，高齢者介護や保育，障害者福祉は措置制度として実施されており，表 2-6 のような特徴（とくちょう）をもって，戦後の社会福祉の構築（こうちく）に大きな役割を果たしてきました。

　しかし，①については 1970 年代半ば以降の低成長経済で，財源が脆弱（ぜいじゃく）になりました。そして，人口の少子高齢化に伴って福祉サービスを必要とする人々が増え，②のような体制では新しいニーズに即応することができません。さらに，社会の産業化・家族機能の外部化に伴って中高所得階層の人々も福祉サービスを利用し始め，③のような費用負担は実態にそぐわないと問題になってきました。同時に，行政組織の効率化も求められる時代となってきたため，④のような対応は困難になり，福祉サービス利用者にも自立的な姿が望まれるようになってきました。さらに，この措置制度に関しては，1990 年代後半からは表 2-7 のような問題も指摘されました。

表 2-6 ● 措置制度の特徴

①　税金を財源とする
②　国・自治体・社会福祉法人が福祉サービスを提供する
③　主な対象を低所得者として，利用者負担を応能負担とする
④　生活困難に至った人々自身に行政が保護・介入するしくみを基本とする

表 2-7 ● 措置制度に関して指摘された問題

- ●行政が必要を認めなければサービスが利用できず，権利保障が不十分である
- ●行政が利用すべきサービスの種類や事業者を決めるため，利用者自身がサービスを選択^{せんたく}できない
- ●利用にあたって所得調査が行われ，また，サービスの費用が公費（税金）でまかなわれるため，心理的抵抗感が生じる
- ●サービス内容が画一的となり，良質なサービスに向けた競争原理がはたらかない
- ●中高所得者層には利用者負担がいちじるしく重くなる

表 2-8 ● 措置制度と比較したときの介護保険制度の特徴

- ●利用者自ら申請^{しんせい}をして利用する
- ●利用するサービスは自分で選択する
- ●サービスの必要性は心身の状態から客観的に判断される
- ●原則として所得調査は行われず，自分の支払った保険料を元手とした制度であるため，抵抗感なく利用できる
- ●多様なサービス事業者が参入するため，一定程度の競争原理がはたらく
- ●中高所得者にとっては利用料が抑えられる

▶▶ 社会福祉基礎構造改革へ

　こうした経過から，福祉サービス提供のしくみは，①国民で連帯して財源負担をするしくみ（主に社会保険）を中心に，②行政・社会福祉法人によるサービスだけでなく民間非営利組織（NPO 法人など）や民間営利法人（株式会社など）にも福祉サービスへの参入を認め，市場原理（実際には"準市場"のしくみ）を導入して効率化を図り，③利用者負担は所得に関係なく一律の負担（応益負担）とし，④国や自治体は主にサービス利用の条件を整備する役割を担い，利用する人々が自分自身でサービスを選択して生活の支援を受けるという方向に改革されていくことになりました。

　こうした政策動向を社会福祉基礎構造改革といいます。

　その第一歩として施行されたのが介護保険制度だったといえます。

3. 介護保険制度の基本理念

❶ 介護保険制度の基本理念

これまで述べてきたことを背景にして，1997（平成9）年12月に介護保険法が成立，2000（平成12）年4月に施行されました。

介護保険法第1条には制度の目的が，第2条には具体的な方針が示されています。これを整理すると，介護保険制度の基本理念は表2-9のように集約されます。

こうした理念のなかで，とりわけ重要な点は，高齢者の尊厳の保持，高齢者の介護を社会的に支援すること（介護の社会化）と，高齢者の自立の支援を理念としたことであるといえます。

表 2-9 ● 介護保険制度の基本理念

① 高齢者の尊厳の保持
　　介護が必要になっても，あるいは認知症になっても，一人ひとりの高齢者の尊厳が守られることを大前提とした介護サービスの提供を行う。
② 要介護状態の軽減・予防の重視
　　介護が必要となった場合にはその軽減や悪化の防止を図ることを重視する。さらに，介護が必要になることを防ぐようなサービスも実施する。
③ 医療との十分な連携
　　介護サービスの提供にあたっては，医療的な視点も欠かせないことから，介護保険制度と医療の十分な連携を図る。
④ 被保険者の自由な選択による被保険者にふさわしいサービスの提供
　　心身の状況や環境等に応じて，高齢者等が自分自身で必要なサービスを選択し，高齢者と介護サービス事業者・施設の対等な関係による契約にもとづいて利用することを基本とする。また，さまざまなサービスを一元化したしくみで総合的・効率的に提供する。
⑤ 民間活力の活用による多様な事業者・施設によるサービスの提供
　　民間企業や市民参加の非営利組織などによるサービス提供への参入を認める。
⑥ 在宅における自立した日常生活の重視
　　一人ひとりの能力に応じ，可能な限り在宅での生活を営むことができるように，またより自立が可能となるように介護サービスを提供する。
⑦ 国民の共同連帯
　　介護を要することは誰にでも起こり得ることから，介護の負担を社会全体で担っていく必要があるため，40歳以上の者で保険料を負担し，介護保険制度の財源を支えるものとする。

---

❷ 主要な制度改正

▶▶ 予防重視型システムの導入

　介護保険法の成立後，2006（平成 18）年には，「予防重視型システム」を取り入れた制度改正が行われました。これは，要介護者・要支援者（☞第 1 巻 p.66）の急増と給付費の増大を背景として，要支援者に対する介護サービスにおいて「状態の維持・改善」を主眼としたサービス提供を求めることや，要介護・要支援となるおそれのある高齢者に対する地域支援事業（介護予防事業など）の展開などをより強調した改正です。

▶▶ 法令遵守義務の履行

　2009（平成 21）年には，2007（平成 19）年頃に起こった介護サービス大手事業者の法令違反をきっかけとして，業務管理体制（法令遵守義務履行）の整備のための制度改正も行われています。

　これは，介護サービスの各事業者（法人）に法令遵守責任者の選任と配置を義務づけることによって法令遵守の取組みを求めることや，事業者の不正行為への組織的関与の有無を確認するために，事業者に対する報告徴収や事業者の本社・事業所等に立入検査を行う権限を都道府県等に与えることなどを内容とした改正です。

▶▶ 地域包括ケアシステムの実現

　また，2012（平成 24）年には，地域包括ケアシステムの実現を重視した改正が行われました。これは，一人暮らし高齢者の増加や，施設入所待機者（特に特別養護老人ホーム）の急増といった問題が指摘され，医療依存度の高い高齢者へのケアのあり方が議論されるなかでの改正でした。

　こうした背景から，医療との連携を重視し，中度から重度の介護を要する高齢者が地域のなかで生活を継続できるようなしくみをつくることや，制度化された介護サービスだけでなく，自助[7]（➡ p.99 参照）・互助[8]（➡ p.99 参照）や共助[9]（➡ p.99 参照）・公助[10]（➡ p.100 参照）が相まって高齢者の支援を行うようなしくみが重要であることが強調されました。同時に，高齢者の住まいに関する制度改正（サービス付き高齢者向け住宅の創設）や，介護福祉士や介護職員に一定の条件下での医療的ケアを認める改正なども並行して行われています。

▶▶ 地域における医療および介護の総合的な確保の推進

　2015（平成 27）年には，地域における医療および介護の総合的な確保を推進するために，医療法，介護保険法などの同時改正が行われました（図 2-2）。これは，地域包括ケアシステムの構築を，医療・介護を一体化させつつ行うねらいがあります。

この2015（平成27）年の介護保険制度の主な改正点は，次のとおりです。

(1)　地域包括ケアシステムの構築に向けた改正点

・サービスの充実

　　地域支援事業の包括的支援事業に新たな4事業を設け，①在宅での医療と介護の連携の推進，②認知症施策の推進，③地域ケア会議の推進，④生活支援サービスの整備に関連する施策を市町村が実施することとなります。なお，このうち①・②・④の開始時期については，2018（平成30）年3月末までに各市町村で決定されます。

・重点化・効率化

　　予防給付の訪問介護と通所介護を地域支援事業に移行して，従来の介護予防事業と一体化し，新しい介護予防・日常生活支援総合事業（新しい総合事業）が創設されます。これにより，要支援者と基本チェックリスト該当者に対し，介護予防サービスと生活支援サービスが地域内の多様な事業者・住民組織から提供されることとなります。なお，この事業は，各市町村の判断で2017（平成29）年3月末までに開始されます。また，介護老人福祉施設（特別養護老人ホーム）の新規入所は，原則として要介護3〜5の者に限定されました。

(2)　費用負担の公平化

・低所得者の保険料負担を軽減

　　第1号被保険者の保険料の所得段階について，従来は原則6段階だったものが原則9段階に細分化されました。また，消費税増率分を財源として，低所得者の第1号被保険者の保険料の軽減策が講じられます。これは，2015（平成27）年4月と2017（平成29）年4月の2回に分けて実施されます。

・重点化・効率化

　　定率1割の利用者負担を，一定以上の所得のある第1号被保険者については2割負担に引き上げる改正が行われました。また，高額介護サービス費の自己負担限度額も，医療保険の現役並み所得相当となる利用者については引き上げられました。

　　また，低所得者に対し，施設入所時に全額自己負担となる居住費と食費の負担軽減策として設けられている補足給付（特定入所者介護サービス費）について，①一定額以上の預貯金がある場合は対象外に，②配偶者が課税所得者の場合は対象外に，③非課税年金（遺族年金・障害年金）を収入として勘案するといった要件が追加されました。このうち，③については2016（平成28）年8月からの実施となります。

(3)　その他

　　小規模通所介護（1日あたり利用定員18人以下）を，2016（平成28）年4月から地域密着型サービスに移行するなど，その他の改正も行われています。

図 2-2 ● 介護保険制度の改正の主な内容

①地域包括ケアシステムの構築

高齢者が住み慣れた地域で生活を継続（けいぞく）できるようにするため，介護，医療，生活支援，介護予防を充実。

サービスの充実

○地域包括ケアシステムの構築（こうちく）に向けた地域支援事業の充実
　①在宅医療・介護連携推進事業
　②認知症施策推進事業
　③地域ケア会議推進事業
　④生活支援体制整備事業
　＊事業開始の時期は市町村が判断（〜2018（平成30）年3月末までに）。ただし，③は
　　2015（平成27）年4月開始

重点化・効率化

①全国一律の予防給付（訪問介護・通所介護）を市町村が取り組む地域支援事業に移行し，多様なサービスへ
　・見直しにより，既存の介護事業所による既存サービスに加え，NPO，民間企業，住民
　　ボランティア，協同組合等による多様なサービスの提供が可能
　＊移行時期は市町村が判断（〜2017（平成29）年3月末までに）
②特別養護老人ホームの入所要件の重点化
　・新規入所者を，原則，要介護3以上に限定（既入所者は除く）
　・要介護1・2でも一定の場合には入所可能

②費用負担の公平化

低所得者の保険料軽減を拡充。保険料上昇をできる限り抑えるため，所得や資産のある人の利用者負担を見直す。

低所得者の保険料軽減を拡充

○低所得者の保険料の軽減割合を拡大
　公費を投入し，低所得者の保険料の軽減割合を拡大
＊消費増税を財源として実施
＊2015（平成27）年4月からの実施分と，2017（平成29）年4月からの実施分の2段階で実施

重点化・効率化

①一定以上の所得のある利用者の自己負担を引き上げ
　・定率1割の負担を，一定以上の所得を有する第1号被保険者は2割負担とする
　・高額介護サービス費の自己負担上限額を，医療保険制度の現役並み所得相当の人は，3万7200円から4万4400円に引き上げる。
②低所得の施設利用者の食費・居住費を補填（ほてん）する「補足給付」の要件に資産などを追加
　1）現金，預貯金等が一定額以上の場合は対象外
　2）配偶者が課税されている場合は対象外
　3）非課税年金（遺族年金，障害年金）を収入として勘案
　　＊いずれも2015（平成27）年8月利用分から実施
　　＊ただし，②の3）については2016（平成28）年8月利用分から実施

○このほか，「2025（平成37）年を見すえた介護保険事業計画の策定」「サービス付き高齢者
　向け住宅への住所地特例の適用」「居宅介護支援事業所の指定権限の市町村への移譲」「小規
　模通所介護の地域密着型サービスへの移行」等を実施

資料：厚生労働省を一部改変

第2節 介護保険制度の基礎的理解

1. 介護保険制度の概要

介護保険制度のしくみを概観すると，図 2-3 に示すようになります。

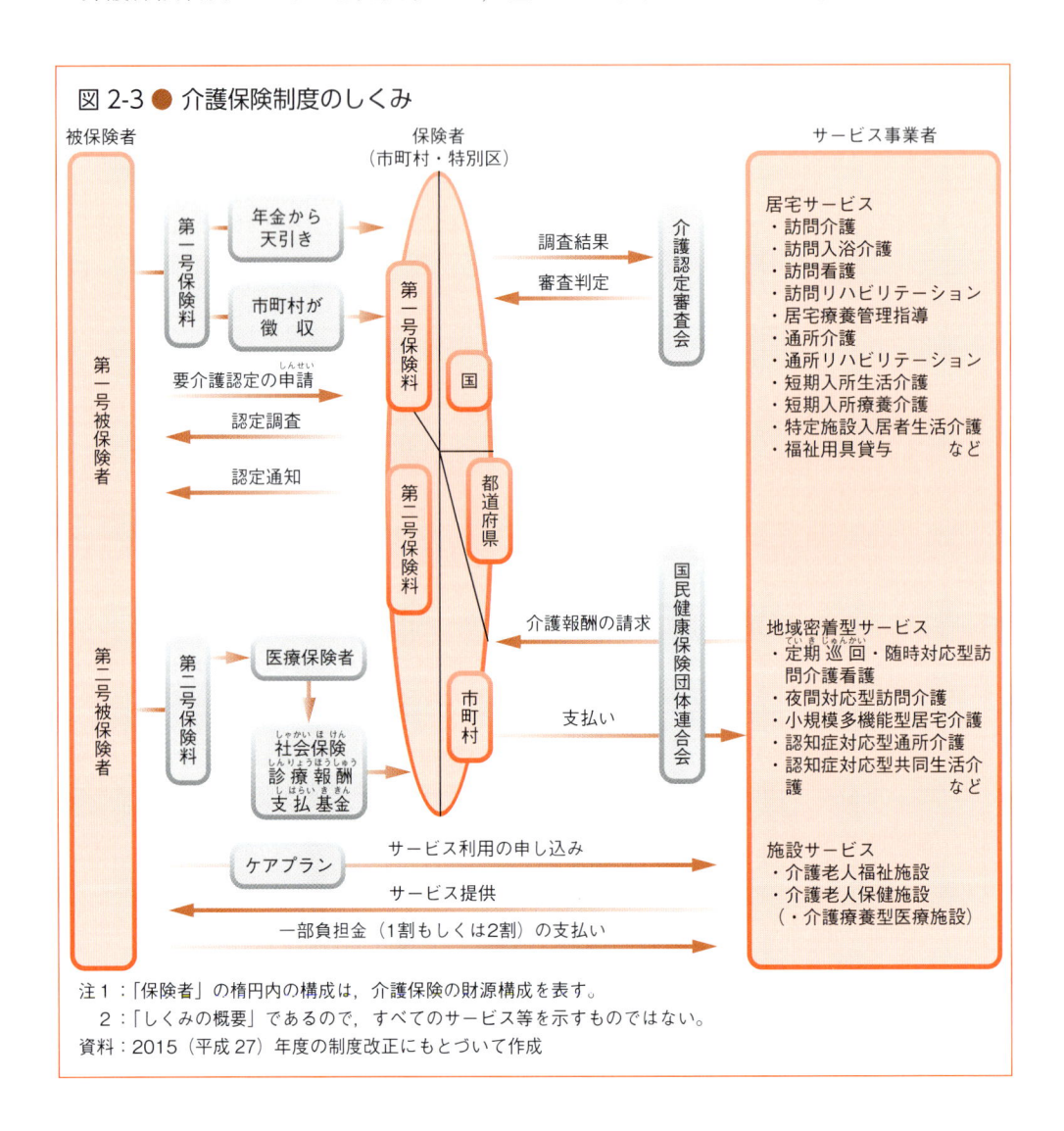

図 2-3 ● 介護保険制度のしくみ

注1：「保険者」の楕円内の構成は，介護保険の財源構成を表す。
2：「しくみの概要」であるので，すべてのサービス等を示すものではない。
資料：2015（平成27）年度の制度改正にもとづいて作成

介護保険制度のしくみのポイントは，表 2-10 のように集約されます。

表 2-10 ● 介護保険制度のしくみのポイント

① 保険者（保険制度の運営主体）
市町村および特別区（以下「市町村」）である。

② 被保険者（保険制度の加入者）
40 歳以上の住民で，法的に加入が義務づけられる強制適用のしくみが導入されている。

③ 保険料の徴収
特別徴収（第 1 号被保険者の大部分）や医療保険料と同時に徴収されるしくみ（第 2 号被保険者のすべて）などの対応がとられている。

④ 保険事故（介護サービスが利用できる要件）
要介護状態または要支援状態として客観的に認定される。この認定は，全国一律の統計的手法で行われる。

⑤ 保険給付（利用できるサービス）
法定化されているものが介護給付（要介護状態で利用可能）・予防給付（要支援状態で利用可能）である。そのほかに市町村特別給付（市町村ごとに条例にて制度化）もある。

⑥ 介護サービスの事業者や施設
多くのサービス種類で営利・非営利を問わず参入が可能であるが，事業者・施設として運営をするためには，法令にもとづく行政の指定・監督などを受けることが必要である。

⑦ 保険事故の確認と保険給付利用のための手続き
まず，被保険者が保険者に申請を行って要介護認定または要支援認定を受ける必要がある。そのうえで，介護サービスの利用にあたって，原則として介護サービス計画または介護予防サービス計画（いわゆるケアプラン）を作成することが求められる。

⑧ 保険給付のための財源
財源の内訳は法令のうえで決められており，被保険者の負担する保険料が 50%，国・都道府県・市町村による公費（税）での負担が 50% になっている。

⑨ 保険給付を利用する際の利用者の負担割合
1 割もしくは 2 割になっている。

⑩ 保険給付以外の事業
介護予防を主なねらいとする地域支援事業も制度化されている。

⑪ 不服申し立てのしくみ
保険者の行った決定（要介護認定など）についての審査請求は，都道府県の設置する介護保険審査会で受理し，審査を行う。また，サービス利用に関する苦情は，サービス事業者での受付・処理が義務づけられると同時に，都道府県ごとに設置されている国民健康保険団体連合会でも受付や調査を行う。こうした利用者保護のしくみが設けられている点も大きな特徴である。

2. 保険者・被保険者

❶ 保険者

　介護保険制度の**保険者**は**市町村**および特別区です。介護保険制度を地域ごとの特徴（人口構成や介護サービスの事業所・施設の整備状況，地理的条件，住民意識など）を反映できるしくみとするために，保険者は市町村単位と決められています。

　ただし，保険制度はある程度の人口や財政規模のほうが安定的に運営できるので，近隣の市町村が共同で保険者となる**広域連合**や**一部事務組合**などの形態もあります。

❷ 被保険者

▶▶ 被保険者の要件

　介護保険制度に加入する**被保険者**は，**表 2-11** のように定められます。被保険者の要件に該当すれば法律により加入が義務づけられ，これを**強制適用**といいます。

　なお，被保険者の要件に国籍は問われません。外国籍であっても日本に在留資格があり住民票を作成している場合には，強制適用の対象となります。

　生活保護受給者の場合，住所要件を満たしているので，65 歳以上であれば被保険者となります。しかし，40 歳以上 65 歳未満の人は医療保険に加入していないことが多く，その場合には介護保険の被保険者とはなりません。このときには，必要な介護サービスは生活保護制度により実施されます。

表 2-11 ● 介護保険制度の被保険者

①	第 1 号被保険者
	65 歳以上で市町村の区域内に住所がある者
②	第 2 号被保険者
	40 歳以上 65 歳未満で市町村の区域内に住所があり，医療保険に加入している者

▶▶ 被保険者の適用除外と住所地特例

　表 2-12 に示す施設や医療機関に入所・入院中の場合は，介護保険の被保険者とならない**適用除外**という措置がとられます。また，施設入所を理由として自宅から施設に住所を移した場合には，もともとの自宅のある住所地の保険者の被保険者となります。このことを**住所地特例**といいます。この対象施設は**介護保険施設**[11]（➡ p.100 参照）・**特定施設**[12]（➡ p.100 参照）・養護老人ホームです。なお，2014（平成 26）年改正により，有料老人ホームに該当するサービス付き高齢者向け住宅も対象施設となりました。

表 2-12 ● 介護保険による適用除外

- 障害者総合支援法上の生活介護および施設入所支援を受けて指定障害者支援施設に入所している身体障害者
- 身体障害者福祉法にもとづく措置により障害者総合支援法上の障害者支援施設（生活介護を行うものに限る）に入所している身体障害者
- 児童福祉法上の医療型障害児入所施設の入所者
- 厚生労働大臣が指定する医療機関の入院者
- 独立行政法人国立重度知的障害者総合施設のぞみの園が設置する施設の入所者
- ハンセン病療養所の入所者
- 生活保護法上の救護施設の入所者
- 労働者災害補償保険法上の介護施設の入所者
- 知的障害者福祉法にもとづく措置により障害者総合支援法上の障害者支援施設に入所している知的障害者
- 障害者総合支援法上の生活介護および施設入所支援を受けて指定障害者支援施設に入所している知的障害者・精神障害者
- 障害者総合支援法上の指定障害福祉サービス事業者である病院（療養介護を行うものに限る）に入院している者

▶▶ 被保険者の義務

　被保険者にはいくつかの義務があります。代表的なものに，保険者の定める保険料を納付する義務があります。また，住所変更などの手続きを適切に行うことも求められます。保険者はこれらをもとに被保険者の資格管理を行います。

　そうした手続きなどを行うことで，被保険者は要介護状態または要支援状態になったときに介護保険制度によるさまざまな介護サービス（保険給付）を利用する権利が発生することになるのです。

▶▶ 被保険者が 40 歳以上とされた背景

　なぜ介護保険では被保険者が 40 歳以上とされているのでしょうか。本来，介護保険制度は「社会全体での介護に関する助け合いのしくみ」ですから，被保険者が年齢で区切られるべきものではありません。常識的に考えれば，20 歳以上の成人全体を被保険者とすべきものと考えられます。しかし，介護保険制度の創設にあたっては，介護という問題をすべての人々が身近に受け止めていた状況ではなく，20 歳以上を強制適用とするには無理があるという意見が大勢を占めました。議論の末，自分自身が介護を身近なこととして考える年代，あるいは自分の親に介護の不安が出てくる年代以上を被保険者とすべきということとなり，40 歳以上を被保険者としたわけです。

　しかしながら，介護保険の制度のあり方が議論されるたび，この被保険者の範囲がどうあるべきか，検討が繰り返されています。

3. 保険給付の対象者

❶ 保険事故 ∴∴

▶▶ 保険事故に該当する状態

　保険給付を利用するためには，被保険者が保険事故に該当する状態になっていると認定されることが要件になります。保険事故の状態は，要介護状態もしくは要支援状態であり，次のように定義づけられています。また，認定を受けた人をそれぞれ要介護者・要支援者といいます。

▶▶ 要介護状態

　身体上または精神上の障害があるために，日常生活における基本的な動作の全部または一部について，おおむね6か月間にわたり継続して，常時介護を要すると見込まれる状態。

▶▶ 要支援状態

　身体上もしくは精神上の障害があるために，日常生活における基本的な動作の全部もしくは一部について，おおむね6か月にわたり継続して常時介護を要する状態の軽減もしくは悪化の防止に特に資する支援を要すると見込まれ，または日常生活を営むのに支障があると見込まれる状態。

❷ 要介護状態区分等と特定疾病 ∴∴∴∴∴∴∴∴∴∴∴∴∴∴∴∴∴∴∴∴∴∴∴∴∴∴∴∴∴∴∴∴∴∴∴∴

　要介護状態には五つの区分が，要支援状態には二つの区分が設けられています（表2-13）。この区分の決定（認定）は，保険者が，法令で規定された基準に則って行います（要介護認定・要支援認定）。また，その基準は，介護サービスの必要性（介護にかかる手間）に応じて認定されるしくみとなっており，病気の重さや障害の重さとは必ずしも比例するものではありません。

　なお，第2号被保険者については，認定の条件として，要介護状態等が特定疾病（☞第4巻p.88〜89）（表2-14）に原因がある場合に限定されています。

表 2-13 ● 要介護状態・要支援状態の区分

区分	状態（おおまかな目安）
要支援1	介護は必要ないものの生活の一部に支援が必要な状態。介護サービスを適宜利用すれば心身の機能の改善が見込まれる。
要支援2	要介護1と同様の状態ではあるものの，介護サービスを適宜利用すれば心身の機能の改善が見込まれる状態。
要介護1	立ち上がりや歩行が不安定。排泄や入浴などに部分的な介助が必要な状態。
要介護2	立ち上がりや歩行などが自力では困難。排泄・入浴などに一部または全面的な介助が必要な状態。
要介護3	立ち上がりや歩行などが自力ではできない。排泄・入浴・衣服の着脱など全面的な介助が必要な状態。
要介護4	日常生活のうえでの能力の低下がみられ，排泄・入浴・衣服の着脱など全般に全面的な介助が必要な状態。
要介護5	日常生活全般について全面的な介助が必要な状態。意思の伝達も困難となる状態も含む。

表 2-14 ● 特定疾病（16 病名）

- がん（医師が一般に認められている医学的知見にもとづき回復の見込みがない状態に至ったと判断したものに限る）
- 関節リウマチ
- 筋萎縮性側索硬化症
- 後縦靱帯骨化症
- 骨折を伴う骨粗鬆症
- 初老期における認知症
- 進行性核上性麻痺，大脳皮質基底核変性症およびパーキンソン病
- 脊髄小脳変性症
- 脊柱管狭窄症
- 早老症
- 多系統萎縮症
- 糖尿病性神経障害，糖尿病性腎症および糖尿病性網膜症
- 脳血管疾患
- 閉塞性動脈硬化症
- 慢性閉塞性肺疾患
- 両側の膝関節または股関節にいちじるしい変形を伴う変形性関節症

4. 保険給付までの流れ

　介護保険で保険給付を利用する手続きとして，①**要介護認定・要支援認定**（以下，要介護認定等）の過程，②**ケアマネジメント**（ケアプラン作成）の過程の二つの過程があります。

❶ 要介護認定等の流れ

　要介護認定等の流れを図 2-4 に示します。

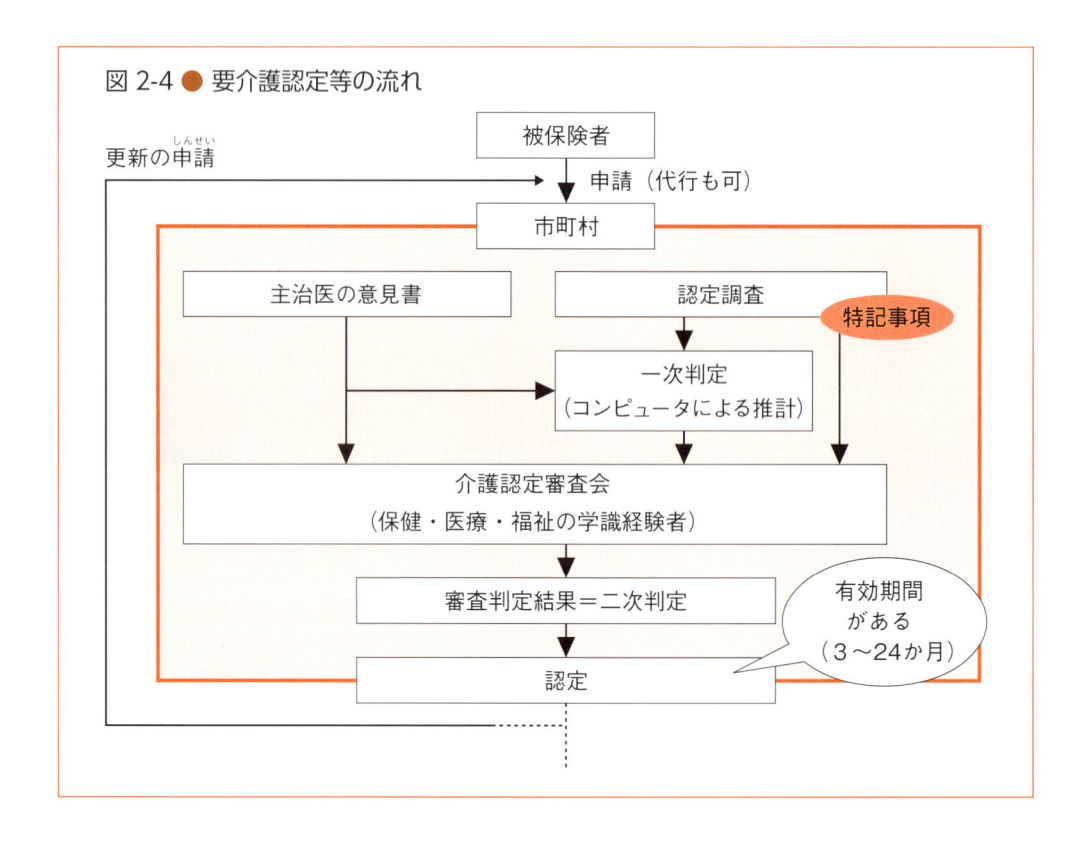

図 2-4 ● 要介護認定等の流れ

▶▶ 申請

　要介護認定等には，まず被保険者による申請が必要です。**申請**は保険者（市町村）の担当部署で受け付けます。この申請は，家族や**居宅介護支援事業者**[13]（➡ p.100 参照），地域包括支援センターなどで代行が可能です。

▶▶ 市町村による認定調査・主治医意見書

申請が受理されると認定調査（訪問調査）が行われます。これは，本人の心身の状態に関する調査であり，現在の居場所（自宅や入院先など）で行われます。

認定調査は，法令で決められた全国一律の項目・方法で行われます。内容は概況調査・基本調査・特記事項で構成されています。このうち，一次判定に大きく影響する基本調査は，身体的な状況や認知機能，受けている医療行為などの74項目について調査が行われます。

また，要介護認定等には主治医の意見書も必要です。これは，市町村が主治医に作成を依頼します。主治医がいない場合は，市町村が指定する医師の診察を受けることが必要です。

▶▶ 一次判定

認定調査項目の基本調査74項目の結果をもとに，厚生労働省の定める統計的手法によって，「介護の必要度」が一定のデータ（数量）として算出され，それが要介護認定等基準時間として表されます。この時間数にもとづいて一次判定が行われます（表2-15）。なお，その際に基本調査，特記事項，主治医の意見書の間の内容に不整合がないかの確認も行われます。

表 2-15 ● 一次判定における要介護状態等区分と要介護認定等基準時間

区分	要介護認定等基準時間
非該当	25 分未満
要支援 1	25 分以上 32 分未満
要支援 2・要介護 1	32 分以上 50 分未満
要介護 2	50 分以上 70 分未満
要介護 3	70 分以上 90 分未満
要介護 4	90 分以上 110 分未満
要介護 5	110 分以上

注：要支援 2 と要介護 1 の区別は，「認知機能の低下の評価」と「状態の安定性に関する評価」の結果にもとづいて行われます。

表 2-16 ● 要介護認定の有効期間

		新しい総合事業を全域ではまだ実施していない保険者		新しい総合事業を全域で実施している保険者	
		原則	設定可能	原則	設定可能
新規		6 か月	3 ～ 12 か月	6 か月	3 ～ 12 か月
区分変更		6 か月	3 ～ 12 か月	6 か月	3 ～ 12 か月
更新	要支援→要支援	12 か月	3 ～ 12 か月	12 か月	3 ～ 24 か月
	要支援→要介護	6 か月	3 ～ 12 か月	12 か月	3 ～ 24 か月
	要介護→要支援	6 か月	3 ～ 12 か月	12 か月	3 ～ 24 か月
	要介護→要介護	12 か月	3 ～ 24 か月	12 か月	3 ～ 24 か月

資料：厚生労働省を一部改変

▶▶ 二次判定

　一次判定結果をもとに介護認定審査会で二次判定（最終的な審査・判定）が行われます。この介護認定審査会は市町村に設置される機関で，保健・医療・福祉の学識経験者 5 名（原則）の合議体による判定を行います。複数の市町村で共同設置する場合や，市町村で設置できない事情のあるときに都道府県が設置する場合もあります。

　二次判定は，一次判定結果に主治医の意見書と認定調査の特記事項を加味し，最終的な判定を行います。ここでは，介護の必要性の多少について議論し，特記事項・主治医意見書の具体的記載からその理由がある場合，一次判定を変更することになります。介護認定審査会意見として，要介護（要支援）状態の軽減または悪化の防止のために必要な療養についての意見などを付けることもできます。

　同時に，全体的な状況から認定の有効期間の設定を行います。この期間については表 2-16 のように定められています。

▶▶ 認定と通知

　介護認定審査会での審査・判定結果を受け，市町村が認定あるいは不認定の決定を行います。認定は申請日から原則 30 日以内に行われることになっています。認定結果は，申請を行った本人に文書で通知されます。なお，認定の有効期間は，申請日にさかのぼって設定されます。

▶▶ 更新・区分変更など

　保険給付を継続的に利用するときには，有効期間の終了前に要介護認定等の更新の申請をする必要があります。また，要介護認定等の有効期間中に状態の変化があった場合，本人等が要介護認定等の区分を変更するための申請ができます（軽度に変化した場合に限り，市町村の職権で区分変更の申請を行う場合もあります）。

❷ ケアマネジメントの流れ

　要介護認定等が行われれば，介護保険による介護サービスが利用可能です。ただし，実際のサービス利用にあたっては，原則的にケアプラン[14]（→ p.100 参照）を作成することが必要です。この際の流れは図 2-5 のようになります。

▶▶ 居宅サービスを利用するとき

　ケアプラン（居宅サービス計画など）は利用者が自分で作成することが可能です。また，要介護 1 〜 5 の場合は居宅介護支援事業者（作成するのは介護支援専門員）に，要支援 1 〜 2 の場合は地域包括支援センターに依頼をすることができます。実際にはほとんどの利用者がこうした依頼をしています。なお，ケアプランに位置づけられた個別の保険給付（訪問介護，訪問看護や通所介護，福祉用具貸与など）は，各サービス事業者で作成する個別サービス計画（訪問介護計画，訪問看護計画や通所介護計画，福祉用具貸与計画など）にもとづいて実施されます。したがって，ケアプランとこれらの個別サービス計画は常に関連して作成や修正が行われます。

▶▶ 介護保険施設や認知症グループホーム，特定施設などを利用するとき

　直接，それぞれの施設などに連絡をとり，利用・入居のための相談を行います。そして，利用・入居時にケアプラン（施設サービス計画など）が施設で作成されます。
　ケアプランの作成を，事業者・施設が行う場合，介護支援専門員（ケアマネジャー）が担当します。

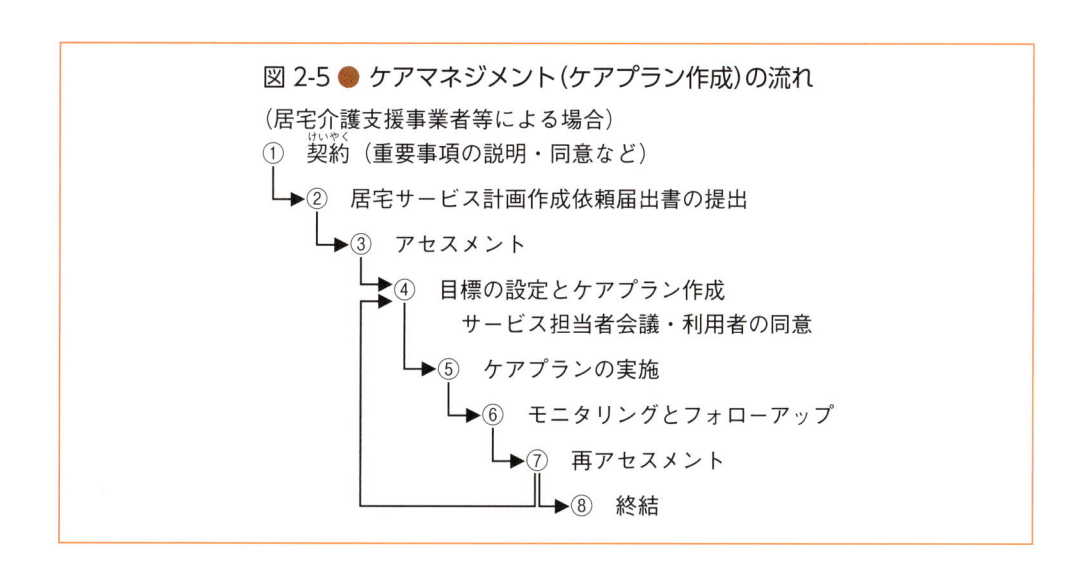

図 2-5 ● ケアマネジメント（ケアプラン作成）の流れ
（居宅介護支援事業者等による場合）
① 契約（重要事項の説明・同意など）
② 居宅サービス計画作成依頼届出書の提出
③ アセスメント
④ 目標の設定とケアプラン作成
　　サービス担当者会議・利用者の同意
⑤ ケアプランの実施
⑥ モニタリングとフォローアップ
⑦ 再アセスメント
⑧ 終結

5. 保険給付の種類と内容

　保険給付は，介護給付と予防給付に大別されます（さらに，市町村の独自の給付を位置づけた市町村特別給付を設けている保険者もあります）。要介護者であれば介護給付を，要支援者であれば予防給付を，それぞれ利用することができます。

　介護給付・予防給付では，要介護認定等の結果に応じ，居宅サービスの保険給付の範囲（金額）について，月ごとに上限額が設定されます。これを区分支給限度基準額といいます。

表 2-17 ● 自治体による事業者・施設の指定

	市町村が指定を行うもの	都道府県・政令指定都市・中核市が指定を行うもの
介護給付	◎地域密着型サービス ・定期巡回・随時対応型訪問介護看護 ・夜間対応型訪問介護 ・認知症対応型通所介護 ・小規模多機能型居宅介護 ・認知症対応型共同生活介護 ・地域密着型特定施設入居者生活介護 ・地域密着型介護老人福祉施設入所者生活介護 ・看護小規模多機能型居宅介護 ・地域密着型通所介護（2016（平成28）年4月から）	◎居宅サービス ・訪問介護 ・訪問入浴介護 ・訪問看護 ・訪問リハビリテーション ・居宅療養管理指導 ・通所介護 ・通所リハビリテーション ・短期入所生活介護 ・短期入所療養介護 ・特定施設入居者生活介護 ・福祉用具貸与 ・特定福祉用具販売 ◎居宅介護支援（2018（平成30）年4月からは市町村が指定・監督） ◎施設サービス ・介護老人福祉施設 ・介護老人保健施設 ・介護療養型医療施設（2018（平成30）年3月末に廃止）
予防給付	◎地域密着型介護予防サービス ・介護予防認知症対応型通所介護 ・介護予防小規模多機能型居宅介護 ・介護予防認知症対応型共同生活介護 ◎介護予防支援	◎介護予防サービス ・介護予防訪問介護（2018（平成30）年3月末まで指定有効） ・介護予防訪問入浴介護 ・介護予防訪問看護 ・介護予防訪問リハビリテーション ・介護予防居宅療養管理指導 ・介護予防通所介護（2018（平成30）年3月末まで指定有効） ・介護予防通所リハビリテーション ・介護予防短期入所生活介護 ・介護予防短期入所療養介護 ・介護予防特定施設入居者生活介護 ・介護予防福祉用具貸与 ・特定介護予防福祉用具販売

❶ 介護給付（居宅サービス等）

▶▶ 訪問介護

　介護福祉士や訪問介護員（ホームヘルパー）が利用者の自宅を訪問して行う介護サービスです。具体的には，身体介護（排泄《はいせつ》・食事・更衣・入浴など）・生活援助（掃除《そうじ》・洗濯《せんたく》・調理などの家事の援助）・通院などのための乗車降車の介助（訪問介護員の運転する車両で通院などを行う際の乗降と移動の介助・受診手続き）があります。

訪問介護

▶▶ 訪問入浴介護

　自宅での入浴が困難な利用者の自宅を車両などで訪問し，専用の簡易《かんい》浴槽《よくそう》を持ち込んで行う入浴のサービスです。

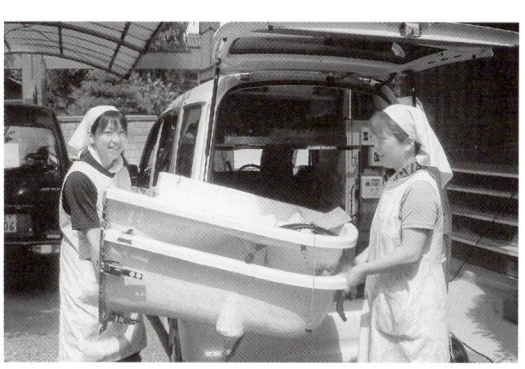

訪問入浴介護

▶▶ 訪問看護

　看護師などが自宅を訪問して，病状の観察，診療の補助（医療処置やバイタルサイン測定など），療養上の世話（清潔保持《せいけつほじ》や排泄の支援など）などを行います（医師の指示が必要です）。

▶▶ 訪問リハビリテーション

　理学療法士・作業療法士・言語聴覚士が訪問し，基本動作や ADL（日常生活動作）[15]（➡ p.100 参照），家事等の IADL（手段的日常生活動作）[16]（➡ p.100 参照），言語や嚥下《えんげ》などに関する機能訓練を行います（医師の指示が必要です）。

▶▶ 居宅療養管理指導

　医師や薬剤師などの医療専門職が訪問し，医学的な面からの療養上の指導・助言（生活上の助言や服薬，栄養，口腔《こうくう》ケアなどの指導を行うことで在宅生活を送る支援）を行うものです。原則として，利用者は通院などが困難である場合に限られます（医師・歯科医師以外の実施については医師または歯科医師の指示が必要です）。

▶▶ 通所介護（デイサービス）

日帰りの施設などで行われる通所サービスで，主に日中の時間帯に入浴や食事，介護や機能訓練を行います。ほとんどの場合，送迎も実施されています。社会的孤立感の解消や生活の活性化，介護者の介護負担軽減などを主目的とするものです。

▶▶ 通所リハビリテーション

リハビリテーションの必要性が高い人に対応する通所サービスです。心身の機能の維持・回復が主目的となります。通所介護と同様，ほとんどの場合で送迎が実施されます。また，入浴や食事を実施している事業者も少なくありません。

▶▶ 短期入所生活介護（ショートステイ）

特別養護老人ホーム，老人短期入所施設などで短期間の入所を行い，入浴，排泄，食事などの介護や日常生活上の世話，機能訓練を行うものです。家族介護者の介護負担軽減や休養，また急病や冠婚葬祭などによる一時的な介護困難に際しても活用されます。同時に，利用者本人の機能改善や活性化も大切な目的です。

▶▶ 短期入所療養介護（ショートステイ）

介護老人保健施設，病院（療養病床），診療所，老人性認知症疾患療養病棟などで短期間の入所を行うものです。利用者が医療的依存度の高い場合やリハビリテーションの必要な場合に多く活用されます。

▶▶ 特定施設入居者生活介護

有料老人ホーム，養護老人ホーム，軽費老人ホーム，サービス付き高齢者向け住宅のうちで一定の基準（設備や人員配置など）を満たす場合，その施設の居室を高齢者の自宅（居室）とみなし，その施設の職員が提供する介護サービスを居宅サービスと位置づけ，介護保険の保険給付とするものです。

▶▶ 福祉用具貸与

要介護状態等のためにベッドや車いすなどの福祉用具が必要な場合，保険給付として貸与が受けられます（表 2-18）。

▶▶ 特定福祉用具販売

貸与になじまない福祉用具（入浴や排泄に関するもの）は特定福祉用具として，購入費用を保険給付の対象としています（表 2-18）。

表 2-18 ● 介護保険における福祉用具の給付対象種目

福祉用具貸与	特定福祉用具販売
・車いす ・車いす付属品 ・特殊寝台 ・特殊寝台付属品 ・床ずれ防止用具 ・体位変換器 ・手すり ・スロープ ・歩行器 ・歩行補助つえ ・認知症老人徘徊感知機器 ・移動用リフト（つり具の部分を除く） ・自動排泄処理装置（本体部分）	・腰掛便座 　水洗式腰掛便座 ・入浴補助用具 　入浴用いす 　浴槽用手すり 　浴槽内いす 　入浴台 　浴室内すのこ 　浴槽内すのこ 　入浴用介助ベルト ・簡易浴槽 ・移動用リフトのつり具の部分 ・自動排泄処理装置の交換可能部品

表 2-19 ● 介護保険の対象となる住宅改修

① 手すりの取付け
② 段差の解消
③ 滑りの防止および移動の円滑化等のための床または通路面の材料の変更
④ 引き戸等への扉の取替え
⑤ 洋式便器等への便器の取替え
　　便器の位置や向きの変更
⑥ その他①～⑤の住宅改修に付帯して必要となる住宅改修

▶▶ 住宅改修

　要介護状態等により必要になった自宅などの改修工事の一部は，保険者に事前申請をするなどの手続きをとることにより，保険給付となります（表 2-19）。

▶▶ 居宅介護支援

　介護支援専門員（ケアマネジャー）が居宅サービス計画（ケアプラン）作成にあたり，ケアマネジメントを実施します。

❷ 介護給付（施設サービス）

▶▶ 介護老人福祉施設

入浴，排泄，食事などの介護・日常生活の世話，機能訓練や健康管理のサービスが提供される施設で，介護を中心とした長期入所の生活施設です。

老人福祉法にもとづいて設置される特別養護老人ホームが，介護保険法による指定を受けることで運営を行います。

▶▶ 介護老人保健施設

看護・医学的管理下の介護，機能訓練や必要な医療が提供される入所施設であり，リハビリテーション（主に維持期）を提供する点に特徴があります。この施設は介護保険法にもとづいて設置許可を受けることで運営を行うことができます。

▶▶ 介護療養型医療施設

療養上の管理や医学的管理下の看護・介護・機能訓練などを行う施設で，主に医療を重視した長期療養者のための施設です。

この施設は，医療法にもとづいて設置される病院・診療所の病床が，介護保険法による指定を受けることで運営が行われます。

なお，介護療養型医療施設は 2018（平成 30）年 3 月末で廃止される予定となっています。

❸ 介護給付（地域密着型サービス）

▶▶ 定期巡回・随時対応型訪問介護看護

訪問サービスの一つであり，①夜間・昼間を通じて 24 時間対応，②介護と看護の両方のサービスを提供，③あらかじめ決められた定期的な訪問以外でも利用者からの通報により随時訪問も可能という特徴があります。

▶▶ 夜間対応型訪問介護

夜間の時間帯に訪問介護を行うサービスです。サービス提供の時間帯は最低限 22 時から 6 時を含むことが必要であり，これに合わせて日中のサービス提供も行うことができます。

▶▶ 認知症対応型通所介護

認知症の利用者を対象とした通所介護のサービスです。認知症高齢者の特性に配慮し，1 日の利用定員を少人数に限定して運営を行うものです。

▶▶ 小規模多機能型居宅介護

利用の実人数（登録者）を 29 人以内に限定し，家庭的な環境と地域住民との交流のもとで訪問・通い（通所）・泊まり（短期入所）の三つのサービスを利用者に合わせて適宜組み合わせ，在宅生活の支援を行うものです。

▶▶ 認知症対応型共同生活介護（認知症高齢者グループホーム）

認知症高齢者のための共同生活住居において，必要な介護サービスを提供するものです。定員は 5 人以上 9 人以下を 1 単位として 2 単位までとし，地域住民との交流を図ることができるよう，住宅地に設置されることが基本とされています。

▶▶ 地域密着型特定施設入居者生活介護

特定施設入居者生活介護の事業者のうち，定員が 29 人以下のものです。

▶▶ 地域密着型介護老人福祉施設入所者生活介護

介護老人福祉施設のうちで定員が 29 人以下のものです。

▶▶ 看護小規模多機能型居宅介護

小規模多機能型居宅介護に訪問看護の事業を一体化させ，利用者に看護などのサービスを提供可能とすることで医療的な問題にも一定程度対応できるようにするものです。

▶▶ 地域密着型通所介護

通所介護のうち，1 日あたりの利用定員が 18 人以下のものは地域密着型サービスとして位置づけられます（大規模型通所介護のサテライト型を除く）。なお，これは 2016（平成 28）年 4 月に制度改正となるものです。

❹ 予防給付 ::

　サービスの種類は介護給付とほぼ同じですが，表 2-20 のような違いがあります。

　何よりも予防給付では，介護サービスの提供・利用にあたって「要介護状態となることを予防するための給付」という意味が強調され，法令上にそのための基準（介護予防のための効果的な支援の方法に関する基準）が加えられています。

表 2-20 ● 予防給付の介護給付との違い

・施設サービスは設定されない。
・地域密着型サービスのうち，定期巡回・随時対応型訪問介護看護，夜間対応型訪問介護，
　地域密着型通所介護，地域密着型特定施設入居者生活介護，地域密着型介護老人福祉施設
　入所者生活介護，看護小規模多機能型居宅介護に相当するサービスは設定されない。
・ケアマネジメントのサービスは介護予防支援とされ，地域包括支援センターで要支援者の
　ケアマネジメントが実施される。
・サービス種類の名称の頭に「介護予防」とつく。

---

❺ 市町村特別給付 ::

　介護給付と予防給付は，介護保険法で定められた保険給付ですが，それ以外に市町村独自の給付を条例で定めることができます。これを**市町村特別給付**といいます。

　実際の例としては，紙おむつ支給，移送サービス，配食サービス，寝具乾燥サービスなどの給付を設けている市町村があります。

6. 地域支援事業

❶ 地域支援事業とは

　地域支援事業は保険給付とは別の事業であり，介護予防事業，包括的支援事業，任意事業の三つに分けられます。さらに，四つ目の事業として，介護予防・日常生活支援総合事業も設けられています。この事業の実施主体は市町村です。

　なお，2014（平成26）年の介護保険制度改正により，2015（平成27）年4月から2017（平成29）年3月までの間に，地域支援事業は各市町村ごとに新しい介護予防・日常生活支援総合事業（新しい総合事業），包括的支援事業，任意事業の三つに再編されます。

❷ 事業内容

▶▶ 介護予防事業

　介護予防事業は，被保険者が要介護状態等におちいらないようにするための事業です。

(1)　二次予防事業

　厚生労働省が定める「基本チェックリスト」という質問票を用いた調査などにより，要介護・要支援となるおそれのある高齢者を把握します（要介護認定で非該当となった高齢者も二次予防事業対象者と位置づけられます）。この対象者に，通所型介護予防事業・訪問型介護予防事業が実施されます。いずれも，運動器機能向上，栄養改善，口腔機能向上，閉じこもり予防・支援，うつ予防などに関するプログラムを実施します。市町村が必要と認める場合にはケアプランの作成が必要になり，その作成依頼は地域包括支援センターで受け付けます。

(2)　一次予防事業

　上記以外の高齢者に対しても，介護予防普及啓発事業や地域介護予防活動支援事業が実施されます。セミナー形式で介護予防の啓発活動を行ったり，地域住民に対するボランティア活動の推進事業を実施している市町村が多くなっています。

▶▶ 包括的支援事業

　包括的支援事業は，被保険者に対する幅広い相談支援や地域の介護サービス事業者のネットワーク化など，支援システムを構築するための取り組みです。事業内容として次の①〜④が位置づけられており，ほとんどの市町村では，これらを地域包括支援センターで実施しています（図2-6）。

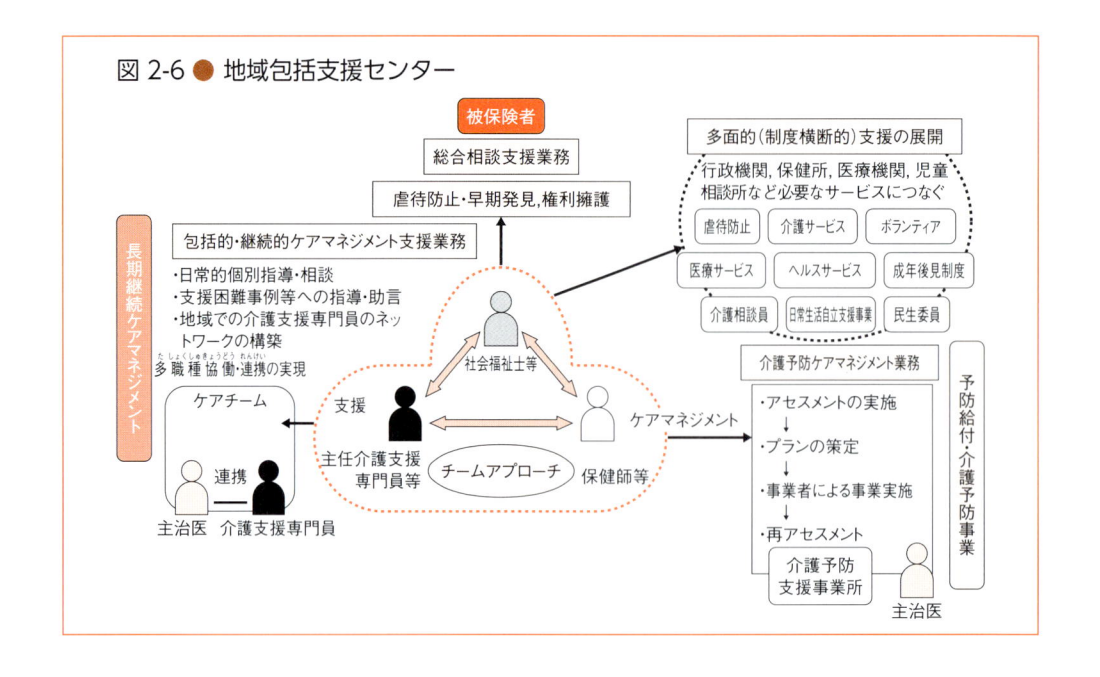

図 2-6 ● 地域包括支援センター

① 介護予防ケアマネジメント業務（介護予防支援を受けていない要支援者および二次予防事業対象者に対する相談援助）

② 総合相談支援業務（介護保険制度にとらわれない生活上のさまざまな相談）

③ 権利擁護業務（成年後見制度などの制度を利用するための支援を行ったり，高齢者虐待の早期発見・防止と解決などを図る）

④ 包括的・継続的ケアマネジメント支援業務（介護支援専門員の質の向上のための指導・助言，介護支援専門員のネットワーク構築など）

また，2015（平成 27）年の介護保険制度改正で，この包括的支援事業に新たに次の⑤〜⑧が追加されました。

⑤ 在宅医療・介護連携推進事業（在宅医療・介護連携支援センターの設置など，医療と介護の連携のための調整や調査，研修の事業）

⑥ 認知症施策推進事業（認知症初期集中支援チームの設置や認知症地域支援推進員の配置，認知症ケア向上推進事業の実施）

⑦ 地域ケア会議推進事業（上記④のなかで実施されていた地域ケア会議を改めて法定化し，ケアマネジメント支援や地域課題の把握を行う地域ケア会議の義務化）

⑧ 生活支援体制整備事業（生活支援サービス・コーディネーターの配置や生活支援サービス強化のための協議体の設置）

なお，このうち⑤・⑥・⑧の実施については，市町村の実情に応じて地域内のさまざまな組織・機関に委託することも可能となっています。また，この事業の開始は，各市町村の判断で 2015（平成 27）年 4 月から 2018（平成 30）年 3 月までの間で設定されます。

▶▶ 任意事業

任意事業は，地域の実情に応じて市町村独自の発想・形態で企画・実施されます。例としては，介護給付等費用適正化事業としてケアプランのチェックを市町村が行って費用の効率化を図ったり，家族介護支援事業として介護者（家族）の支援策を講じたりします。

▶▶ 新しい介護予防・日常生活支援総合事業（新しい総合事業）

2015（平成27）年の介護保険制度改正で，地域支援事業のなかに新たに設けられたのが新しい介護予防・日常生活支援総合事業（新しい総合事業）です。

これは，予防給付の介護予防訪問介護と介護予防通所介護を，地域支援事業の介護予防事業と一体化し再編するもので，①介護予防・生活支援サービス，②一般介護予防事業で構成されます。

なお，この新しい総合事業の開始時期は，各市町村の判断で2015（平成27）年4月から2017（平成29）年3月までの間に設定されます。

⑴　介護予防・生活支援サービス

この対象は，第1号被保険者のうち，要支援者（要支援1〜2）と基本チェックリストの該当者（要介護・要支援におちいるおそれのある高齢者）です。介護予防のサービスと幅広い生活支援サービスを利用者の状況に合わせて一体的に提供するものです。

① 訪問型サービス

従来の介護予防訪問介護のほか，市町村から委託を受けた一般事業者や住民組織・ボランティアによる訪問サービス（生活援助）など，地域内の幅広いサービスが位置づけられます。

② 通所型サービス

従来の介護予防通所介護のほか，市町村から委託を受けた一般事業者や住民組織・ボランティアによる通所サービスなど，地域内の幅広いサービスが位置づけられます。

③ 生活支援サービス

配食サービスや見守り活動，あるいは訪問・通所に準ずるようなサービスが位置づけられます。

④ 介護予防ケアマネジメント

介護予防・生活支援サービスの利用にあたってのケアマネジメントも実施されます（原則として地域包括支援センターが実施）。

⑵　一般介護予防事業

すべての第1号被保険者（およびその家族・関係者）を対象として，①介護予防把握事業（何らかの支援を必要とする高齢者を地域内で把握する取り組み），②介

護予防普及啓発事業（介護予防の普及・啓発），③地域介護予防活動支援事業（住民主体の介護予防の活動の育成支援），④一般介護予防事業評価事業（一般介護予防事業の成果の把握（はあく）や評価のための事業），⑤地域リハビリテーション活動支援事業（住民主体の通いの場などにリハビリテーション専門職等を派遣（はけん）する事業）が行われます。

月
日

7. 国・都道府県・市町村の役割

　介護保険制度では，保険者である市町村を，国や都道府県などが重層的（じゅうそうてき）に支える
しくみがとられています。

❶ 国の役割

　国は，制度の枠組みを決め，全体的な方向づけを果たす機能を有します。

> **表 2-21 ● 介護保険制度における国の主な役割**
>
> ① 制度運営に必要な基準などの設定
> ・要介護認定および要支援認定，介護報酬（かいごほうしゅう）の基準の設定
> ・区分支給限度基準額の設定
> ・地方公共団体がサービス事業者，施設等の人員・設備・運営等の基準を定めるにあたっ
> 　て従うべき，または標準とする，参酌（さんしゃく）する基準の設定
> ・第2号被保険者の費用負担割合の設定
> ② 保険者の財源にかかる定率の負担，調整交付金の交付，財政安定化基金への拠出などの
> 　財政負担
> ③ 介護サービス基盤（きばん）の整備に関すること
> ・基本指針の策定
> ・市町村・都道府県に対する情報提供や助言等の援助
> ④ 介護保険事業の円滑（えんかつ）な運営のための市町村，都道府県等に対する助言・監督・指導

❷ 都道府県の役割

　都道府県は，保険者である市町村の支援を主に行い，広域的な調整業務なども行う
役割を果たします。

　介護サービス情報の公表も都道府県の責任で行われます。これは，介護サービスを
利用する要介護者等が介護サービス事業者・施設を選択（せんたく）する際に参考にするための情
報を広く公表するものです。具体的には，事業者・施設に対して都道府県に所定事項
（基本情報と運営情報）を報告することを義務づけるとともに，都道府県に報告内容
についての事実確認の調査を行うことができるように規定し，その結果を含めた介護
サービス情報を公表することを義務づける制度です。

表 2-22 ● 介護保険制度における都道府県の主な役割

① 要介護認定，要支援認定の支援に関する業務
② 保険者の財源にかかる定率負担，財政安定化基金の運営などの財政支援
③ 事業者，施設に関する業務
　・指定（または許可），指定更新，指導や監督等および指定の取り消し等
　・サービス事業者，施設等の人員・設備・運営等の基準の設定
④ 介護サービス情報の公表に関する業務
⑤ 介護支援専門員に関する業務
　・登録，登録更新，介護支援専門員証交付，試験および研修の実施等
⑥ 介護サービス基盤（きばん）の整備に関する業務
　・都道府県介護保険事業支援計画の策定（3年ごと），市町村への助言等
⑦ その他
　・介護保険審査会（保険者である市町村が行った要介護認定等の処分に不服があり，審査請求をする際の審理・裁決機関）の設置運営等

❸ 市町村の役割

保険者である市町村は，介護保険の実質的な運営のための多様な機能を果たします。

表 2-23 ● 介護保険制度における市町村の主な役割

① 被保険者の資格管理に関する業務
② 要介護認定，要支援認定に関する業務
　・認定事務，介護認定審査会の設置等
③ 保険給付に関する業務
　・現物給付の介護報酬審査・支払い（国民健康保険団体連合会に委託）
　・償還払い（しょうかんばらい）の保険給付の支給
　・市町村特別給付の実施
④ サービス事業者に関する業務
　・地域密着型サービス事業者（介護予防を含む）および介護予防支援事業者の指定，指定更新，指導監督等
　・事業者・施設への報告命令や立入調査等
　・サービス事業者，施設等の人員・設備・運営等の基準の設定
⑤ 地域支援事業の実施，地域包括支援（ちいきほうかつしえん）センターの設置・運営
⑥ 市町村介護保険事業計画の策定（3年ごと）
⑦ 保険料に関する業務
　・第1号被保険者の保険料率等の決定
　・保険料の普通徴収
⑧ 介護保険の財政運営

8. その他の組織の役割

❶ 国民健康保険団体連合会

国民健康保険団体連合会（国保連）は，国民健康保険の保険者が共同で都道府県ごとに設置した団体であり，元来より医療保険の国民健康保険にかかる診療報酬の審査・支払いを実施しています。介護保険制度施行の際，それにあわせて介護保険に関する次の業務も行うこととなったものです。介護保険のサービスに関する苦情処理を担っていることに大きな特徴があります。

表 2-24 ● 介護保険制度における国民健康保険団体連合会の主な役割

① 介護報酬の審査・支払い（保険者からの委託による）
　・介護給付費等審査委員会の設置
② 苦情処理の業務
　・事業者や施設のサービスに関する利用者からの苦情の受付，調査および助言指導
　・苦情処理担当委員の委嘱
③ 介護予防・日常生活支援総合事業の費用の支払い等

---

❷ 医療保険者と社会保険診療報酬支払基金

医療保険者は，その保険者に加入している介護保険の第2号被保険者の介護保険料を医療保険料と一緒に徴収し，社会保険診療報酬支払基金に納付金として納付する業務を行っています。

社会保険診療報酬支払基金は，医療保険の被用者保険（健康保険など）の保険者が共同で設置した団体で，診療報酬の審査・支払いをする機関ですが，介護保険制度においては，第2号被保険者保険料を，介護保険の各保険者に交付金として交付する役割を担っています。

❸ 年金保険者

年金保険者は，第1号被保険者のうちで一定額以上の年金を受給している者の年金支給の際に，介護保険料を**特別徴収**（天引き）し，市町村に納入する業務を行っています。この年金からの特別徴収のしくみは介護保険制度で導入されましたが，それをきっかけとして，その後，医療保険制度にも拡がりをみせています。

9. 介護保険の財政

❶ 保険給付に必要な費用

　保険給付に必要な費用は，利用者の自己負担額を除いて，50％が公費（税）とされ，50％が保険料でまかなわれることになっています。

　このうち，公費50％の内訳は，国の定率負担20％および調整交付金5％，都道府県12.5％，市町村12.5％です。**調整交付金**は，市町村間の財政力格差の調整のためにあてられ，市町村ごとの実際の交付率は異なります。なお，**施設等給付費**（介護保険施設・特定施設入居者生活介護の費用分）については，国が20％，都道府県が17.5％，市町村が12.5％と規定されています。

　また，保険料50％の内訳は，第1号保険料22％，第2号保険料28％になっています（2015（平成27）年度から2017（平成29）年度まで）。この比率は，第1号被保険者と第2号被保険者の人口比により，3年ごとに見直しが行われます。

　こうした規定の一方，予算では想定できなかった給付費増があった場合に対応する方策も定められています。まず，公費と第2号保険料に該当する部分については精算交付が可能になっています。また，第1号保険料部分については，給付費増で赤字があった場合に費用を保険者に貸与したり，保険料の未納で不足する費用の交付（当該費用の2分の1）を行うために，財政支援を行う機関として，都道府県に**財政安定化基金**がおかれています。

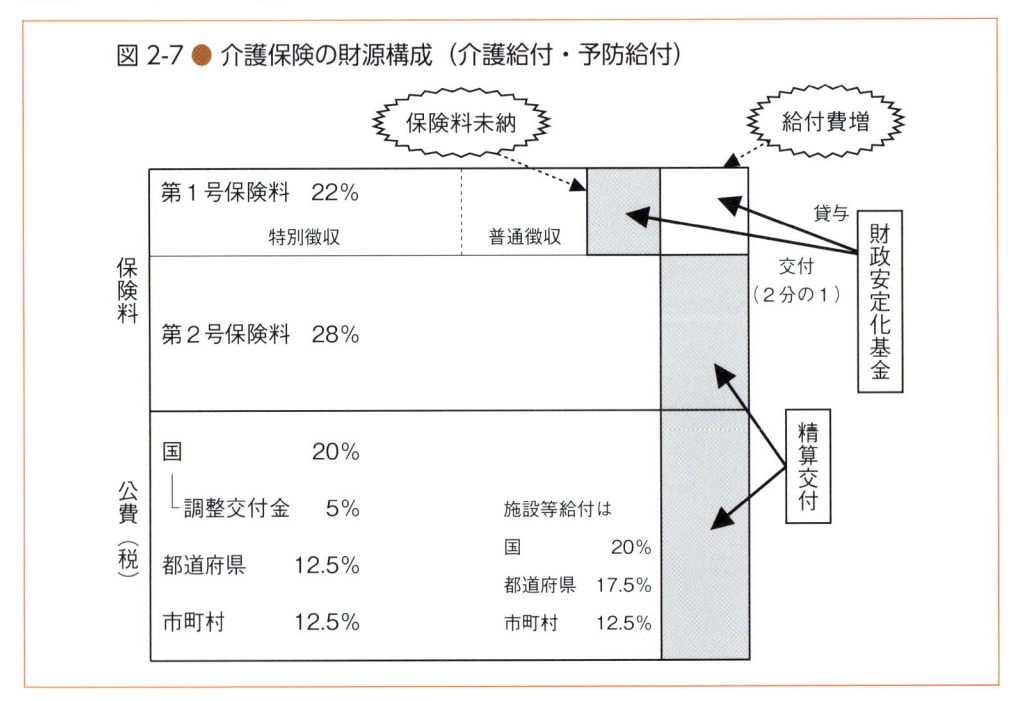

図 2-7 ● 介護保険の財源構成（介護給付・予防給付）

❷ 地域支援事業の財源

　地域支援事業も，保険給付同様に各保険者（市町村）が予算を管理しますが，事業の種類によって財源構成が異なります。その概要を**表 2-25** に示します。

表 2-25 ● 保険給付・地域支援事業の費用負担構造

			国 (調整交付 金含む)	都道府県	市町村 (一般会計)	第 1 号 保険料	第 2 号 保険料
給付費	居宅給付費		25.0%	12.5%	12.5%	22.0%	28.0%
	施設等給付費		20.0%	17.5%	12.5%	22.0%	28.0%
地域支援事業	総合事業を実施する場合	総合事業	25.0%	12.5%	12.5%	22.0%	28.0%
		介護予防ケアマネジメント事業を除く包括的支援事業	39.0%	19.5%	19.5%	22.0%	―
		任意事業					
	総合事業を実施しない場合	介護予防事業	25.0%	12.5%	12.5%	22.0%	28.0%
		包括的支援事業 任意事業	39.0%	19.5%	19.5%	22.0%	―

注 1：「総合事業」とは，「介護予防・日常生活支援総合事業」をいう。
　 2：負担比率は，2015（平成 27）年度の現況による。

❸ 保険料

▶▶ 第 1 号被保険者保険料

　第 1 号被保険者については，一人ひとりが，各保険者の定める保険料基準額を基本として，所得に応じた段階（所得段階）ごとに設定される保険料率に応じて納付することになります。この所得段階は，原則として 9 段階（**表 2-26**）ですが，保険者の判断によりさらに細分化することが可能です。第 1 号被保険者の保険料基準額・保険料率は，3 年ごとに保険者が決定することになっています。なお，2015（平成 27）年度から 3 年間の保険料基準額の全国平均は，月額 5514 円となっています。

　この第 1 号被保険者の保険料の徴収方法は二つあり，特別徴収と普通徴収という方式に分けられます。

　特別徴収とは，年金が支給される際に年金から天引きされる形で保険料が徴収される方法です。これは，年額 18 万円以上の老齢年金，退職年金，障害年金，遺族年金などを受給する第 1 号被保険者が対象となります。

　一方，普通徴収とは，特別徴収に該当しない第 1 号被保険者が対象であり，保険者が送付する納入通知書により保険者に直接納付する方法です。

表 2-26 ● 第 1 号被保険者の保険料の賦課

段階	対象	保険料
第 1 段階	・生活保護被保護者 ・世帯全員が市町村民税非課税の老齢福祉年金受給者 ・世帯全員が市町村民税非課税で，本人の年金収入等が年額 80 万円以下	基準額× 0.45
第 2 段階	・世帯全員が市町村民税非課税であり，本人の年金収入等が年額 80 万円超 120 万円以下	基準額× 0.75
第 3 段階	・世帯全員が市町村民税非課税であり，本人の年金収入等が年額 120 万円超	基準額× 0.75
第 4 段階	・世帯に市町村民税課税者がいるものの，本人が市町村民税非課税であり，年金収入等が年額 80 万円以下	基準額× 0.9
第 5 段階	・世帯に市町村民税課税者がいるものの，本人が市町村民税非課税であり，年金収入等が年額 80 万円超	基準額× 1.0
第 6 段階	・本人が市町村民税課税者であり，合計所得額が年額 120 万円未満	基準額× 1.2
第 7 段階	・本人が市町村民税課税者であり，合計所得額が年額 120 万円以上 190 万円未満	基準額× 1.3
第 8 段階	・本人が市町村民税課税者であり，合計所得額が年額 190 万円以上 290 万円未満	基準額× 1.5
第 9 段階	・本人が市町村民税課税者であり，合計所得額が年額 290 万円以上	基準額× 1.7

消費増税分を財源として，以下のように軽減措置が行われる。
・第 1 段階＝ 2017（平成 29）年度以降：基準額× 0.3
・第 2 段階＝ 2017（平成 29）年度以降：基準額× 0.5
・第 3 段階＝ 2017（平成 29）年度以降：基準額× 0.7

▶▶ 第 2 号被保険者保険料

　第 2 号被保険者については，加入する医療保険の医療保険料と一緒に介護保険料が徴収されます。

　保険料は，国が毎年度定める第 2 号被保険者 1 人当たりの負担額にもとづいて，社会保険診療報酬支払基金が各医療保険者から納付金として徴収します。医療保険者は，各医療保険者の規定にもとづいて医療保険の被保険者から徴収を行います。

❹ 利用者負担

　介護保険制度においては，サービス利用の際，原則として所得にかかわらずサービス費用の総額の一定割合を利用者が負担します。これを**応益負担**といいます。

　自己負担の割合は費用の 1 割と定められ，残りの 9 割が保険給付になります。また，一定以上の所得のある第 1 号被保険者については，自己負担が 2 割，保険給付が 8 割となります。ただし，居宅介護支援・介護予防支援といったケアマネジメントにつ

> **表 2-27 ● 保険給付の対象とならず全額が利用者負担になるもの**
>
> ・食費（施設サービス・通所サービス）
> ・施設入所時の居住費・短期入所時の滞在費
> ・特定施設やグループホームでの家賃・管理費など
> ・日常生活費・特別なサービスの費用（教 養娯楽費，グループホームや特定施設・通所サービスでのおむつ代など）
> ・施設入所時の特別室の費用
> ・訪問・通所サービスの際の「通常の営業地域外」でのサービス利用時の交通費（通常の営業地域内の場合の交通費は介護報酬に含まれる）

いては，利用者負担はなく，10割全額が保険給付になります。

　なお，新しい総合事業に関する利用者負担は，これらの保険給付の負担割合を下限として各市町村が設定します。

　この1割もしくは2割の自己負担額について，月あたりの金額が一定額を超えて高額となった場合，所得に応じて設定されている自己負担限度額を上回る金額が払い戻される「高額介護サービス費」の給付が行われます。

　一方で，表2-27に示したものは保険給付の対象とならず，全額が利用者負担になります（このうち，低所得者が負担する施設入所時の居住費・食費と短期入所時の滞在費・食費については，軽減措置として「特定入所者介護サービス費」の給付が行われます）。

❺ 介護報酬のしくみ

　介護サービスの費用の単価は，**介護報酬（介護給付費）**といい，保険給付（介護給付・予防給付）については，厚生労働大臣が社会保障審議会の意見を聴いて定めます。通常，この改定は3年ごとに行われ，2015（平成27）年度の介護報酬の例は**表2-28**のように定められています。

　介護報酬は**単位**という単価で全国一律に定められています。サービス事業所の種別・規模やサービス時間数，内容などにより，細かく規定されています。

　この1単位は10円が基本ですが，サービスの種類や事業所・施設の所在地域により，割増されることがあります（**表2-29**）。これは，サービス提供にあたって，都市部の人件費・不動産コストの高さを反映したものです。

　なお，新しい総合事業における各サービスの報酬は，各市町村が単価を設定します。実際には，国が事業の種類ごとに単価の上限額を示し，その範囲内で各市町村が各サービスの内容・時間・人員などを勘案のうえで報酬を決定します。

表 2-28 ● 介護報酬の例（2015（平成 27）年）

訪問介護			通所介護（通常規模型の場合）		
身体介護	20 分未満	165 単位	・所要時間 7 時間以上 9 時間未満		
	20 分以上 30 分未満	245 単位		要介護 1	656 単位
	30 分以上 1 時間未満	388 単位		要介護 2	775 単位
生活援助（家事援助）				要介護 3	898 単位
	20 分以上 45 分未満	183 単位		要介護 4	1,021 単位
	45 分以上	225 単位		要介護 5	1,144 単位
訪問看護（訪問看護ステーションの場合）			短期入所生活介護（併設型短期入所生活介護費 I の場合）		
	20 分未満	310 単位	・1 日あたり	要介護 1	579 単位
	30 分未満	463 単位		要介護 2	646 単位
	30 分以上 1 時間未満	814 単位		要介護 3	714 単位
				要介護 4	781 単位
				要介護 5	846 単位

表 2-29 ● 地域区分と 1 単位の単価

	1 級地 例）東京 23 区	2 級地 例）横浜市・大阪市	3 級地 例）千葉市・名古屋市・兵庫県西宮市	4 級地 例）さいたま市・千葉県浦安市・神戸市	5 級地 例）神奈川県横須賀市・京都市・広島市・福岡市	6 級地 例）仙台市・埼玉県川口市	7 級地 例）札幌市・新潟市・浜松市・岡山市・北九州市・長崎市	その他 1〜7 級地以外
訪問介護・居宅介護支援など	11.40 円	11.12 円	11.05 円	10.84 円	10.70 円	10.42 円	10.21 円	10.00 円
訪問リハビリテーション・通所リハビリテーション・小規模多機能型居宅介護など	11.10 円	10.88 円	10.83 円	10.66 円	10.55 円	10.33 円	10.17 円	10.00 円
通所介護・認知症対応型共同生活介護・介護保険施設など	10.90 円	10.72 円	10.68 円	10.54 円	10.45 円	10.27 円	10.14 円	10.00 円
居宅療養管理指導・福祉用具貸与など	10.00 円							

❻ サービス提供事業者

▶▶ 介護サービスの基準

　介護保険の保険給付の場合，サービス提供においては，設備や建物，配置される人員，運営のルールやサービスの手順などに関する最低限の基準が定められています。

　この基準は，介護保険法やそれに関する政令・省令，地方自治体の条例によって，サービスの種類ごとにおおむね次のような項目に分けられて細かく定められています。

(1) 法人格

　　サービスの種類ごとに必要な法人格（社会福祉法人などの公益法人，NPO法人，株式会社などの営利法人など）が定められています。

(2) 人員

　　配置される職員の職種，資格，人数，勤務体制などが定められています。

(3) 設備・運営基準

　　サービス事業者・施設に必要とされる建物の構造や面積，必要な設備などが定められています。さらに，介護サービスを提供する際の手順やルール，配慮すべき事項も定められています。

(4) 介護予防のための効果的な支援の方法に関する基準

　　予防給付の事業者に対しては，利用者の状態・心身機能の改善のために必要なサービスの提供方法やそのルールが定められています。

　なお，新しい総合事業におけるこれらの基準は，各市町村が独自に定めます。

　いずれにしても，事業者・施設の管理者やサービス担当者は，これらの遵守が求められます。

▶▶ 事業者・施設の指定

　これらの基準を満たしていると判断される事業者・施設が保険給付の提供者として認められることとなります。この判断は事業者等の所在する都道府県・市町村が行います。この判断を指定といいます。

　この指定の有効期限は6年間であり，事業を継続するためには更新の手続きが必要となります。

　指定をする都道府県・市町村は，各事業者・施設に対する指導・監督も行うこととなり，基準に違反しているような事業者・施設に対しては，指定の一定期間の停止や指定の取り消しを行う権限もあります。

第3節 介護保険制度における専門職の役割

1. 介護職の役割

❶ 多職種連携とチームケア

　介護保険制度を一つの契機として，介護職の業務範囲が施設から在宅，地域へと広がってきました。その流れのなかで，介護職は多くの保健・医療・福祉の専門職と一体となってケアを提供する場面も多くなっています。同時に，一人の高齢者にかかわるとき，その高齢者は多面的なニーズをかかえており，特に高齢者特有の疾病の問題，日常生活や経済面の問題は，介護の問題と表裏一体のものであるといえます。

　こうしたことから，介護職は一人で何らかの支援をするという存在ではなく，ほかの専門職との連携や役割分担をしながら，いわばチームの一員として機能することが求められます。したがって，所属機関の内外を問わず，医師や歯科医師，保健師や看護師，歯科衛生士，理学療法士，作業療法士，言語聴覚士，栄養士，社会福祉士，医療ソーシャルワーカー，精神保健福祉士，心理職などの職種との連携が求められることを理解しておくことが欠かせません。

　また，高齢者に対する介護の支援を行うとき，保健・医療・福祉の分野以外の関係者と協働する場面もあります。例えば，利用者の住宅改修の際に建築士や設計士とともに検討する場合や，利用者の移動を支援する際には交通機関の担当者や運転手などとの調整をする場合もあるでしょう。さらに，家族や地域住民などのインフォーマル・サービス[17]（➡ p.101 参照）を担っている人々との連携も日常的に必要となります。

　さまざまな支援の局面での連絡調整，サービス担当者会議での協議，課題が起こったときの役割分担など，具体的な場面を想定し，常にほかの職種・関係者の役割・特徴や機能を念頭におきながら，利用者の支援にあたることが大切です。

❷ 利用者の代弁者としての役割

　介護職は，ほかの職種と比べ，高齢者と密接にかかわる場面が多い職種です。そうした関係のなかで，ほかの専門職が気づかないような高齢者の訴えや望みをくみ取り，それを本人に代わって周囲に伝えていくような代弁者としての役割も大切です。狭い意味の介護の支援にとどまることなく「暮らしの支援をする専門職」という視点から，高齢者の「声なき声」をキャッチしていくことが求められます。

2. 介護支援専門員の役割

❶ 介護職と介護支援専門員

　介護保険制度において，介護職は**介護支援専門員**と常に連携を図ることになります。介護保険制度下では，居宅サービスも施設サービスも，多くは介護支援専門員の作成するケアプランにもとづいて介護を展開することになり，また，介護の状況についても，ケアマネジメントにおけるモニタリングのために常に連絡調整をしなければならないからです。それだけでなく，介護実践の現場で起こった問題を介護職から介護支援専門員に問題提起して，いち早く解決策を講じていくといった対応も必要になることも少なくありません。

　このように，介護支援専門員は介護保険の要の存在ともいえると同時に，介護職とはいわば双方向の連携が求められる関係にあるのです。

❷ 介護保険制度と介護支援専門員

　介護支援専門員は介護保険法に規定される資格職であり，一般に**ケアマネジャー**と呼ばれます。その職務内容は，**表2-30**のような業務があります。

　また，特定施設（介護予防を含む）・小規模多機能型居宅介護・認知症対応型共同生活介護（介護予防を含む）にも介護支援専門員が必置とされ，それらの事業所でのケアプランを作成する業務を担当します。

❸ 介護支援専門員の資格

　介護支援専門員の資格については，原則として高齢者の保健医療福祉における実務経験5年以上を有する専門職（介護福祉士・社会福祉士・看護師・理学療法士・作業療法士・医師など）が，都道府県の実施する介護支援専門員実務研修受講試験に合格し，所定の介護支援専門員実務研修を修了したうえで，都道府県知事の登録を受けることで取得できます。なお，この登録は5年ごとに更新が必要で，更新に際しては所定の研修の受講が必要です。

表 2-30 ● 介護支援専門員の主な業務

① 居宅介護支援（ケアマネジメント）
・要介護者等からの依頼により，居宅サービス計画（ケアプラン）を作成する。
・ケアプランの作成には，まず要介護者等の意向や要望を聴き取り，身体的な状況・心理的な状況・社会環境の状況を全人的に把握して，生活ニーズをとらえる。そして，ニーズに対し社会資源を活用しながら課題を軽減・解決していく。
・業務の流れは，①相談受理，②課題分析（アセスメント），③居宅サービス計画（ケアプラン）作成，④サービスの調整および実施，⑤継続的な管理および評価（モニタリング）といった過程からなり，これに沿ってケアマネジメントを行う。
② 要介護認定に関する業務
・勤務する居宅介護支援事業者（または介護保険施設）が，保険者から要介護認定の認定調査（更新認定時）を実施する委託を受けた場合，その認定調査を行う（調査を行う際の身分は公務員とみなされる）。
・居宅介護支援事業者の業務として，居宅介護支援を担当している要介護者等について，要介護認定の更新等の手続きを代行・支援する。
③ 給付管理業務
・居宅介護支援事業者の業務として，居宅介護支援を担当している要介護者等について，月々の区分支給限度額の管理を行い，その実績を給付管理票として月ごとにまとめ，都道府県国民健康保険団体連合会に提出（実際には伝送システムでの送信）する。
④ 施設介護支援（施設におけるケアマネジメント・ケアプラン作成）
・介護保険施設に配置される介護支援専門員は，施設入所者の施設サービス計画（施設ケアプラン）をケアマネジメントの過程に則って作成する。
・介護支援専門員がケアプラン作成を担当する利用者数には上限が設けられている。居宅介護支援においては 1 人当たり 35 名の利用者まで（原則），施設介護支援では 1 人当たり 100 名の利用者までと定められている。

❹ 主任介護支援専門員の資格

　主任介護支援専門員という上位の資格もあります。これは，介護支援専門員の実務経験を 5 年以上積んだ者が，都道府県の実施する主任介護支援専門員研修を受講・修了し，都道府県知事の登録を受けることが必要です。2015（平成 27）年度の制度改正により，この登録について 5 年ごとの更新制が導入されました（更新には研修受講が必要です）。この主任介護支援専門員は，地域包括支援センターに必置になっていますし，一部の居宅介護支援事業者にも勤務しています。

　主任介護支援専門員は，主に地域内の介護支援専門員のスーパービジョンを担うとともに，地域内のさまざまな課題の把握とその解決のためのネットワークづくりを業務とします。

3. その他の専門職の役割

❶ 医療関係職種

　医師や歯科医師は医療・歯科医療の専門家です。介護の実践にあたって医学的な問題を有する高齢者の場合には，介護職も適宜情報交換を行う必要があるほか，入浴や医療的ケアをめぐっては直接意見をたずねたり指示を受けることもあります。

　薬剤師とは，服薬上の留意点や薬剤の作用・副作用についてお互いに情報をやりとりすることが珍しくありません。高齢者が定められたとおりに服薬できないようなとき，介護職と一緒にその対策を考えるといったことも多くなっています。

　看護師は，療養上の世話と医師の診療補助行為を業務とします。今日では，介護サービスの現場で幅広く活躍しています。医療知識も相当程度ありますから，介護職もコミュニケーションを積極的に図り，看護師から得られた情報や知識を介護の展開に役立てていく姿勢が必要です。また，療養上の世話については介護と重なる点も多く，お互いの連携は必須です。

　理学療法士（PT）・作業療法士（OT）・言語聴覚士（ST）は機能回復訓練に関する職種です。PTは歩行や移動など四肢の動作に，OTは手指の巧緻性や認知機能を発揮する動作・行為・判断に，STは言葉と聴覚・咀嚼嚥下に関する機能に関して専門性を有しています。PT・OT・STからは介護技術における助言を得られることも多いでしょう。

　歯科衛生士は口腔ケアや咀嚼嚥下に，管理栄養士は食事の栄養と治療食，咀嚼嚥下に関する支援のノウハウを有しています。

❷ 福祉系職種

　社会福祉士や精神保健福祉士は，さまざまな人々の生活困難に関する相談援助の専門職です。また，利用者の地域での生活に関する地域ネットワークづくりなどの活動も行います。この両福祉士は生活相談員・支援相談員などとして介護サービス事業者・施設に配置されることも多くなっています。特に，社会福祉士は地域包括支援センターには必置となっており，高齢者の総合相談支援業務にあたったり，虐待への対応を担ったりすることが多く，介護の実践現場と密着した活動を行っています。

　介護職は，こうした専門職と的確に連携をしながら，前述したチームアプローチの考え方にもとづいて介護を展開するように心がける必要があります。

　特に介護職等や介護福祉士は，一定の要件・条件のもとで医療的ケア（喀痰吸引や経管栄養の実施）も可能な状況となってきました。これまで以上に医師・看護師など

の医療関係職種とのチームアプローチが求められるようになってきたことをしっかりと理解することが大切です。

学習のポイント　　重要事項を確認しよう！

第1節　介護保険制度創設の背景と目的

■介護保険制度の創設をめぐる社会的背景

- ●介護保険制度が創設された背景には，①人口の高齢化が進行したこと，②そのために介護や支援を要する高齢者が増えたこと，③その高齢者の介護は家族だけでは担えなくなったことなどがあげられます。　→ p.52

- ●さまざまな要因から，1990年代前半からは高齢者の介護を家族だけで担うには限界があるとの理解が進み，高齢者介護を社会全体で支えようという，介護の社会化の機運が高まっていきました。　→ p.54

■介護保険制度の基本理念

- ●介護保険制度の基本理念のなかで，とりわけ重要な点は，高齢者の尊厳の保持，高齢者の介護を社会的に支援すること（介護の社会化）と，高齢者の自立の支援を理念としたことであるといえます。　→ p.58

第2節　介護保険制度の基礎的理解

■保険者・被保険者

- ●介護保険制度の保険者は市町村および特別区です。　→ p.64
- ●介護保険制度の被保険者の要件に該当すれば法律により加入が義務づけられ，これを強制適用といいます。　→ p.64

■保険給付の対象者

- ●要介護状態には五つの区分が，要支援状態には二つの区分が設けられています。なお，第2号被保険者については，認定の条件として，要介護状態等が特定疾病に原因がある場合に限定されています。　→ p.66

■保険給付までの流れ

- ●介護保険で保険給付を利用する手続きとして，①要介護認定・要支援認定の過程，②ケアマネジメント（ケアプラン作成）の過程の二つの過程があります。　→ p.68

■保険給付の種類と内容

- ●介護保険制度の保険給付は，介護給付と予防給付に大別されます（さらに，市町村の独自の給付を位置づけた市町村特別給付を設けている保険

者もあります）。 → p.72

■地域支援事業

- 地域支援事業は保険給付とは別の事業であり，介護予防事業，包括的支
援事 業，任意事業の三つに分けられます。2015（平成 27）年度以降
は各市町村ごとに新しい総合事業が開始されます。 → p.79

■介護保険の財政

- 保険給付に必要な費用は，利用者の自己負担額を除いて，50％が公費
（税）とされ，50％が保険料でまかなわれることになっています。 → p.86
- 第 1 号被保険者の保険料の徴収方法は二つあり，特別徴収と普通徴収
という方式に分けられます。 → p.87

 **介護保険制度における専門職の役割**

■介護職の役割

- 介護職は一人で何らかの支援をするという存在ではなく，ほかの専門職
との連携や役割分担をしながら，いわばチームの一員として機能するこ
とが求められます。 → p.92
- 介護職は，高齢者の訴えや望みを本人に代わって周囲に伝えていくよう
な代弁者としての役割も大切です。 → p.92

■介護支援専門員の役割

- 介護支援専門員は介護保険の要の存在ともいえると同時に，介護職とは
いわば双方向の連携が求められる関係にあるのです。 → p.93

用語解説

1 高齢化率

こうれいかりつ

➡ p.52 参照

総人口に占める 65 歳以上の人口（老年人口）の割合。老年人口比率ともいう。

2 平均寿命

へいきんじゅみょう

➡ p.52 参照

0 歳を基点として，その対象集団の平均余命を統計的に推計したもの。

3 合計特殊出生率

ごうけいとくしゅしゅっしょうりつ

➡ p.52 参照

1 人の女性が生涯（15 歳から 49 歳の間）に何人の子どもを産むかを示す統計的な値のこと。

4 前期高齢者

ぜんきこうれいしゃ

➡ p.53 参照

高齢者を 65 歳以上とした場合，65 歳以上 75 歳未満の高齢者を前期高齢者と区分している。

5 後期高齢者

こうきこうれいしゃ

➡ p.53 参照

高齢者を 65 歳以上とした場合，75 歳以上の高齢者を後期高齢者と区分している。

6 社会的入院

しゃかいてきにゅういん

➡ p.55 参照

病状安定期にあって，医学的には入院治療の必要がなく，本来家庭での療養が望ましいにもかかわらず，介護者がいないなどの事情によって病院に入院していること。

7 自助

じじょ

➡ p.59 参照

高齢者自身がさまざまな支援に頼るのみでなく，自分自身でできることを実施すること。あるいは，サービスの費用負担も可能な範囲で自らが行ったり，制度に頼らずに自費によるサービス利用を行うこと。

8 互助

ごじょ

➡ p.59 参照

近隣や知人，親族などによるさまざまな支援。ボランティア組織・地域の団体による支援も含める。

9 共助

きょうじょ

➡ p.59 参照

社会保険制度，すなわち介護保険制度や医療保険制度・年金保険制度による給付

（サービス）を指す。

10 公助

こうじょ
➡ p.59 参照

租税を財源とし，行政の責任により実施される支援策を指す。例えば，老人福祉制度や生活保護制度によるものなど。

11 介護保険施設

かいごほけんしせつ
➡ p.64 参照

介護保険法による施設サービスを提供する施設で，指定介護老人福祉施設，介護老人保健施設，指定介護療養型医療施設がある。なお，指定介護療養型医療施設については，2017（平成29）年度末で廃止される予定となっている。

12 特定施設

とくていしせつ
➡ p.64 参照

介護保険制度において，有料老人ホーム，養護老人ホーム，軽費老人ホームであって，地域密着型特定施設でないもの。

13 居宅介護支援事業者

きょたくかいごしえんじぎょうしゃ
➡ p.68 参照

介護保険制度によって制度化されたもので，居宅介護支援（ケアマネジメント）を実施する事業者のこと。人員基準として，事業所ごとに常勤の介護支援専門員（ケアマネジャー）を1名以上配置することが義務づけられている。

14 ケアプラン

けあぷらん
➡ p.71 参照

個々人のニーズに合わせた適切な保健・医療・福祉サービスを提供するための計画書のこと。介護保険制度では，居宅介護支援事業所の介護支援専門員により居宅介護支援（ケアマネジメント）の過程で作成される要介護者の在宅生活を支援するための居宅サービス計画や，介護保険施設で提供されるサービスを明示する施設サービス計画をいう。

15 ADL

エーディーエル
➡ p.73 参照

Activities of Daily Living の略。「日常生活動作」「日常生活活動」などと訳される。人間が毎日の生活を送るための基本的動作群のことで，食事，更衣，整容，排泄，入浴，移乗，移動などがある。

16 IADL

アイエーディーエル
➡ p.73 参照

Instrumental Activities of Daily Living の略。「手段的日常生活動作」と訳される。ADL が食事，入浴，排泄などの日常生活の基本動作であるのに対し，IADL は，バスに乗って買い物に行く，電話をかける，食事のしたくをするなどのように，より広義かつ ADL で使用する動作を応用した動作（ADL より複雑な動作）を指す。

🔢 インフォーマル・サービス

いんふぉーまる・さーびす

➡ p.92 参照

利用者本人に近い立場の家族，友人，近隣住民，ボランティアなどの専門家ではない人々による非公式な援助のこと。インフォーマル・サポートなどともいわれる。

第**3**章

社会のしくみの理解
（社会の理解Ⅱ）

第**1**節 ▸ 生活と福祉

第**2**節 ▸ 社会保障制度

第**3**節 ▸ 障害者自立支援制度

第**4**節 ▸ 介護実践にかかわる諸制度

【到達目標】

- 家族，地域，社会との関連から生活と福祉をとらえることができる。
- 社会保障制度の発達，体系，財源等についての基本的な知識を修得している。
- 障害者自立支援制度の体系，目的，サービスの種類と内容，利用までの流れ，利用者負担，専門職の役割等を理解し，利用者等に助言できる。
- 成年後見制度，生活保護制度，保健医療サービス等，介護実践に関連する制度の概要を理解している。

生活と福祉

第1節

1. 家庭生活の基本機能

① 家庭・家族・世帯

▶▶ 家庭・家族・世帯の由来

「明るい家庭的な雰囲気の施設です」「家庭的な手厚い介護を提供します」。このような表現を介護福祉サービスの広報で目にすることは珍しくありませんし，それらの言葉が伝えようとしているイメージについても基本的には理解が可能でしょう。

現代の日本に生きる私たちにとって，「家庭」という言葉は，改めてその意味を説明する必要が感じられないほどにきわめてなじみ深い言葉といえます。しかし，実はこの言葉が広く使われるようになったのは，明治の中頃からのことで，当時の人々にとって「家庭」という言葉は，新鮮な響きを感じる最新の流行語としてとらえられていました。

では，それ以前の日本には，家庭がなかったとでもいうのでしょうか。「家庭」に似た言葉として，「家族」「世帯」といった言葉もあります。それらの言葉はいつ頃どのようにして生まれたのでしょうか。

本節のキーワードであるこれらの言葉について，まずはその由来を振り返っておきましょう。

▶▶ 家庭という言葉

家庭[1]（→ p.242 参照）という言葉は中国に昔からあり，その意味は「家の庭」「家族が生活しているところ」といった具体的な場所を指すものでした。それが日本においては，ホーム（home）の訳語として当時の新しい価値観とともに明治20年代に流行し始めます。例えば，1892（明治25）年に『家庭雑誌』という雑誌が創刊されていますが，その創刊号には「家庭改革」という表現が見受けられます。そこで改革が目指された旧来の家庭の姿とは，家長の専制による封建的な家（いえ）制度にもとづくものでした。それに対して，欧米の文化の影響のもとで新しい家族のあり方を提示しようとする動きが，当時のマスコミを通じて目新しいニュアンスの「家庭」という言葉を流行させたといえるでしょう。

▶▶ 家族という言葉

家族[2]（➡ p.242 参照）という言葉も，日本において用いられるようになったのは，幕末から明治の初めにかけてのことでした。しかし，その頃に家族とみなされた範囲は，今日の私たちの感覚からするとかなり幅広く（はばひろ），非血縁者を含む家の構成員や親族・同族なども含むものでした（逆にいえば，当時はそれらの区別が今ほど明確ではなかったということです）。

そうした家族の範囲を明確に示したのが，1898（明治 31）年に公布されたいわゆる明治民法です。そこでは，「戸主ノ親族ニシテ其家ニ在ル者及ヒ其配偶者ハ之ヲ家族トス」とされており，家族と親族が明確に分けられ，家族は戸籍に登録された戸主の親族と配偶者に限定されました。

その後，大正期には社会科学の領域において，制度的集団としての家との対比で，夫婦を中心とした血縁者による生活集団である家族について論じられるようになり，学術領域では「家族」という言葉が一般に用いられるようになっていきます。

▶▶ 世帯という言葉

世帯[3]（➡ p.242 参照）という言葉は，1918（大正 7）年の国勢調査施行令において行政用語として登場しました（それ以前の調査では日常語の「所帯」が使われていました）。そこでは，その定義として「本令ニ於テ世帯ト称スルハ住居及家計ヲ共ニスル者ヲ謂フ」と述べられており，現実の生活の共同に重点がおかれています。この言葉が登場した背景には，日露戦争後，農村から都市への労働力の移動が激しくなり，従来の制度的な家（＝戸籍上の家族）と現実の家族生活の実態（＝世帯）との間にズレが生じてきたことがあげられるでしょう。

社会学者の森岡清美は，これらの言葉の登場と広がりについて「家庭はジャーナリストにより，家族は社会科学者により，世帯は行政官僚により，採用され洗練された。そして，家にはない新しい価値，意味あるいは有用性を与えられたのである」（森岡清美『現代家族変動論』ミネルヴァ書房，p.87，1993 年）と振り返っています。

今日の私たちにとっては当たり前のようなこれらの言葉が，時代の変化や諸外国の文化の影響，都市化や産業化などの社会の変化と深く結びついて誕生したものであることがわかるでしょう。

❷ 家庭生活の基本機能

▶▶ 内側からみた家庭生活の基本機能

現代に生きる私たちにとって，家庭はどのような意味を有しているでしょうか。図3-1は，内閣府が行った「国民生活に関する世論調査」における「あなたにとって家庭はどのような意味をもっていますか」という質問に対する回答です。

最も多くの人々に認識されているのは，「家族の団らんの場」「休息・やすらぎの場」としての役割であることがわかります。「国王であれ農民であれ，自分の家庭に平和を見出す者が最も幸福である」というのは，有名な文豪ゲーテ（Goethe,J.W.）の言葉ですが，今日の日本においても，家庭にはそうした役割が期待されているといえるでしょう。

続いて高いのが「家族の絆を強める場」という項目です。家族の絆と一口に言っても，そこには親子の絆，夫婦の絆をはじめとしてさまざまな絆があるでしょうから，この項目は，それ以降の複数の項目を包含している側面があるかもしれません。

▶▶ 外側からみた家庭生活の基本機能

図3-1が，人々が家庭の一員としてその内側からみた家庭生活の機能を表しているとすると，同様の事態をその外側，いわば社会の側からながめてみるとどうでしょうか。

まず，「休息・やすらぎの場」としての家庭は，心理的および身体的にその成員の健康を保つことを通して，広く社会の安定化機能および労働力の再生産機能を果たしているとみなすことができます。「家族の絆を強める場」としての家庭は，子どもの教育やしつけに着目するならば，文化の伝達機能を果たしているとみなせるでしょうし，親の世話ということに着目するならば，介護機能を有するといえるでしょう。

夫婦の愛情をはぐくむ場としての家庭を外側からみれば，社会における性的統制機能を果たしている面もあります。そして，子どもを産み，育てるという点では，人間という種の再生産機能を有しています。

もちろん，家庭生活の機能が以上に述べたことに尽きるわけではなく，さらに多様な観点からの検討が可能でしょう。

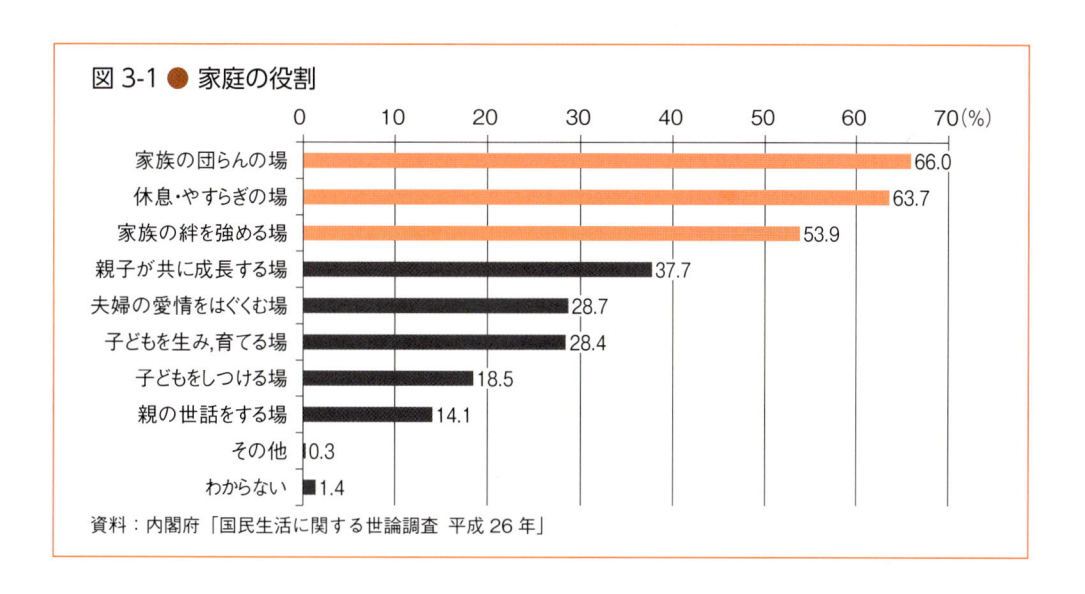

図 3-1 ● 家庭の役割

家庭の役割	割合(%)
家族の団らんの場	66.0
休息・やすらぎの場	63.7
家族の絆を強める場	53.9
親子が共に成長する場	37.7
夫婦の愛情をはぐくむ場	28.7
子どもを生み,育てる場	28.4
子どもをしつける場	18.5
親の世話をする場	14.1
その他	0.3
わからない	1.4

資料：内閣府「国民生活に関する世論調査 平成 26 年」

▶▶ 家庭生活の機能の外部化

　以上，家庭生活の機能がきわめて多岐にわたることを確認してきましたが，それらの機能は決して不変のものではありません。そして，多くの場合，社会の近代化・産業化が進むにつれて，家庭生活が有していた機能は，徐々に外部化されていく傾向にあります。

　例えば，かつて家族で自営業に従事する人々が多かった時代（1950 年代まで国内の労働者の過半数を自営業主や家族従業者が占めていました）に家庭が有していた経済的生産機能は，すでに多くの部分が企業に吸収されています。また，文化の伝達という意味での子どもの教育・養育機能は学校や保育所・幼稚園，さらに各種の習い事などにかなりの部分が委ねられています。

　介護福祉領域に目を向ければ，介護保険制度の創設に際して「介護の社会化」という言葉が用いられたように，これまで家庭において担われてきた介護機能の一部を専門的な福祉サービスに委ねることも一般化しています。

　こうした家庭機能の外部化は，一見すると家庭の衰退ととらえられるかもしれませんが，さまざまな社会システムの機能分化が進む現代において，家庭の機能がより本質的なものに特化してきていると考えることもできるでしょう。そのような観点からあらためて図 3-1 をみると，現在の日本において最も多くの人に受け止められている家庭の役割が「家族の団らんの場」であることは，まさにそうした傾向を示しているといえるかもしれません。

2. 家族

① 家族とは

▶▶ 家族の定義

　家族は，私たちにとって最も身近な当たり前の存在といえますが，家族の形や家族への思いは，人それぞれにきわめて多様です。介護職として利用者とかかわっていく際には，利用者の家族関係や家族を取り巻く問題を十分に理解したうえで，家族と協働していくことが求められるでしょう。ここでは，家族について考えるためのいくつかの基本的視点を紹介していきます。

　そもそも家族とは何でしょうか。家族の定義は，専門家の間でもこれまでさまざまになされてきましたが，森岡清美による「家族とは，夫婦・親子・きょうだいなど少数の近親者を主要な成員とし，成員相互の深い感情的かかわりあいで結ばれた，幸福（well-being）追求の集団である」（森岡清美・望月嵩『新しい家族社会学　四訂版』培風館，p.4，1997年）という定義が，現時点におけるオーソドックスな定義としてあげられます。

　この定義には，三つの要点が含まれています。①構成員という点では，家族は少数の近親者からなること，②結合の性質という点では，深い感情的なかかわりを有すること，③家族機能という点では，幸福追求が掲げられていること，の3点です。

▶▶ 家族について考えるための基本的視点

　以上の3点について個々に吟味してみましょう。

　①についてみると，かつての日本では，幅広い親族や非血縁者である使用人や奉公人なども家（いえ）の成員と考えられていました。今日でも，現実の家族には多様な構成員を見出すことができるでしょうが，家族の中核的成員として夫婦・親子・きょうだいを主要とすることは妥当でしょう。

　②についてみると，近年，家族をめぐる問題として注目されるDV（ドメスティック・バイオレンス）[4]（➡p.242参照）や児童虐待（☞第1巻p.213），高齢者虐待（☞第1巻p.208）などについて考えるとき，現代の家族の結びつきに疑問が感じられるかもしれません。しかし，愛情にせよ憎しみにせよ，深い感情的なかかわりあいを避けられない関係にあるのが家族であるともいえるでしょう。

　③についてみると，家族は実にさまざまな機能を有していました。しかし，そこにあげられた個々の機能は，家族成員の側からみるとき，いずれも基本的にその幸福追求に方向づけられていると考えることができます。

❷ 家族の構造と形態

▶▶ 核家族

家族を観察する際の基本的な枠組みをいくつかみていきましょう。

アメリカの社会人類学者であるマードック（Murdock,G.P.）は，人間社会に関する多数のデータ比較をふまえ，家族の最も基礎的（きそてき）なユニットとして夫婦と未婚の子どもたちからなる核家族（かくかぞく）[5]（→ p.242 参照）の概念（がいねん）を提唱しました。

核家族は，単独で存在する場合もありますが，夫婦関係が複合して「複婚家族」（一夫多妻や一妻多夫の家族）を，親子関係が複合して拡大家族（結婚した子どもが親夫婦と同居する家族）を構成する場合もあります。

核家族は，親と子の二つの世代を含んでいるので，親世代からみるか，子世代からみるかによって異なる様相を示します。親世代からみれば，自分が配偶者と結婚して子どもを産み育てていく家族ですので，これを生殖家族（せいしょくかぞく）と呼びます。子世代からみれば，そこには父や母がおり，自分の意思にかかわらずそこで産み育てられていく家族ですので，これを定位家族と呼びます。

人が生殖家族をつくろうとするとき，人間社会に普遍的（ふへんてき）に存在するインセスト・タブー（近親相姦禁忌（きんしんそうかんきんき））により，自分と同じ定位家族の異性とは結婚できませんから，ほかの定位家族に生まれ育った異性と結婚し，その結果，核家族の世代的な結びつきが再生産されていくことになります。

▶▶ 直系家族

核家族間の世代関係について，その居住規則（結婚後にどこに住むのか）に着目することで，家族形成のパターンにより主要な二つの類型を取り出すことができます。

直系家族制は，跡取り（あととり）が結婚後も親と同居して，代々家族を直系的に継承していくものです。跡取り以外のきょうだいが結婚後もまれに同居することがありますが，一時的なものにすぎません。跡取りには，親の社会的地位や財産などが優先的に配分されます。

こうした類型の家族は，農業や商業など生活基盤（せいかつきばん）が家族経営におかれているような社会に適合し，親子の世代間扶養（せだいかんふよう）を容易にします。日本におけるかつての家制度は，その一つの典型といえます。

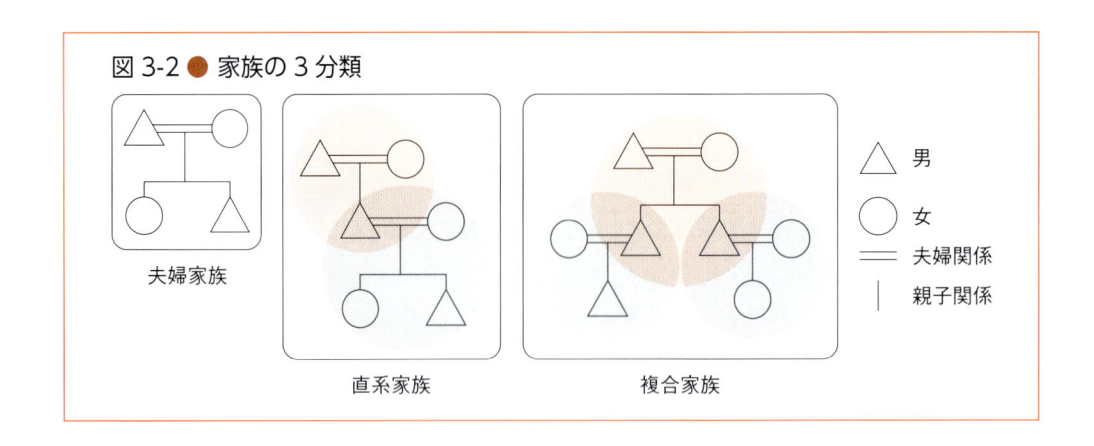

図 3-2 ● 家族の 3 分類

夫婦家族

直系家族　　　複合家族

△ 男
○ 女
― 夫婦関係
｜ 親子関係

▶▶ 夫婦家族

　直系家族制に対して，夫婦家族制は，夫婦の結婚によって家族が形成され，その死亡によって消滅する一代限りのものです。

　子は成長に従って就職や結婚を機に親元を離れ，親の生 殖 家族とは別に自分の生殖家族を構成します。ただし，配偶者を亡くした老親が子の家族に身を寄せることはあります。財産などは，原則として子どもの間で均分して相続されます。

　こうした類型の家族は，労働力の地域移動が盛んな社会に適合し，夫婦単位の生活の維持を老後も可能とするために，ある程度の所得水準と社会保障制度などの支えが必要となります。現在の日本では，この夫婦家族制の考え方が広く浸透しているといえるでしょう。

▶▶ 複合家族

　以上の二つの類型のほかにも，複数の子ども家族が親と同居することを原則とした複合家族制があります。

　以上のような類型をふまえ，現実の家族をその外面的特 徴により分類する場合，図 3-2 のように「夫婦家族」「直系家族」「複合家族」という三つの分類が得られます。

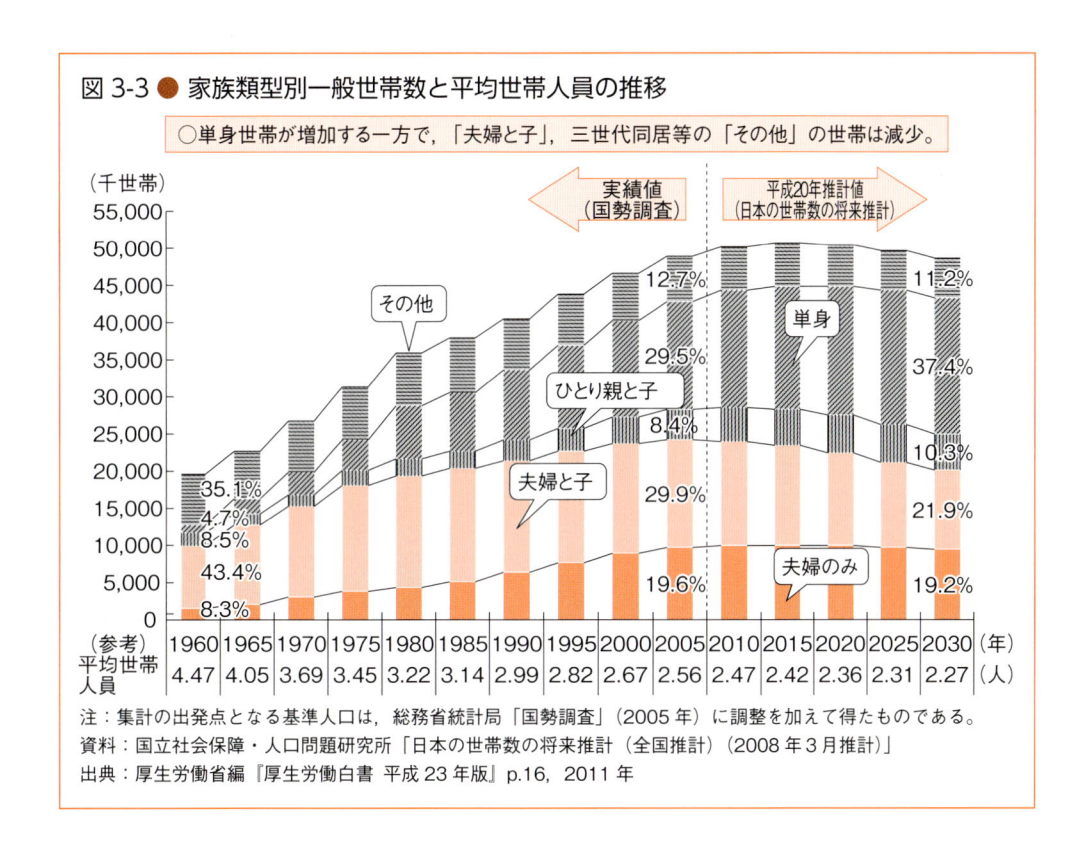

図 3-3 ● 家族類型別一般世帯数と平均世帯人員の推移

○単身世帯が増加する一方で，「夫婦と子」，三世代同居等の「その他」の世帯は減少。

注：集計の出発点となる基準人口は，総務省統計局「国勢調査」（2005 年）に調整を加えて得たものである。
資料：国立社会保障・人口問題研究所「日本の世帯数の将来推計（全国推計）（2008 年 3 月推計）」
出典：厚生労働省編『厚生労働白書 平成 23 年版』p.16，2011 年

❸ 家族の変容と家族観の多様化

　家族は，社会の変動に伴ってその形態を変化させ続けています。「家庭」という言葉の流行にもみてとれるように，明治民法下においても，家族を夫婦本位にとらえる新しい家族観は，教養ある階層を中心に受け止められ始めていましたし，産業化の進展，総人口の増加，都市部への人口移動という変化も進展していました。

　しかし，とりわけ第二次世界大戦後から今日に至るまでの間に，日本の家族は大きく変動しました。その大きな要因として，戦後の民法改正により，それまで明治民法が規定していた直系家族としての家（いえ）制度が廃止され，夫婦家族制が法規範（ほうきはん）として導入（どうにゅう）されたこと，そして，高度経済成長による急速な産業化，都市化の過程で，都市における農村出身者の就労機会が増え，彼らが都市で結婚することによって，核家族化した雇用労働者の家族が増大したことがあげられるでしょう。

　こうしたなかで，1960 年代には配偶者選択様式（はいぐうしゃせんたくようしき）の主流が見合い結婚から恋愛結婚へと転換し，出生率の減少や寿命の延びとともに日本社会における家族像を変化させていきます。さらに，1960（昭和 35）年から今日までの世帯構成の変化をみると，図 3-3 に明らかなように，単身世帯の割合が急速に増加し，夫婦と子どもの世帯，三世代同居などの「その他」世帯の割合が大幅に低下していること，平均世帯人員が大きく減少していることなどがわかります。

❹ 家族と生活問題

▶▶ 家族の変容と生活問題

　生活問題とは，社会福祉の対象をとらえる概念です。生活問題には，その主要な類型として早くから注目されてきた貧困問題，問題の局面に着目した類型である教育問題，住宅問題，犯罪問題，家族成員に着目した類型である高齢者問題，児童問題，障害者問題など，きわめて幅広く，かつ，多様な分類が存在しています。各種の分類は，必ずしも体系的に整序されたものではありませんが，私たちの生活の基本単位が個人とその家族である以上，急速な社会の変動に伴い家族の形態が変化していくなかで，個々人が直面する生活問題のありようも大きく変化しています。

　例えば，高齢者に着目すると，国内の 65 歳以上の高齢者における子どもとの同居率は，1980（昭和 55）年にほぼ 7 割であったものが，2013（平成 25）年には 4 割となっており，子どもとの同居の割合は大幅に減少しています。その一方で，一人暮らしや，夫婦のみの世帯は，大幅に増加しています。図 3-4 を見ると，一人暮らしの高齢者がこの 30 年間ほどの間に 5 倍以上と顕著に増加していることがわかります。

　こうしたなかで，近年，家族や地域社会との交流がきわめてとぼしい社会的孤立と

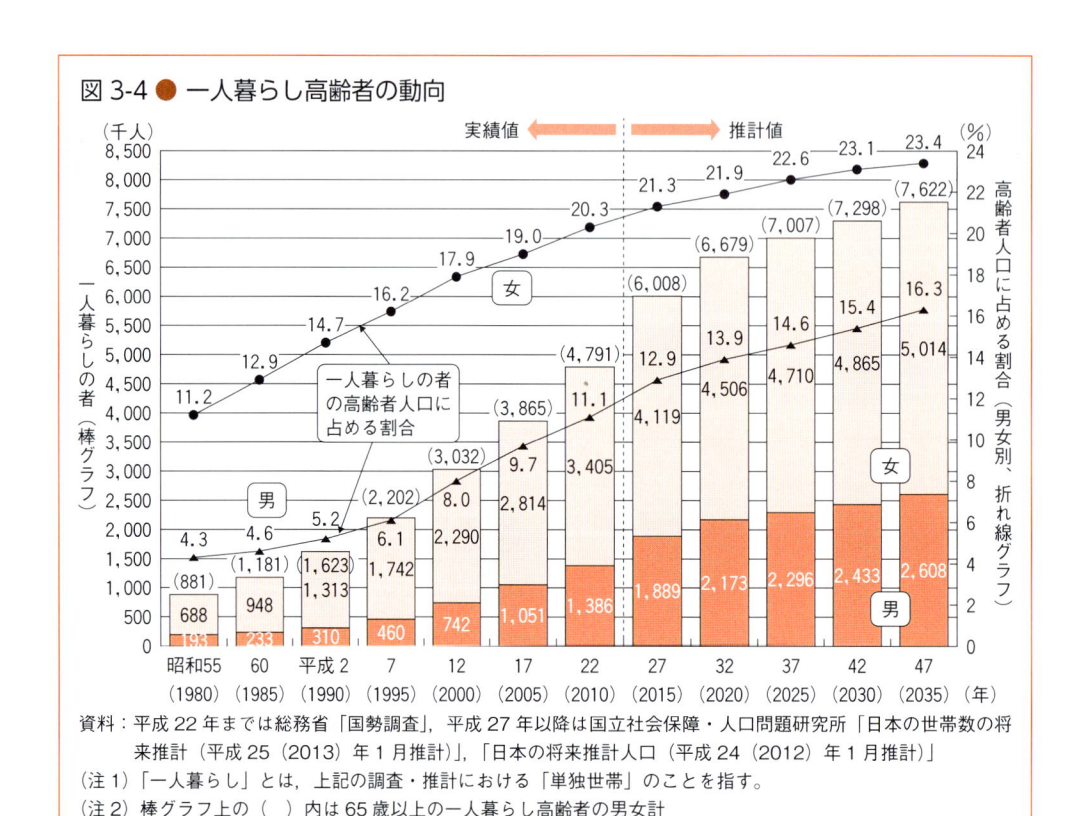

図 3-4 ● 一人暮らし高齢者の動向

資料：平成 22 年までは総務省「国勢調査」，平成 27 年以降は国立社会保障・人口問題研究所「日本の世帯数の将来推計（平成 25（2013）年 1 月推計）」，「日本の将来推計人口（平成 24（2012）年 1 月推計）」
（注 1）「一人暮らし」とは，上記の調査・推計における「単独世帯」のことを指す。
（注 2）棒グラフ上の（　）内は 65 歳以上の一人暮らし高齢者の男女計
（注 3）四捨五入のため合計は必ずしも一致しない。
出典：内閣府編『高齢社会白書 平成 27 年版』p.15, 2015 年

呼ばれる状態にある高齢者の問題が注目されています。高齢者の社会的孤立は，生きがいの低下や犯罪被害，孤立死の問題等にもつながっているため，孤立化を防ぎ，地域社会での生活を支える取り組みが求められています。

▶▶ 介護をめぐる問題

　家族形態の変容は，介護をめぐる問題にも大きな影響を与えています。図3-5にみられるように，要介護者等からみた主な介護者は，6割以上が同居している人となっており，そのうち女性が7割近くを占めています。介護者の年齢についてみると，男女とも7割近くが60歳以上であり，いわゆる老老介護のケースが相当数存在していることがわかります。

　また，家族の介護と仕事との両立という課題に直面するなかで，介護離職（かいごりしょく）と呼ばれるように，離職や転職を余儀なくされる介護者も少なくありません。就業構造基本調査によると，2007（平成19）年10月から2012（平成24）年9月の5年間に介護・看護のために前職を離職した15歳以上人口は，48万7000人にのぼります。

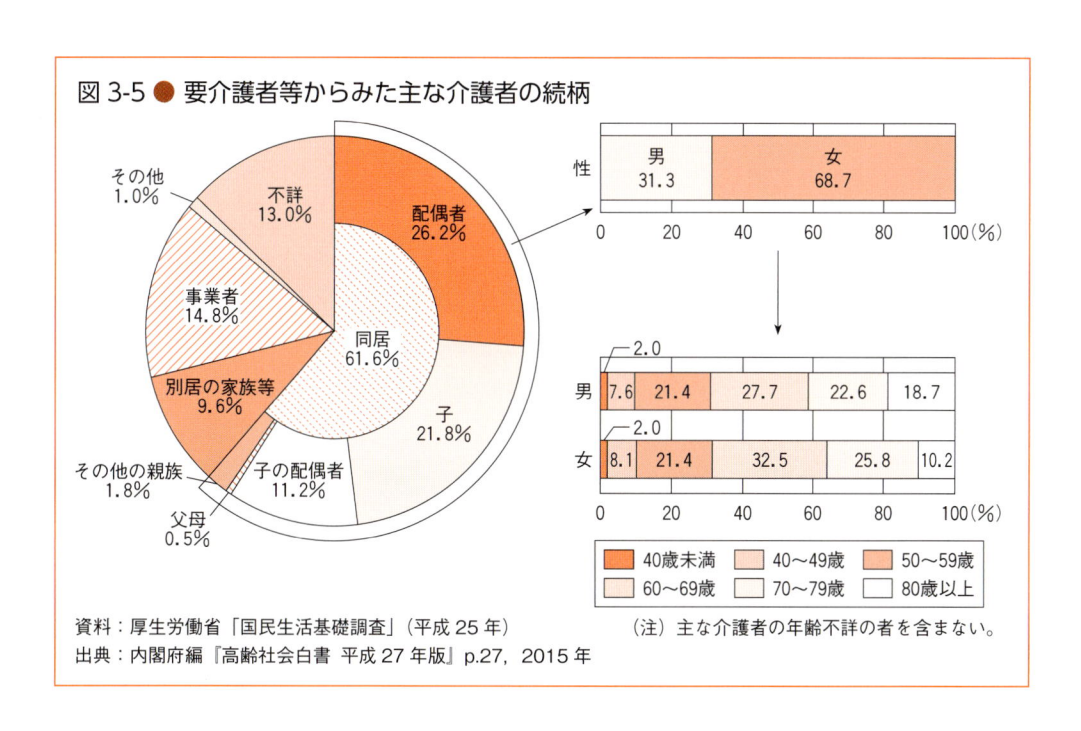

図 3-5 ● 要介護者等からみた主な介護者の続柄

その他 1.0%
不詳 13.0%
事業者 14.8%
別居の家族等 9.6%
その他の親族 1.8%
父母 0.5%
子の配偶者 11.2%
子 21.8%
同居 61.6%
配偶者 26.2%

性
男 31.3
女 68.7
0　20　40　60　80　100（％）

男　2.0　7.6　21.4　27.7　22.6　18.7
0　20　40　60　80　100（％）

女　2.0　8.1　21.4　32.5　25.8　10.2
0　20　40　60　80　100（％）

40歳未満　40～49歳　50～59歳
60～69歳　70～79歳　80歳以上

資料：厚生労働省「国民生活基礎調査」（平成25年）
出典：内閣府編『高齢社会白書 平成27年版』p.27，2015年

（注）主な介護者の年齢不詳の者を含まない。

3. 地域

❶ 地域社会とコミュニティ

▶▶ 地域社会とは

　一般に，地域という場合，社会的・文化的に相対的に自立した一定の空間領域を指しますが，その空間的広がりに社会的なつながりや生活の共同が認められ，相対的なまとまりをもつ場合，それを地域社会と呼びます。

　伝統的な農村や漁村などにおける生産や消費，祭礼や冠婚葬祭などさまざまな場面での共同をみれば，そこでの人々の生活が，家族や親族の内部だけでなく，地域社会という単位で行われてきたことがよくわかるでしょう。

　一方で，現代の都市で暮らす多くの人々にとっては，自分たちの暮らす地域社会が，毎朝そこから仕事や学校に出かけて，夜に寝に帰るだけの場所とさえ感じられるかもしれません。そうした人それぞれに多様である地域社会とのかかわりについて，改めて考える際に有用なのがコミュニティという概念です。

▶▶ コミュニティとアソシエーション

　アメリカの社会学者マッキーバー（MacIver,R.M.）の類型によれば，地域社会の集団はコミュニティとアソシエーションに区別されます。

　アソシエーションとは，参加者に共通する特定の関心を追求するため人為的に構成された組織体で，人は例えば学校や会社，政治団体など複数のアソシエーションの成員になることができます。それらアソシエーションが部分的なものであるのに対して，コミュニティは統合的であり，さまざまなアソシエーションを包摂する共同生活の領域を意味しており，そこには強い「われわれ意識」が存在しているとされます。

　ただし，近年，地域社会への関心の高まりとともに，コミュニティという言葉は，きわめて幅広い領域に普及し，さまざまな文脈で用いられており，文脈に応じてその意味内容が大きく異なるきらいがあります。

　大きく分けて，コミュニティを包括的なもの（かつての村落共同体や中世都市など）ととらえるか，限定的なもの（地域性やコミュニティ意識など，包括的コミュニティにみられる特徴の一部のみに着目する）ととらえるか，また，望ましい状態やあるべき姿を示す規範概念ととらえるか，実際あるがままの状況を把握するための実体概念ととらえるか，という二つの考え方の軸があり，その組み合わせのいずれの領域でコミュニティ概念が用いられているのか，注意する必要があるでしょう。

❷ 都市化と過疎化

▶▶ 地域社会の変遷

日本において地域社会はどのように変化してきたのでしょうか。

図3-6は，この1世紀余りの人口量と人口の集中状況の推移を示したものです。データとして用いた国勢調査では，市部とは，全国の市および区をまとめたもの，郡部とは，町および村をまとめたものを意味します。

1950（昭和25）年頃までは，日本人の多くは郡部に住んでいたこと，それ以降，急速に市部人口の比重が高まったことがみてとれるでしょう。ただし，1953（昭和28）年の町村合併促進法制定から新市町村建設促進法を経て，「昭和の大合併」と呼ばれる町村の合併や新市創設が進み，市部地域が拡大したため，市部が必ずしも都市的地域の特質を明確に示さなくなった面もあります。そこで，1960（昭和35）年から，人口密度を用いた人口集中地区が設定されるようになりました。

2005（平成17）年時点で，日本の人口の約3分の2は人口集中地区に暮らしていることがわかります。

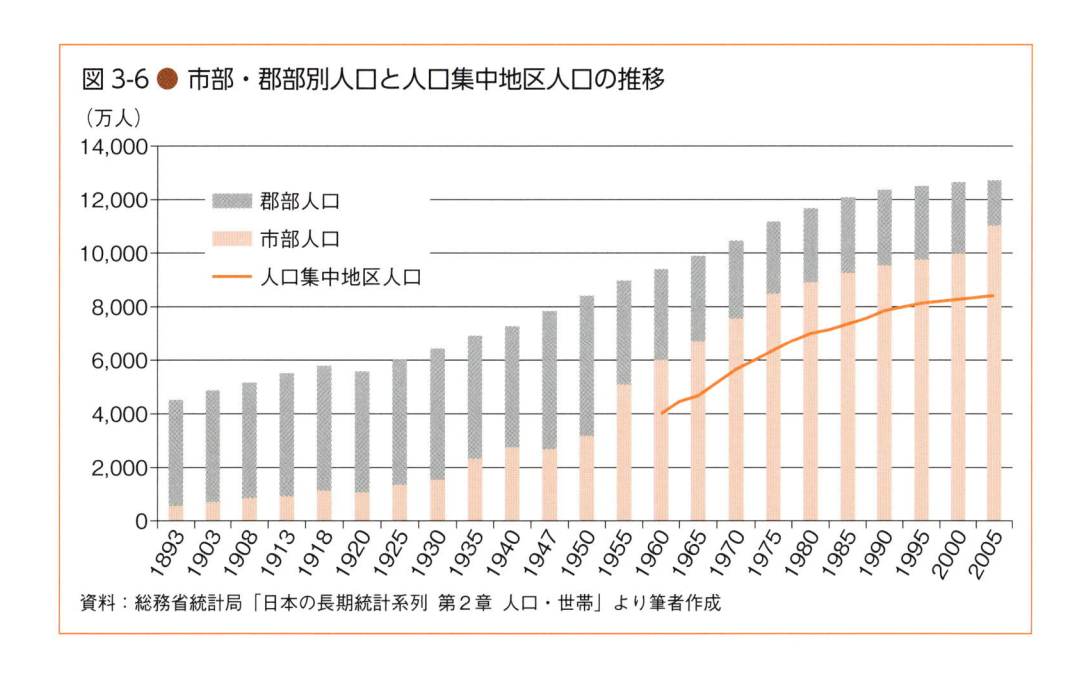

図3-6 ● 市部・郡部別人口と人口集中地区人口の推移

（万人）

凡例：
- 郡部人口
- 市部人口
- 人口集中地区人口

資料：総務省統計局「日本の長期統計系列 第2章 人口・世帯」より筆者作成

▶▶ 都市化の課題

1950年代半ばから1970年代前半のいわゆる高度経済成長期の日本では，第一次産業（農林漁業）から第二次産業，第三次産業を中心とする産業構造・就業構造への転換が生じましたが，それは地方から東京圏，大阪圏，名古屋圏という三大都市圏をはじめとする都市部への大量の人口移動による急速な都市化の進展と表裏一体をなすものでした（こうした変化は，前項でみた家族形態の変化とも深く結びついています）。

人口の急激な地域移動は，一方の地域（都市）における過密と，他方の地域（農村部）における過疎をめぐる問題を引き起こします。多数の若年人口が急速に流入することで，都市では住宅不足や生活環境の悪化といったハード面の問題が生じると同時に，社会関係の希薄化というソフト面の問題も顕在化していきました。

アメリカの社会学者ワース（Wirth,L.）は，都市を「社会的に異質な諸個人の，相対的に大きい・密度のある・永続的な集落である」（鈴木広訳編『都市化の社会学』誠信書房，p.133，1965年）と定義しています。すなわち，都市では，大多数の人がほかのほとんどの人を個人的に深く知ることのないまま，物理的にはきわめて近接して暮らしており，その結果，アーバニズムと呼ばれる都市的生活様式の諸特徴（都会人が人間関係において示すひかえめな態度や無関心さ，社会的連帯の伝統的基盤の弱化など）が生み出されることになります。

こうしたワースの議論は，都市部におけるコミュニティの衰退可能性を指摘したものといえるでしょう。同様の事態は，宅地開発による非農家の急激な流入が住民層の異質化をもたらし，混住化と呼ばれる事態が生じた都市近郊農村においても見受けられます。

▶▶ 過疎化と高齢化

他方，過疎問題とは，急激な人口の流出により，その地域の住民の生産（農林漁業）と社会生活の諸機能が衰退し，生産の縮小，生活の困難，すなわちコミュニティの危機が生じることをいいます。

高度経済成長期，若年人口を中心に人々が都市へ流出した農村部では，地域社会の年齢構成が不均衡になり，今日では，残された人々の高齢化が進むなかで，人口の再生産が困難な状況（出生数よりも死亡数が上回る状況）に直面しています。

近年，限界集落といった概念のもとでこうした状況への警鐘が鳴らされていますが，すでに日本全体が人口減少期を迎えた今日，過疎化をめぐる問題は，当該集落のみならず社会全体のあり方にかかわる重要なテーマといえるでしょう。

❸ 地域社会のさまざまな集団

　高度経済成長に伴う急速な都市化，過疎化を経て，生活のあらゆる場面での共同がみられたかつてのような地域社会の姿は大きく変貌しました。とはいえ，今日でも地域社会には多くの役割が期待されており，それを担うさまざまな集団も存在しています。

　生活者への公共サービスの担い手である地方公共団体や，民間の社会福祉活動を推進することを目的とした社会福祉協議会といった公的組織，また，戦前から行政との強いつながりをもってきた町内会や自治会は，その代表的なものですが，その他にも，婦人会や老人会，子ども会，青年団といった集団は多くの地域社会にみられます。

　近年では，1998（平成10）年に成立した**特定非営利活動促進法**[6]（➡ p.242 参照）により法人格を認められるようになった各種の **NPO**[7]（➡ p.243 参照）の活動が注目されており，諸団体の連携によるコミュニティ再生への取り組みも各地で始まっています。

4. 社会集団と組織

❶ 集団の概念と組織の概念

　家族，町内会，趣味のサークル，職場のチーム，勤務先の福祉施設や病院，職能団体，ボランティア・グループなど，私たちは，社会生活を送るなかで多くの集団に所属しています。介護福祉の領域に目を向けると，そこでは実にさまざまな専門性をもったたくさんの人々が各々の仕事に取り組んでいることがみてとれるでしょう。

　近年では，多職種連携（チームアプローチ）といった言葉が頻繁に聞かれるように，ときには専門分野を超えて複数の人々と協力しながら一緒に仕事を進めていく機会もいっそう多くなりつつあります。ここでは，そうした場面で重要な意味を有する集団や組織について考えるための基本的視点を紹介しましょう。

▶▶ 社会集団のあり方

　集団というと，単に人が集まっている状態をイメージするかもしれませんが，通勤時の駅前の人だかりなどは，集団とは呼びません。アメリカの社会学者マートン（Merton,R.K.）は，集団とみなされるものについて三つの基準をあげています。

　①既定の型式に従った相互行為を行う一群の人々からなること，②相互行為を行う人間は自分たちを「成員」として規定していること，③相互行為を行っている人々はほかの人（同じ仲間の成員やそうでない者）によって「その集団に所属する者」として規定されていること，の3点です。すなわち，集団においては，「誰がそのメンバーであるのか」という一定の規定（ルール）にもとづいて相互行為が重ねられることになり，ときには強い帰属意識を生じる場合もあります。

　社会的動物である私たちは，毎日をさまざまな集団とのかかわりのなかで生きる存在といえます。私たちがふだん抱く何らかの意見や態度も，一定の集団の規範や価値との関係においてつくられた枠組みをよりどころとしており，そのような集団のことを準拠集団と呼びます。

　例えば，あなたがそれまで自分の職場での地位に十分満足していたのに，ほかの同期たちが先に出世した際に急に失望感をもってしまう場合には，同期グループが準拠集団として位置づけられているといえるでしょうし，「クラスの友達はみんな持ってるから」とゲーム機をねだる子どもにとっては，そうしたクラスメートが準拠集団といえるでしょう。

　準拠集団となるのは，必ずしも自分が所属している集団ばかりではなく，かつて所属した集団や，将来所属したい集団など，非所属の集団である場合もあります。

▶▶ 組織のあり方

　私たちを取り巻く集団は，どのように変化しているのでしょうか。

　マッキーバーの「コミュニティ」と「アソシエーション」のように，集団をより基礎的なものと，より機能的なものとに分ける考え方は，ほかの社会学者によってもなされており，代表的なものとして，ドイツの社会学者テンニース（Tönnies,F.）による「ゲマインシャフト」（家族や村落など）と「ゲゼルシャフト」（企業や大都市など），アメリカの社会学者クーリー（Cooley,C.H.）による「第一次集団」（家族や近隣，仲間など）と「第二次集団」（企業や政党など）といった類型があります。いずれの議論も，社会の近代化に伴って，後者の「機能集団」が私たちの生活のより大きな部分を占めるようになったことに着目しています。

　機能集団とは，特定の目的を目指して運営される集団であり，その機能の遂行のために計画的・意図的な運営がなされる必要があります。そこにおいて人々の諸活動を調整し，制御するシステムのことを組織といいます。

　例えば，企業という集団がその内部に企業組織をもち，学校という集団がその内部に学校組織をもっていることは周知のとおりです。

　近代化・産業化が進み，社会生活において大きな集団の組織が重要性を増すなかで，組織された集団それ自体を「組織」という言葉で意味することも多くなっています。すなわち，組織とは，何らかの目的達成のために意図的な調整を受けながら存続するフォーマル（公式）な集団であるといえるでしょう。

❷ 官僚制の機能と逆機能

▶▶ 官僚制の組織機能

　公式な組織の純粋型ともいえるのが，ドイツの社会学者ウェーバー（Weber,M.）によって定義された官僚制です。「官僚」と聞くと霞が関の庁舎で働く公務員の姿や，マスメディアを通してたびたび伝えられる官僚の天下り批判などがイメージされるかもしれません。しかし，官僚制自体は，複雑で大規模な組織の目的を能率的に達成するための管理運営体系であり，一定規模以上の組織であれば，多くの組織において見出されるしくみです。官僚制の特徴としては，次のようなことがあげられます。①フォーマルに制定された合理的規則の支配，②ヒエラルキーの形をとった権威と権限の構造，③非人格的な人間関係，④各部署の専門化。

　それぞれの特徴について順にみていきましょう。まず，官僚制は，きちんと定められた合理的な規則にもとづいて運営されるため，特定の個人の横暴や好き勝手な振る舞いは排除されます。次に，ヒエラルキーというのは，ピラミッド型の階層的な序列関係を意味する概念ですが，官僚制においては権威や権限がヒエラルキー的に配分され，命令は上から下へ降り，責任は下から上へと昇っていきます。また，このヒエラルキー的な関係のもとでは，公私は分離され，個人の私的な関係性や思いではなく，明確な規則に従って限定的な職務を果たすことが求められます。最後に，各職務は規則にもとづいて機能的に専門分化しているので，職務活動のためには専門的訓練や専門教育が必要とされます。

　以上のような官僚制の特徴は，大規模な組織において仕事を能率的に遂行するうえできわめて優れているため，合理化の進んだ近代社会では，行政組織にせよ，企業組織にせよ，官僚制が支配的になるとウェーバーは考えました。

▶▶ 官僚制の負の側面

　一見，とても優れたしくみに思える官僚制ですが（実際，きわめて有効な面も多いのですが），その一方で，皆さんのなかには，「お役所仕事」などといわれるように，形式ばかり重視して少しも効率的ではない行政機関の仕事の進め方や，融通の利かない役所の対応などに対して悪い印象を抱いている人も少なくないかもしれません。そうした事態についてマートンは，官僚制の逆機能[8]（➡ p.243 参照）を指摘しています。

　例えば，官僚制組織において規則をきちんと守ることは，あくまで組織の目的を効率的に達成するための手段であったはずなのに，いつのまにか規則を守ることそれ自体が自己目的化してしまい，変化する状況への迅速な適応ができなくなることなどがそれにあたります。こうした手段と目的が転倒してしまう誤りは，私たちの周りにしばしば見受けられるでしょう。

❸ 集団・組織における人間関係と役割

効率的に目標を達成するための組織も，あくまで人間がそれを構成している以上，無機質な部品からなる機械のように思いどおりにいかないことは，皆さんも職場などでの経験を通してよく知っているでしょう。

前述した官僚制の逆機能も，そうした例の一つですが，生きた人間の集まりとしての組織という見方が科学的に知られるようになったのは，シカゴ郊外のホーソン工場という電機部品製作工場で1920年代から行われたいわゆる**ホーソン実験**によってでした。

この実験において，社会学者のメイヨー（Mayo,G.E.）らは，物理的な環境条件が作業効率と明確な関係をもたないこと，物理的な環境条件よりも感情や態度が生産能率を高めること，人間関係や監督のあり方などの集団と個人の関係が重要であること，**インフォーマル集団**（公式組織の内部でメンバーの間のつながりによって自然につくられた非公式な集団）の規範が標準的作業量を規制していることなどを明らかにしました。

規則でしばりつけたり，報酬を増やすことを条件にしても，人を思いどおりに働かせることは必ずしもできないし，職場内の仲間集団や付き合いといったインフォーマルな側面も，組織の目標達成には大きな影響力をもつということが確認されたわけです。

介護職は，介護を通して利用者の **QOL**[9]（→ p.243 参照）の向上を目指す専門職チームという機能集団の一員であると同時に，勤務する福祉施設や医療機関等に所属する一職員でもあるでしょう。また，職場のインフォーマルな仲間集団の一員であり，地域社会やボランティア・グループその他のさまざまな集団や組織の一員であるかもしれません。

多様な集団や組織とのかかわりは，そのかかわりの内容に応じた複数の社会的役割を個人に担わせます。そのなかで，例えば専門職チームとして目指す目標と，施設や法人が目指す目標との間に齟齬が生じ，個人のなかに葛藤を生み出す場合もあるでしょう。そうした葛藤状況にいかに取り組んでいくかということもまた，専門職にとっての課題であるといえます。

5. ライフスタイルの変化

❶ ライフサイクルとライフコース

　例えば，同じ職場で働く同僚であっても，当然のことながら人生観や価値観は実にさまざまで，仕事一筋の生き方や趣味を最優先した生き方，マイホーム主義など，それぞれがどのようなライフスタイルを選択（せんたく）するかは，きわめて幅広（はばひろ）いものでしょう。そして，そうした個人の生き方は，実は全体社会の変化とも密接に関連しています。ここでは，社会におけるライフスタイルの変化についてみていきましょう。

　生命をもつものの一生の生活にみられる規則的な推移をライフサイクルといいます。社会的な存在である人間は，ライフサイクルのなかで，就学や就職，結婚や出産など，一定の段階（ライフステージ）を経（へ）ながらその人生を歩んでいきます。

　日本社会における近代化の進展のなかで，人々のライフサイクルの時間的な幅がどのように変化してきたのかを示しているのが図 3-7 です。

　大正期から今日までのライフサイクルの推移をみると，子どもの数が減少し，平均寿命が大きく延びたことによって，子どもが独立し，夫が引退して以降の期間がかなり長くなっていることがわかるでしょう。

　このようなライフサイクルの視点は，例えば，かつてと現在との高齢期をめぐる状況の明確な差異を示すという点で一定の意義を有していますが，同時に現代的な限界も有しています。すなわち，統計的な平均値を用いたこうした整理では，結婚・離婚の有無（うむ）や子どもの有無，健康状態や経済状態など，多様であろう人生のあり方を把握（はあく）するには難しい点があります。

　家族社会学の領域では，そうした多様性を把握するために，家族集団に注目したライフサイクルのアプローチに代わって，個人の人生に焦点（しょうてん）をあて，その人生の軌跡を家族歴・教育歴・職業歴・社会活動歴といった複数の経歴の束としてとらえるライフコースという概念（がいねん）が登場しています。

図 3-7 ● 統計でみた平均的なライフサイクル

○子どもの数は減少したが，平均寿命の上昇より夫引退からの期間も長くなった。

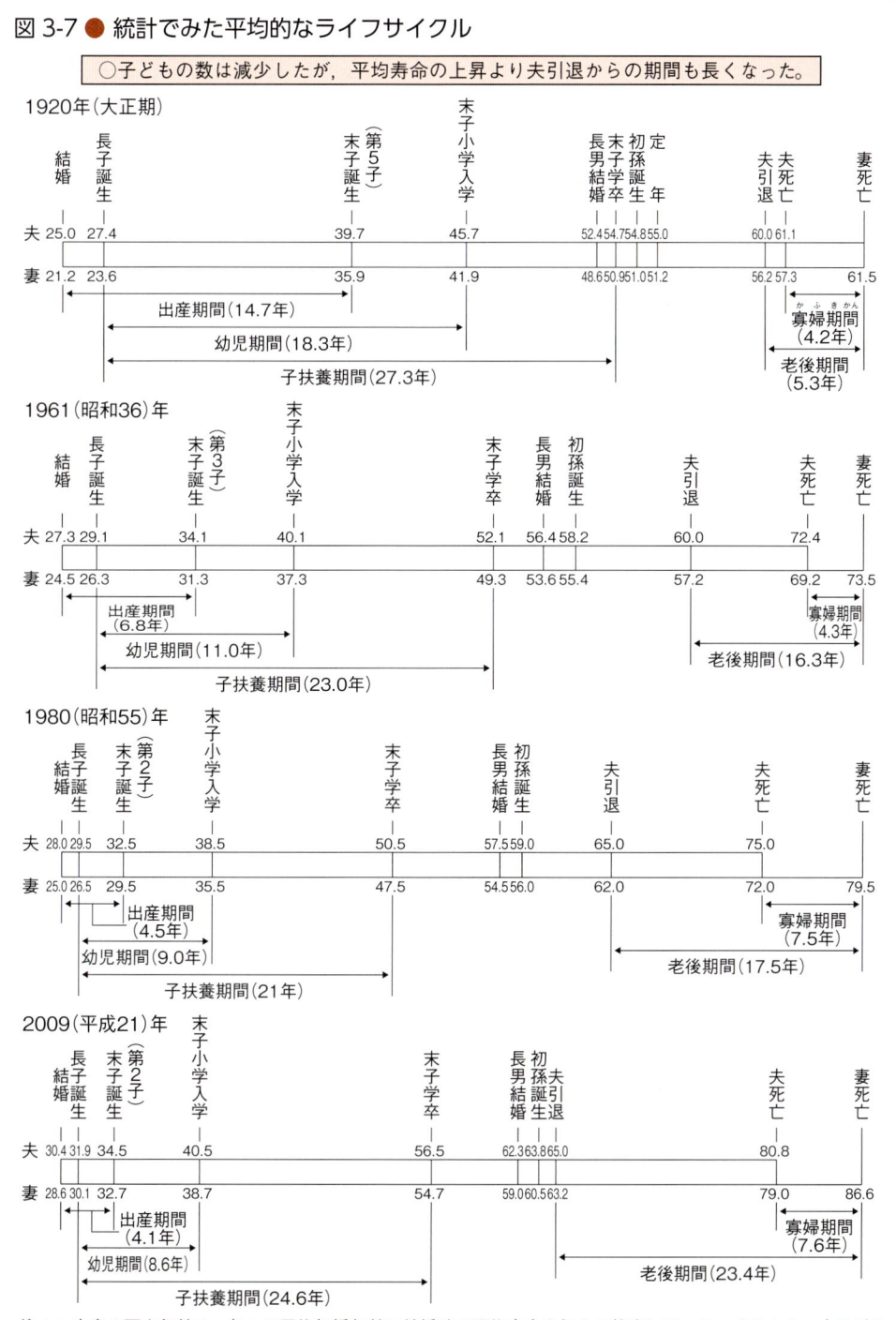

注1：夫妻の死亡年齢は，各々の平均初婚年齢に結婚時の平均余命を加えて算出している。そのため，本モデル
　　　の寡婦期間は，実際に夫と死別した妻のそれとは異なることに注意する必要がある。
　2：価値観の多様化により，人生の選択肢も多くなってきており，統計でみた平均的なライフスタイルに合致
　　　しない場合が多くなっていることに留意する必要がある。
資料：1920年，1980年は厚生省「昭和59年厚生白書」，1961年，2009年は厚生労働省大臣官房統計情報部
　　　「人口動態統計」等より厚生労働省政策統括官付政策評価官室において作成
出典：厚生労働省編『厚生労働白書 平成23年版』p.29，2011年
　　　〈http://www.mhlw.go.jp/wp/hakusyo/kousei/11/dl/01-01.pdf〉

ライフコースに関する研究が登場してくる背景の一つに，集団としての家族を自明^{じめい}視せず，個人の生き方に着目して家族をとらえ直そうとする，ジェンダーの視点があります。

ジェンダーとは，社会的・文化的に形成された性差，すなわち，その時代や社会における「男らしさ」や「女らしさ」とみなされるもので，私たちのライフスタイルの選択^{せんたく}にも大きな影響を与えています。

例えば「男性は外で働き，女性は家庭を守る」というかつて主流であった性別分業の考え方も，1985（昭和60）年の「雇用の分野における男女の均等な機会及び待遇の確保等に関する法律」（男女雇用機会均等法）の制定や，1999（平成11）年の「男女共同参画社会基本法」の制定といった社会の流れのなかで大きく変化してきており，1990年代には，いわゆる専業主婦世帯（男性雇用者と無業の妻からなる世帯）と共働き世帯の数は逆転し，専業主婦世帯の数はその後も減少傾向にあります。

図3-8は，女性の年齢階級別労働力率の推移ですが，女性が結婚や出産を機に退職し，子育て後に再就職することで生じるM字型曲線の傾向が徐々に減少していることがみてとれるでしょう。こうした女性の就労状況の変化は，離婚の増加や非婚化・晩婚化の傾向にも現れているように，個々の女性のライフスタイルに多様な選択肢をもたらしつつあります。

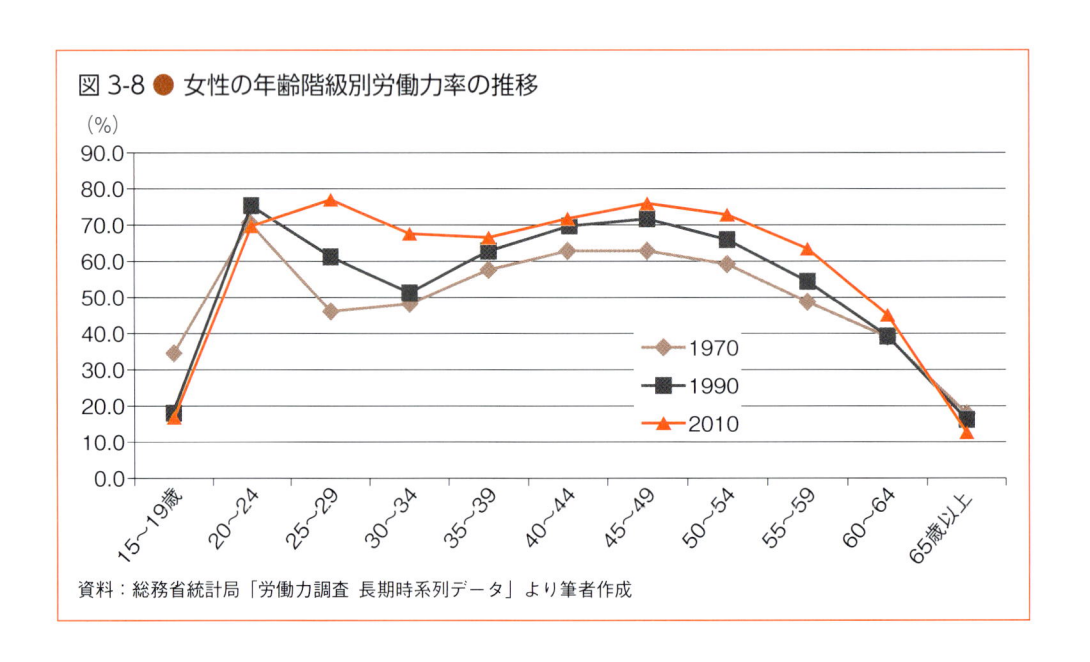

図3-8 ● 女性の年齢階級別労働力率の推移

資料：総務省統計局「労働力調査 長期時系列データ」より筆者作成

❸ ワーク・ライフ・バランスの可能性

　年齢階級別労働力率の推移からみてとれる女性の社会進出の一方で，家庭における家事分担に関しては，現在も，妻が常勤で働いている場合でさえ，その大半を担っており，「家事も仕事も」という二重の役割分担を負っていることが指摘されています。

　近代化に伴い家庭機能が外部化してきたとはいえ，家事や育児，介護に費やす労力の大きさを考えるとき，それらを男女が互いに担っていけるようなあり方を検討していく必要があるでしょう。しかし，そのためには，今日多くの人々がそこで働いている企業組織における労働者像にも大きな転換が求められます。

　すなわち，仕事と家事・育児・介護等が両立できるような制度や，柔軟な働き方をそれぞれの労働者がそのライフスタイルに応じて選択できるしくみが構築（こうちく）されなければ，男女がともに働き，ともに家庭に向き合うことは容易ではありません。また，それと同時に，育児や介護の社会化のいっそうの進展も必要とされるでしょう。

　以上のような課題について，2007（平成19）年，関係閣僚，経済界・労働界・地方公共団体の代表等からなる「官民トップ会議」において，「仕事と生活の調和（ワーク・ライフ・バランス）憲章」が策定されました。憲章では，「誰もがやりがいや充実感を感じながら働き，仕事上の責任を果たす一方で，子育て・介護の時間や，家庭，地域，自己啓発等にかかる個人の時間を持てる健康で豊かな生活ができるよう，今こそ，社会全体で仕事と生活の双方の調和の実現を希求していかなければならない」と述べられています。

　仕事と生活の調和がとれたライフスタイルは，男女ともに多くの人々が期待するものでしょうが，今日に至るまでの日本社会における家族の変化，地域社会の変化を改めて直視するならば，かつての社会にみられたようなつながりをそこに再現するというよりも，新たな社会関係を構築していく取り組みとそのための工夫が必要となるでしょう。

社会保障制度

1. 社会保障の役割・意義と歴史

月

日

❶ 社会保障とは

▶▶ 社会保障のしくみが必要な理由

今日の私たちの暮らしには，年金保険，医療保険，介護保険といったさまざまな<u>社会保障</u>が用意されており，国民はなんらかの形でその恩恵をこうむっています。ではなぜ，こうした社会保障のしくみが必要なのでしょうか。

現代社会では，私たちは自分の能力をいかしながら，自分の生活は自分の責任で維持していくことが基本です。しかし，人生の過程において，病気やけが，事故，失業など予想しがたい事態のほか，個人の責任や自助努力では対応しがたい事態に見舞われることがしばしばあります。

病気などで働くことができなくなれば，収入が途絶え，日々の生活が困難となりますし，病気の治療のための費用もかかります。結婚して子どもが誕生すれば，子どもを健やかに育てていくための子育てに時間と費用がかかります。親が年をとれば介護の問題が生じてきたり，やがては自分自身や自分の配偶者の介護問題も生じてきたりします。

こうした不測の事態（<u>生活上のリスク</u>）に備えて，国家は医療保険や介護保険，年金保険，生活保護，児童福祉・障害者福祉といった各種の社会保障制度を整備しています。つまり，私たちの生活において，万一生活の安定をそこないかねない事態が生じても，社会保障制度により安心して生活できるようにしているのです。

▶▶ 社会保障の定義

社会保障を定義すれば，「社会保障とは，広く国民を対象にして，個人の責任や自助努力では対応しがたい事態（リスク）に対し，公的なしくみを通じて，健やかで安心できる生活を保障すること」です。

もう少し具体的にいえば，社会保障とは，病気や事故，出産・子育て，障害，失業，老齢などで生活が不安定になったり，社会の支援が必要となったりした場合に，医療保険や年金保険，社会福祉制度などの公的なしくみを活用して，不安定な状況を脱出して健やかで安心できる生活を保障することです。そのためにつくられたさまざまな公的なしくみを社会保障制度といいます。

❷ セーフティネットとトランポリン

▶▶ セーフティネットとしての社会保障

最近，社会保障のことをセーフティネット（safety net）という言葉で説明することが多くなりました。セーフティネットとは，もともとはサーカスの空中ブランコなどの際にうっかり落下してもけがをしないように，床の上に張られた網（安全網）のことですが，そこから転じて，事態が悪化しないように防止するしくみ，または装置のことをいいます。

病気やけが，介護，失業のほか，働いて収入を得る能力を失った高齢期，不測の事故による障害など，社会的な支援が必要な場面に遭遇したときに，ただちに生活困難な状態とならないように，各種の社会保障制度がセーフティネットとしての役割をもっています。

サーカスの空中ブランコから落下した場合に備えるセーフティネットは1種類ですが，社会保障の場合には，疾病，失業，高齢期など，さまざまな異なる事態に備えて重層的にセーフティネットが張りめぐらされています。

また，たとえ病気などの事態になることがないとしても，セーフティネットがあることにより，安心して生活を送ることができるという効果もあります。個人の自助努力によって個人的なセーフティネットをつくる人もいますから，社会全体で構築する社会保障は，社会的セーフティネットという性格をもっています。

▶▶ トランポリンとしての社会保障

さらに，社会保障は，不測の事態におちいった人を救うというセーフティネットの役割から，トランポリンのように，これを利用してより高い段階に人を成長させるという効果もあります。

世界的な大ベストセラー『ハリー・ポッター』シリーズの著者ローリング（Rowling, J.K.）のデビュー前の生活は，生活保護により支えられていたという話は有名です。低所得者の生活保障制度である生活保護があったことから，この著者は自分の生活を維持することができ，生活保護を受けながら本を書き，世界的なベストセラー作家となったのでした。

このように社会保障は，私たちの生活状態の改善や自己実現のうえで積極的な役割をもっているのです。

❸ 戦後の社会保障の歴史

第二次世界大戦後におけるわが国の社会保障制度は，1946（昭和21）年11月3日に公布された日本国憲法がその発展の基礎となりました。すなわち，日本国憲法第25条において，国民が健康で文化的な最低限度の生活を営む権利（生存権）の保障と，社会福祉，社会保障等の向上・増進に対する国の責務が定められました。

また，1950（昭和25）年には，政府の審議会である社会保障制度審議会が，社会保障制度の構築に向けての計画を勧告し，戦後の社会保障制度の整備の指針となりました。

第二次世界大戦後から現在に至る社会保障制度の動向は，表3-1のとおりです。

表 3-1 ● 社会保障制度の動向（1945（昭和 20）年以降）

時代区分	時代背景	社会保障制度の動向
1945〜1954 年（昭和 20 年代）	・戦後の大混乱 ・生活困窮者と衛生問題 ・引揚者対策	戦後の緊急援護と基盤整備 ・栄養改善，伝染病予防，戦傷病者への対応，救貧対策 ・福祉三法体制と行政組織の整備
1955〜1974 年（昭和 30・40 年代）	・高度経済成長と生活水準の向上 ・アジアで初めてのオリンピック（東京オリンピック）の開催 ・世界第 3 位の経済大国 ・大阪で万博開催	国民皆保険・皆年金と社会保障制度の発展 ・国民皆保険・皆年金の達成（1961 年） ・福祉六法体制，社会保障制度の拡充 ・福祉元年（1973 年）
1975〜1989 年（昭和 50・60 年代）	・高度経済成長の終焉（石油危機の影響） ・安定成長と 1980 年代後半のバブル景気 ・人口の高齢化の進行 ・消費税の創設（1989 年）	社会保障制度の見直し期 ・老人保健制度（1982 年），医療保険制度改革（1984 年），基礎年金制度の創設（1985 年），社会福祉士及び介護福祉士法（1987 年）
1990〜2000 年（平成 2〜12 年）	・少子高齢化の進行 ・金融危機などの経済不況 ・デフレ基調と失業率の増加 ・消費税の引上げ（1997 年）	少子高齢社会に対応した社会保障制度の再構築 ・福祉 3 プラン（ゴールドプラン，エンゼルプラン，障害者プラン） ・福祉関係八法の改正（1990 年），介護保険法の制定（1997 年）と施行（2000 年），社会福祉基礎構造改革（2000 年）
2001 年〜現在（平成 13 年以降）	・財政赤字の拡大と構造改革 ・人口減少社会への変化 ・実感なき景気拡大 ・非正規労働者の増大 ・政権交代 ・消費税の引上げ（2014 年）	経済財政問題と社会保障改革 ・年金制度改正（2004 年），医療制度改正（2006 年），後期高齢者医療制度の施行（2008 年） ・社会保障と税の一体改革（2012 年） ・生活保護法改正（2013 年），生活困窮者自立支援法（2013 年），持続可能な社会保障制度の確立を図るための改革の推進に関する法律（社会保障制度改革プログラム法）（2013 年） ・介護保険法改正（2005 年，2008 年，2011 年，2014 年）

▶▶ 戦後の緊急援護と基盤整備

戦後の 10 年間は，生活困窮者対策や公衆衛生問題が最も大きな課題でした。生活保護法や児童福祉法，身体障害者福祉法の「福祉三法」が制定されたほか，社会福祉事業や社会福祉法人制度，福祉事務所などを定めた社会福祉事業法（現在の社会福祉法）が制定されました。

▶▶ 国民皆保険・皆年金と社会保障制度の発展

1950 年代，わが国が高度経済成長時代を迎えると，社会保障制度の整備も進みました。1961（昭和 36）年 4 月には，すべての国民が公的な医療保険制度および年金保険制度に加入するという「国民皆保険・皆年金」の体制がつくられました。その後現在に至るまで，「国民皆保険・皆年金」は，わが国の社会保障制度の特徴の一つとなりました。

社会福祉関係では，前述の福祉三法に加えて，精神薄弱者福祉法（現在の知的障害者福祉法），老人福祉法，母子福祉法（現在の母子及び父子並びに寡婦福祉法）の三法が加えられ，「福祉六法」と呼ばれました。1973（昭和 48）年は，老人医療費の無料化や年金水準の大幅引き上げ等の政策が実施され，「福祉元年」と呼ばれました。

▶▶ 社会保障制度の見直し期

1970 年代半ばの石油危機の到来により，わが国の高度経済成長は終わりを迎えました。社会保障制度についても，財政負担を抑制する観点等から制度の見直しが行われました。老人医療費の一部負担の導入（老人保健制度の創設）や，健康保険の被保険者本人の自己負担の導入，基礎年金制度の創設等の制度改正が行われました。

▶▶ 少子高齢社会に対応した社会保障制度の再構築

一方，平均寿命の伸長や出生率の低下等を反映して，高齢化や少子化が急速に進行していきました。わが国は，1970（昭和 45）年に高齢化率（人口に占める 65 歳以上人口の割合）が 7 ％を超え，「高齢化社会」となり，1994（平成 6）年には 14 ％を超え，「高齢社会」に突入しました。

こうした状況において，福祉分野では住民に身近な市町村が中心となって福祉行政を進める体制の整備を図るために福祉関係八法の見直し（1990（平成 2）年）が行われるとともに，地域福祉の充実等に向けて社会福祉基礎構造改革（2000（平成 12）年）が実施されました。

また，高齢者介護問題が大きな課題となり，1990（平成 2）年度から，高齢者保健福祉推進十か年戦略（ゴールドプラン）が実施されました。さらに，1990 年代半ばには介護保険制度創設の検討が始まり，介護保険法の制定（1997（平成 9）年）を経て，2000（平成 12）年 4 月から介護保険制度が実施されました。

▶▶ 経済財政問題と社会保障改革

　2001（平成13）年以降は，国の予算の財源のかなりの部分を国債に依存するという財政赤字問題を解決するために，国の歳出で最大の割合を占める社会保障費の増大を抑制する観点から，社会保障制度の改革が試みられました。年金水準と保険料負担のバランスを図る年金制度改正（2004（平成16）年）や，老人保健制度を見直す後期高齢者医療制度の創設（2006（平成18）年）等が行われました。

　2005（平成17）年には，合計特殊出生率（☞第1巻 p.52）が，過去最低の1.26となり，2007（平成19）年は，高齢化率が21％を超えました。少子高齢化問題に加え，2010（平成22）年頃より，総人口が減少する人口減少社会へ突入しました。

　こうしたなかで，社会保障財源の確保とともに社会保障の機能強化を図る観点から，「社会保障と税の一体改革」（2012（平成24）年）が行われ，消費税の引き上げとともに，年金制度や介護保険制度の改正，新たな子育て支援政策の創設等が行われました。

月

日

2. 社会保障の目的と機能

❶ 社会保障の目的

▶▶ 生活の安定・生活の保障

　社会保障は，個人の責任や自助努力では対応しがたい不測の事態に対して，制度のしくみを通じて，生活を保障し，安定した生活へと導く(みちび)ことを目的としています。

　例えば，医療保険制度が存在することにより，私たちが病気になったときに，医療費の自己負担の心配をすることなく医療機関で受診して治療を受け，健康を回復することができます。年金制度があることにより，年をとって仕事ができなくなったときでも，年金を受給することにより生活を維持(いじ)することができます。

　このように社会保障制度を通じて，私たちの生活の安定や生活の保障が図られるのです。日本国憲法第25条(☞第1巻 p.9)の規定にもとづく生存権の保障という観点は，**生活の安定・生活の保障**という社会保障の目的の基盤(きばん)となる考え方です。

▶▶ 個人の尊厳の保持と自立支援

　社会保障は，各人が自分の能力をいかしながら人生を送っていくうえで，ライフステージを支えるための基盤となります。社会保障制度は，疾病(しっぺい)や失業などの事態にあっても，健康で文化的な最低限度の生活を送ることができ，各人の希望を実現できるように生活を支援するものです。すなわち，**個人の尊厳(そんげん)の保持**にかなった生活を可能にしています。

　また，現代社会は，個々人が自らの生活を自らの責任で営む(いとな)という自立した生活を送ることが基本です。しかし，疾病や失業，現役から引退する高齢期など，自分の努力だけでは問題を解決できず，自立した生活を維持できなくなる場合が生じてきます。こうした場合に，金銭やサービスを提供することにより，自らの意思にもとづき，自分の責任と判断により行動できるようにすること，すなわち**自立支援**を，社会保障は目的としています。なお，ここでいう自立とは，経済的な面だけではなく，身体的自立や精神的自立，社会的自立も含む幅広い(はばひろ)概念(がいねん)です。

❷ 社会保障の機能

社会保障の機能としては，前述した「社会的セーフティネット」としての役割以外に，次のような事項があげられます。

▶▶ 所得の再分配

社会保障は，租税制度（そぜいせいど）と同様に，所得を個人や世帯の間で移転させることにより，所得の再分配を行い，所得格差を縮小したり，低所得者の生活の安定を図ったりする機能があります。

例えば，生活保護制度は，税を財源にして「所得の高い人」から「所得の少ない人」への所得再分配でもあるということができます。また，医療保険制度は，主として保険料を財源とした「健康な人」から「病気の人」への所得の再分配でもあります。

▶▶ リスクの分散

社会保障は，疾病（しっぺい）や事故，失業などの生活を不安定にさせる危険（リスク）に対して，その影響を極力小さくするという効果があります。リスクの分散により，国民の安心と生活の安定を保障しています。

▶▶ 家族機能の代替または支援

核家族化の進展や家族規模の縮小，労働形態や生活環境の変化等により，育児や障害のある人の介護，高齢の親の扶養など，かつては家族が家庭内で対応してきたことが，現代の家族では担（にな）うことが困難な状況となっています。

社会保障は，育児や介護，老親扶養などの家族機能を代替または支援する機能があります。社会保障を整備することにより，従来に比べて基盤（きばん）が脆弱化（ぜいじゃくか）しているといわれる家庭や家族の絆（きずな）を支えていくことができます。

▶▶ 社会の安定および経済の安定・成長

社会保障は，生活に安心感を与えることや所得再分配機能があることから，社会を安定化させる機能をもっています。

また，医療機関や社会福祉施設，介護事業所がたくさん存在し，これらの医療・福祉分野で約789万人（総務省「平成27年8月労働力調査（速報）」）もの勤労者が働いているというように雇用（こよう）をつくり出しています。

さらに，年金が高齢者の消費活動の源泉となって地域経済を支える基盤となっていることなど，経済の安定・成長に貢献（こうけん）しています。

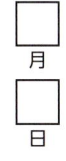

3. 社会保障の範囲と対象

❶ 社会保障の範囲

▶▶ 社会保障の伝統的なとらえ方

社会保障の範囲は，日本では伝統的に，1950（昭和 25）年の社会保障制度審議会勧告をふまえて，公的扶助（生活保護），社会保険，社会福祉，公衆衛生に区分してきました（図 3-9）。

▶▶ 最近の社会保障のとらえ方

社会保障の範囲を各制度の目的や機能に着目して，最近では次のように区分することもあります。本書では，この区分を使用することにします。

(1) 所得保障

生活保護や年金保険のように，現金を支給することにより，低所得者や高齢者などの所得を保障するもの。

(2) 医療保障

医療保険や医療制度のように，疾病や傷害の治療のための医療費の保障や医療サービスの利用を保障するもの。

(3) 社会福祉

保育に欠ける児童や，障害児および障害者，要介護の高齢者など，ハンディキャップ（不利な状態）を負った人々に対して，福祉サービスの提供や手当の支給により生活を支援するもの。対象者により，児童福祉，母子父子寡婦福祉，障害者福祉，高齢者福祉などに区分。

図 3-9 ● 社会保障の範囲

○伝統的なとらえ方
社会保障 ━━━ 公的扶助（生活保護）
　　　　　━━━ 社会保険（医療保険，年金保険，雇用保険，労災保険，介護保険）
　　　　　━━━ 社会福祉（児童福祉，障害者福祉，高齢者福祉など）
　　　　　━━━ 公衆衛生（公衆衛生，環境衛生など）

○最近のとらえ方
社会保障 ━━━ 所得保障（生活保護，年金保険，雇用保険など）
　　　　　━━━ 医療保障（医療保険，医療制度など）
　　　　　━━━ 社会福祉（児童福祉，母子父子寡婦福祉，障害者福祉，高齢者福祉など）

❷ 社会保障の対象 ∶∶∶

　社会保障の対象としては，人に着目した観点と，事象に着目した観点の２点があります。

▶▶ 人に着目した社会保障の対象

　人に着目した観点とは，社会的に支援が必要な人のために社会保障制度が形づくられてきたということです。

　社会的に支援が必要な人としては，表3-2にあげるような人たちがいます。こうした支援が必要な人たちに着目して，特定の人たちを支援する法制度がつくられています。

　なお，社会保障が対象とする人は決して特別な存在ではなく，すべての人が対象となる可能性があります。現在は健康で収入があり，社会保障とは無縁だと考えている人も，実は子どもの頃には母子保健・医療や児童手当などによって生活が支援されていましたし，将来において会社が倒産したり，老親に介護が必要になったりしたときには，雇用保険や介護保険の利用が必要になる可能性もあるのです。

表 3-2 ● 社会的に支援が必要な人の例

・失業などにより収入がなくなり，日々の糧を得ることが困難な低所得者
・病気やけがにより，医療が必要な人
・共働きにより，育児を外部に頼みたい人
・障害のある人
・介護が必要な人
・現役から引退した高齢者　　など

▶▶ 事象に着目した社会保障の対象

　社会保障が対象とする事象としては，まず，社会保険が適用される条件があげられます。例えば，雇用保険の適用は失業や退職という仕事からの離職が条件です。労働者災害補償保険（以下，労災保険）の場合には，仕事上の事故で障害を有していることが条件です。医療保険の場合には，日常生活上で病気にかかったり，けがをしたときなどです。年金保険では，退職後の高齢期が対象となります。

　社会福祉分野では，生活保護の場合には収入がない状態，保育所利用の場合には共働きなどにより昼間子どもの世話をすることができない状態，児童扶養手当の場合はひとり親で子育てをするために十分な収入を得ることができない状態など，社会的に支援が必要な状態のときに社会保障制度が適用されます。

❸ ライフサイクルからみた社会保障

　私たちが生まれてから亡くなるまでの過程（ライフサイクル）において，社会保障がどのように関係しているのか，みてみましょう（図3-10）。

▶▶ 保健・医療

　保健・医療分野では，誕生前に母子保健制度による妊婦健診があり，生まれてからは定期健診や予防接種，学校保健などがあります。医療費保障としては，医療保険制度により，3割（小学校就学前は2割）の一部負担のほかは保険給付での対応となります。75歳以上では1割の一部負担に軽減されます（現役並み所得の人は3割負担）。なお，70歳以上75歳未満の者は特別措置により，2014（平成26）年3月までは1割負担となっていましたが，4月からは新たに70歳になる人から順に，2割負担となっています。

▶▶ 社会福祉・介護等

　社会福祉分野では，児童福祉として，生まれてから中学校3年生までは児童手当が支給され，共働き世帯の場合には保育所を利用できます。就学後には，放課後児童クラブや児童館を利用できます。障害者福祉としては，生まれたときから障害があったり，事故などによる障害がある場合には，在宅サービスや施設サービス，必要な医療の提供，社会参加促進事業などのサービスがあります。高齢者福祉（老人福祉）分野では，2000（平成12）年4月から介護保険制度が施行されています。

▶▶ 所得保障

　老後の所得保障では，年金保険制度の役割が年々大きくなっています。高齢者世帯の収入の約7割は公的年金が占めており，年金が高齢者の生活を支えています（「平成26年国民生活基礎調査」より）。老齢年金以外に，遺族年金は本人死亡後の配偶者や家族の生活保障機能を果たしています。障害年金は，障害者の所得保障の役割を果たしています。

　また，一生の間に，失業，病気，障害，高齢などさまざまな理由から，生活困難な状態におちいったときには，生活保護制度が「最後のよりどころ」として生活を支える役割を果たしています。

▶▶ 労災・雇用

　現役世代においては，失業時の雇用保険制度や，業務上の疾病・事故や，通勤時の事故に対する労災保険が生活安定機能を果たしています。また，ハローワークにおける職業紹介・相談や，公共職業訓練，能力開発支援などの取り組みが行われています。

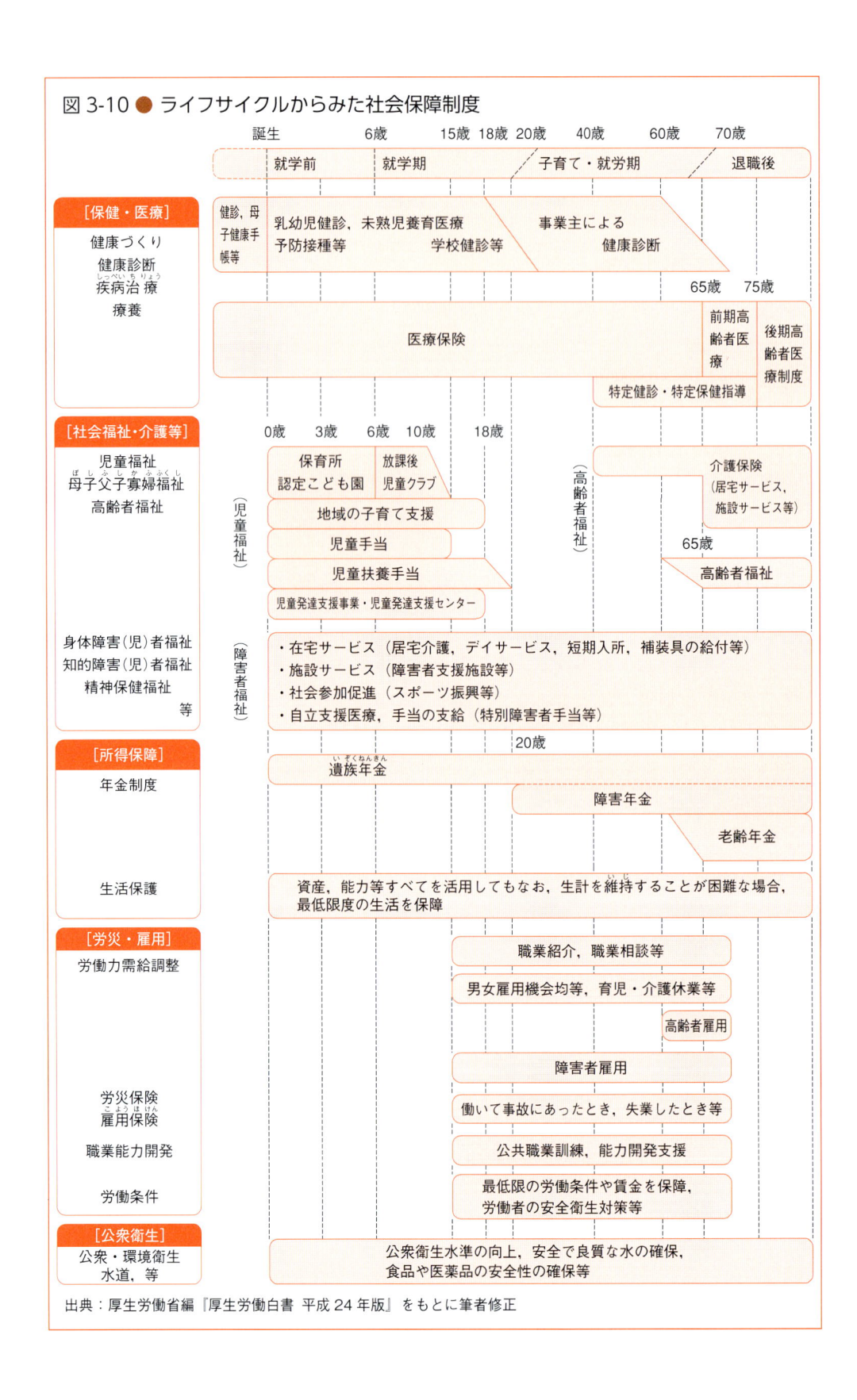

図 3-10 ● ライフサイクルからみた社会保障制度

出典：厚生労働省編『厚生労働白書 平成 24 年版』をもとに筆者修正

4. わが国の社会保障制度のしくみ

❶ 社会保障を支えるもの

▶▶ 相互扶助と社会連帯

社会保障は，不測の事態によって生活に困ったときにはお互いに助け合うという**相互扶助**の精神と，社会の一員であるからには皆で協力し合うという**社会連帯**の精神によって支えられています。

また，社会保障の給付対象は，社会を構成するすべての人々に拡大しており，給付の財源となる社会保険料や税金の負担も，すべての人々によって支えられています。

表 3-3 ● 相互扶助と社会連帯を基盤にした社会保障のしくみ

① 同一世代内の助け合い
　医療保険制度のような，健康な人が病気の人を支えたりするしくみ
② 世代間の助け合い
　年金保険制度のような，現役世代の保険料が高齢世代の財源になるしくみ
③ 社会を構成する人々による助け合い
　社会福祉制度のような，家族や地域社会における相互扶助を社会化したしくみ

▶▶ 雇用の確保

現代社会では，生活の維持・管理は，基本的には個々人の責務と努力にゆだねられています。個人や家族の生活の安定のためには，他人からの支援をあてにするのではなく，自ら労働することにより収入を得ることが基本です。社会保障は，病気や事故，失業，老齢などにより，働くことができなくなり，収入を得ることができなくなったときに，その役割が意味をもってきます。

個々人の労働の積み重ねが，企業や社会経済の発展につながります。また，個々人が労働収入のなかから税金や社会保険料を負担することにより，社会保険などの制度が維持できるのです。

このように考えると，社会保障制度の持続的な運営のためには，働く能力と意欲がある人には必ず働く場が確保されるなど，**雇用の確保**が重要であることがわかります。

▶▶ 社会保障の財源

社会保障の給付を支えるには，そのための財源が必要不可欠です。

年金保険や医療保険，介護保険などによる給付，福祉サービス提供の費用など，これらの財源は税金と社会保険料から成り立っています。

税金の場合には，国税（法人税，所得税，消費税など）や地方税（住民税，固定資産税など）を財源として，国や地方自治体の予算配分のなかで社会保障制度の運用費用として充てられます。

社会保険制度の場合には，被保険者や事業主による保険料負担が財源となります。社会保険制度では，被保険者全員がふだんから保険料を負担することによって給付が行われるものであり，保険料負担は制度を支えるものとして大変重要なものです。

負担能力がありながら保険料を納付しない場合は，社会的な責任を果たしていないばかりか，保険給付を受けられませんから，個人的にも損をすることになります。

▶▶ 社会保障に対する信頼性

社会保障は国民の相互扶助や社会連帯の精神によって支えられていますから，社会保障に対する信頼性がなければ，制度の維持・運営は困難になります。

例えば，2007（平成19）年に表面化した社会保険庁における年金記録の誤り，記録漏れなどの年金記録管理問題は，年金保険制度に対する国民の信頼を大きくそこなうものでした。また，同じ年の6月に社会問題となった大手訪問介護事業者による不正・不適切な事業運営は，介護サービスを提供する事業者に対する不信感を高めました。

このような問題が起きると，それぞれの制度に対する信頼性が低下し，社会保障制度を支えていくための納税や保険料負担に対する意欲をそこない，ひいては制度の維持・運営に支障が生じるおそれがあります。

社会保障制度の運営主体は，国（厚生労働省）や地方自治体，あるいは健康保険組合などの公的団体が中心ですが，これらの機関の担当者は，制度が適正に運営されるように高度な責任感と使命感をもって業務にのぞむ必要があります。

また，国や地方自治体は，国民に対して理解と協力を求める広報活動を推進したり，国民本位の視点に立って制度を運営したりすることが重要です。

❷ 社会保障のしくみ方

社会保障のしくみ方を大きく分けると，社会保険と社会扶助の二つに分けられます。

▶▶ 社会保険

社会保険とは，公的機関が保険者となり，保険の技術を用い，保険料を財源として給付を行うしくみです。国や地方自治体，公的団体が保険者となり，被保険者は法律にもとづく強制加入であるという特徴（とくちょう）があります。

保険制度の基礎（きそ）となる保険の技術とは，ある共通の危険（事故）にさらされている多数の人たちが一つの集団を構成し，各自が被保険者としてあらかじめ保険料を拠出しておいて，事故が起きたときに，その保険料の集積から保険金給付を行い，損害を補填（ほてん）するというものです。言い換えれば，保険料を出し合っておいて，集団で危険（リスク）を分散するしくみです。

わが国の社会保険の分野では，年金保険，医療保険，雇用保険（こようほけん），労働者災害補償保険（労災保険），介護保険の五つの制度が存在します。

なお，社会保険に対して，生命保険会社や損害保険会社が提供する民間保険があります。社会保険と民間保険とは，保険の技術にもとづいている点では似ていることもありますが，異なる点もたくさんあります。

▶▶ 社会扶助

社会扶助とは，税金を財源にして，保険の技術を用いずに給付を行うものであり，国や地方自治体の施策として，国民に対して現金またはサービスの提供を行うしくみです。

社会扶助のなかで代表的な制度として，公的扶助があります。公的扶助とは，現に生活に困窮（こんきゅう）している状態の人に対して，**資力調査（ミーンズ・テスト）** [10]（➡ p.243 参照）を要件として，国または地方自治体が税金を財源に，その人の最低生活を保障する制度のことです。わが国では生活保護制度が公的扶助に該当します。

また，社会扶助のなかには，社会手当という分野があります。社会手当とは，ある一定の要件に該当する人に現金を給付することにより，生活支援などの政策目的を果たそうとするものです。わが国では，児童手当や児童扶養手当などが代表的な例になります。

▶▶ 社会保障制度による給付の方法

社会保障制度による給付の方法には，現物給付と現金給付があります。

現物給付とは，医療保険における療養の給付のように，利用者に対してサービス（この場合は医療サービス）そのものを提供する方法です。児童福祉法にもとづく保育所入所も，保育サービスの提供という現物給付になります。

一方，現金給付とは，金銭を支給する方法です。例えば，生活保護における生活扶助は，毎月必要な生活費が金銭で支給されます。

現物給付と現金給付のそれぞれに長所と短所がありますので，制度の趣旨や目的に則して，どちらの方法がより有効に支援できるのかという観点から，給付の方法を決めることになります。

▶▶ 社会保障制度による利用者負担の方法

社会保障制度による利用者負担の方法には，応能負担と応益負担があります。

応能負担とは，利用者の所得（経済的能力）などの負担能力に見合った負担方法であり，応益負担とは，所得に関係なく，実際に利用したサービス量に応じた負担方法です。

例えば，保育所の利用料は，親の所得段階別の設定となっていますので，応能負担となります。一方，医療保険の一部負担は，患者の所得にかかわらず定率負担となっていますので，応益負担となります（ただし，低所得者には減免などの措置があります）。

❸ 現在の社会保障制度の体系

　現在のわが国の社会保障の法制度を，社会保障のしくみ方と，社会保障の目的や機能により整理すると，表3-4のようになります。

▶▶ 社会保険

　社会保険とは，公的機関が保険者となり，保険の技術を用いて，保険料を財源として給付を行うしくみです。年金保険や医療保険が代表例です。

▶▶ 社会扶助

　社会扶助とは，租税を財源にして，保険の技術を用いずに給付を行うもので，国や地方自治体の施策として，国民に対して現金またはサービスを提供するしくみです。公的扶助（生活保護）や社会手当，児童福祉制度や障害者福祉制度が代表例です。

▶▶ 所得保障

　所得保障とは，病気や失業，老齢などの原因により，所得の喪失や中断，減少など，生活の安定をそこなう事態が生じたときに，制度を通じて現金を給付することにより，減少した所得を補填し，生活の安定に結びつける制度のことです。代表例としては，年金保険と生活保護制度があります。

▶▶ 医療保障

　医療保障とは，疾病や障害の治療，健康の維持・回復のために，医療機関などによる保健・医療サービスを受けることが保障される制度のことです。年金などの現金給付とは異なり，医療サービスの利用が保障される必要がありますので，医療機関および医師・看護師などの医療提供体制の整備を前提にしたうえで，医療保険などにより医療サービスに要する費用の相当部分が保障されます。

▶▶ 社会福祉

　社会福祉とは，個人の自己責任による解決にゆだねることが困難な生活上の諸問題に対して，社会的にさまざまなサービスを提供することにより，生活の安定や自己実現を支援する制度のことです。社会福祉分野では，福祉六法（または社会福祉六法）（☞第1巻 p.165）と呼ばれる六つの法律にもとづく施策を中心に，都道府県および市に設置される福祉事務所が中核となって，これらに関する業務が推進されてきました。最近では，介護保険法や「障害者の日常生活及び社会生活を総合的に支援するための法律」（障害者総合支援法）にもとづく施策，あるいは児童虐待防止などの新たな業務が増大しており，従来の福祉六法の分野よりも範囲が大きく拡大しています。

表 3-4 ● わが国の社会保障制度の体系

		所得保障	医療保障	社会福祉	法制度の例
社会保険	年金保険	老齢基礎年金 老齢厚生年金 遺族年金 障害年金など			国民年金法 厚生年金保険法
	医療保険	傷病手当金 出産育児一時金 葬祭費など	療養の給付 健診・保健指導		国民健康保険法 健康保険法 各種共済組合法 高齢者医療確保法
	介護保険			施設サービス 居宅サービス 福祉用具購入 住宅改修など	介護保険法
	雇用保険	失業等給付（求職者給付，雇用継続給付など）			雇用保険法
	労働者災害補償保険	休業（補償）給付 障害（補償）年金・一時金 遺族（補償）年金・一時金 介護（補償）給付など	療養（補償）給付		労働者災害補償保険法
社会扶助	公的扶助	生活扶助 教育扶助 住宅扶助など	医療扶助	介護扶助	生活保護法
	社会手当	児童手当 児童扶養手当 特別障害者手当など			児童手当法 児童扶養手当法 特別児童扶養手当法
	社会福祉 児童福祉			保育所サービス 児童健全育成 児童養護施設など	児童福祉法
	障害（児）者福祉		自立支援医療（育成医療・更生医療・精神通院医療）費の支給	介護給付事業，訓練等給付事業，補装具費の支給，地域生活支援事業など	障害者総合支援法 身体障害者福祉法 知的障害者福祉法 精神保健福祉法 児童福祉法
	老人（高齢者）福祉			老人福祉施設 生きがい・健康づくり対策など	老人福祉法
	母子父子寡婦福祉	母子父子寡婦福祉資金貸付		自立支援 生活指導など	母子及び父子並びに寡婦福祉法

注：給付内容は主なものを記載している。「高齢者医療確保法」は「高齢者の医療の確保に関する法律」のことである。ほかの法律でも名称を簡略化しているものがある。

月
日

5. 年金保険

① 年金保険の目的

▶▶ 年金保険とは

年金保険とは，社会の第一線で働いて収入を得ることができる，主に20歳代から50歳代頃までのうちに保険料として一定の金額を拠出しておくことで，定年などで社会の第一線から引退して収入を得られなくなる高齢期，障害を有した場合，家計を支える担い手の死亡といった「もしもの場合」に現金給付を受けることができるという，いわゆる所得を保障して経済的に生活を支えるしくみのことです。

▶▶ 公的年金と私的年金

わが国における年金保険制度は，1961（昭和36）年に国民年金法が施行されて以来，すべての国民が公的年金制度に加入して老齢，障害，死亡に備える国民皆年金体制へと整えられつつ，現在に至っています。

ここでいう公的年金は，私たちの生活の安定を図るための基本的な部分を支える役割を担っています。

それに対して私的年金とは，より豊かな生活を実現するために，一定の集団や個人の努力や判断によって実施されるものです。具体的には，従業員の福利厚生の一環として実施される企業年金や，民間の保険会社などが個人を対象として販売している個人年金があります。

表 3-5 ● 公的年金と私的年金の違い

・公的年金の特徴
①対象となる国民（被保険者）すべてが強制加入である
②社会経済の動向に応じて年金額に変化はあるものの，その実質的な価値は維持される
③生涯にわたって支給される終身年金である
④本人が拠出した保険料のほかに，ほかの現役世代の保険料や国庫負担が財源となっている
・私的年金の特徴
①基本的に任意の制度である
②社会経済の変化に応じた年金額の価値の維持は困難である
③一般的に，支給期間が一定期間に限られた有限年金が多い

▶▶ 賦課方式と積立方式

　公的年金制度は，一定期間に保険料の拠出が行われることによって現金の給付が行われる社会保険方式というしくみによって成り立っていますが，その方式には賦課方式と積立方式の2種類の方式があることを理解しておく必要があります。

　賦課方式とは，年金の給付に必要な費用を，その時々に加入している現役世代の保険料によってまかなうという考え方による方式です。一方，積立方式とは，将来の年金給付に必要な費用を見越してあらかじめ積み立てを行い，その支払いに備えておくという考え方による方式です。

　なお，制度の発足当初は積立方式でしたが，現在では賦課方式を基本としています。

▶▶ 公的年金制度の体系

　これまで，わが国の公的年金制度は，被用者年金制度と呼ばれるそれぞれに成立の背景が異なる厚生年金と共済年金が，基礎年金制度である国民年金をベースとして体系化されていました。

　しかし，①今後の少子高齢化のいっそうの進展に備えた制度の安定性の確保，②公的年金制度に対する国民の信頼をより高めるための公平性の担保，といった必要から，2012（平成24）年2月に閣議決定された「社会保障・税一体改革大綱について」をふまえて同年8月に制定された「被用者年金制度の一元化等を図るための厚生年金保険法等の一部を改正する法律」（被用者年金一元化法）により，2015（平成27）年10月から，共済年金は厚生年金に一元化されました（図3-11）。

　この一元化によって公務員や私立学校教職員も厚生年金の被保険者（加入者）になるとともに，保険料も統一されました。また，共済年金の職域加算相当部分（以前の「3階部分」）は廃止され，新たに「年金払い退職給付」が創設されました。

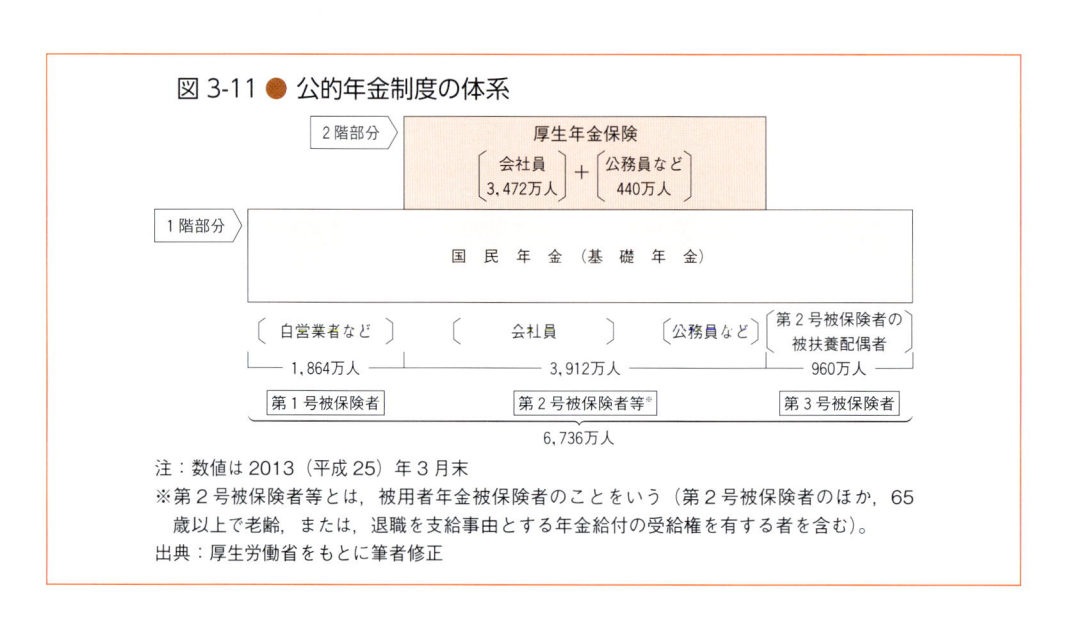

図 3-11 ● 公的年金制度の体系

注：数値は2013（平成25）年3月末
※第2号被保険者等とは，被用者年金被保険者のことをいう（第2号被保険者のほか，65歳以上で老齢，または，退職を支給事由とする年金給付の受給権を有する者を含む）。
出典：厚生労働省をもとに筆者修正

❷ 国民年金

▶▶ 国民年金とは

現在の国民年金制度は，20歳以上60歳未満の人すべてを適用の対象とした，全国民共通の基礎的な給付（基礎年金）を行う制度です。

被保険者は強制加入とされており，表3-6に示す3種類に分類されています。

このほかに，自分の意思で加入できる任意加入被保険者という分類もあります。例えば，日本国内に住所を有しない20歳以上65歳未満の日本国民は，第1号被保険者として任意加入することができます。

また，第1号被保険者のうち，一定所得以下の低所得者や学生に対しては，保険料の減免制度や軽減制度，納付の猶予制度などが設けられています。

表3-6 ● 国民年金の被保険者

・第1号被保険者
　日本国内に住所を有する20歳以上60歳未満の者であって，第2号被保険者や第3号被保険者でない者。主に自営業を営んでいる人やパート労働に従事している人や学生，無職の人などが該当する。
・第2号被保険者
　厚生年金の被保険者。いわゆるサラリーマンと呼ばれる人たちや公務員などが該当する。
・第3号被保険者
　第2号被保険者の被扶養配偶者であって，20歳以上60歳未満の者。いわゆる専業主婦と呼ばれる人たちが該当する。

▶▶ 給付の種類

(1)　老齢基礎年金

　老齢基礎年金とは，原則として，支給を受けることのできる資格期間（保険料納付済期間，保険料免除期間，合算対象期間）が 25 年以上ある人が，65 歳に達したときに支給される年金です。なお，支給開始年齢については，本人の希望によって 60 歳から 64 歳での繰上げ支給（この場合は支給額が減額されます），66 歳以降での繰り下げ支給（この場合は支給額が増額されます）を選択することも可能です。

(2)　障害基礎年金

　障害基礎年金とは，年金加入者が，病気やけがなどの結果，障害等級の 1 級または 2 級の障害の状態になった場合に支給される年金です。受給にあたっては，障害が発生したと確認できた日（初診日）の属する月の 2 か月前までの被保険者期間のうち，保険料免除期間を含む保険料納付済期間が 3 分の 2 以上あること，または特例として，2026（平成 38）年 4 月 1 日前に初診日のある傷病による障害については初診日のある月の 2 か月前までの 1 年間に保険料滞納期間がない場合に支給されるという条件があります。

　年金というと高齢者に支給されるものというイメージをもつ人が多いと思いますが，障害基礎年金は「65 歳」というような年齢条件はありませんので，若いときに障害を得た場合でも対象になる制度であることは，しっかりと理解しておきましょう。

(3)　遺族基礎年金

　遺族基礎年金も，「65 歳」という年齢条件はありませんので，若い世代にも関係のある年金であるといえます。

　①国民年金の被保険者，②被保険者であった者で，日本国内に住所がある 60 歳以上 65 歳未満の者，③老齢基礎年金の受給権者の，いずれかに該当する人が亡くなった場合に，その人の子どものある妻，もしくは子どもに支給される年金です。

　この年金にも，例えば①および②の場合は死亡した日の前日までで，死亡日の属する月の 2 か月前までの被保険者期間のうち，保険料免除期間を含む保険料納付済期間が 3 分の 2 以上あることなどの条件があります。

(4)　その他

　そのほかに，第 1 号被保険者のみを対象とした，付加年金（老齢基礎年金に上乗せされる任意加入の給付），寡婦年金（一定の条件を満たした被保険者であった夫の妻に給付），死亡一時金（遺族基礎年金は受け取れないが一定の条件は満たしている被保険者の遺族に給付）があります。

❸ 被用者年金

▶▶ 厚生年金

民間企業で働く人々の老齢・障害・死亡についての保険給付を行うことを通じて，労働者本人とその家族の生活を支えるしくみのことを厚生年金といいます。

その源流は戦前の1941（昭和16）年制定の労働者年金保険法と，さらにそれを改正した1944（昭和19）年の厚生年金保険法にまでさかのぼることができます。戦後の1954（昭和29）年に大改正されて以降，数度の改正を経て，先にも述べたように2015（平成27）年10月からは，共済年金と一元化されました。

厚生年金では，常時5人以上の従業員を使用する一定の業種の事業所，常時従業員を使用する法人の事業所および船舶所有者については強制適用事業所となり，ここで働く70歳未満の人は，必ず被保険者になります。また，これに公務員や私立学校教員も加入しています。なお，厚生年金の被保険者は，同時に国民年金の第2号被保険者となります。

給付の種類ですが，年金給付として，老齢厚生年金，障害厚生年金，遺族厚生年金などがあり，原則的には基礎年金の支給要件を満たした場合にそれに上乗せする形で支給されます。

また，あわせて加入者が自らの責任で年金資産の運用を行う確定拠出年金制度なども，公的年金制度に関連するしくみとして理解しておく必要があります。なお，厚生年金保険に特有の制度であった**厚生年金基金**[11]（➡ p.243参照）については，2013（平成25）年6月に成立した「公的年金制度の健全性及び信頼性の確保のための厚生年金保険法等の一部を改正する法律」により，大多数の厚生年金基金が解散する予定です。

厚生年金保険の保険料は，被保険者の標準報酬月額（ひょうじゅんほうしゅうげつがく）と標準賞与額（一般的にいう毎月の給料とボーナス）に保険料率を乗じた金額を被保険者と事業主が折半して納めています。なお，育児休業期間中の保険料については被保険者と事業主双方とも免（めん）除（じょ）されていることも，あわせて理解しておきましょう。

6. 医療保険

① 医療保険の目的

▶▶ 医療保険とは

　医療保険とは，疾病などで治療が必要になった場合の医療費を保障するためにあらかじめ保険料を拠出しておくことで，実際に医療費が必要になった場合に一定部分を保険から給付するしくみのことです。

　わが国では，1922（大正11）年の健康保険法の制定に始まり，1938（昭和13）年の国民健康保険法を経て，国民が何らかの医療保険制度に加入するという考え方のもと，1961（昭和36）年に**国民皆保険体制**が確立され，現在に至っています。

　わが国の現在の医療保険制度の概要を図にすると**図 3-12**のように整理できるのですが，この図を見てもわかるように，国民皆保険とはいいながら，実際には職業や職場，あるいは住所地のある市町村などによって保険者が細かく分かれており，まさにこの点が，わが国の医療保険制度の特徴の一つであるともいえるのです。

図 3-12 ● 日本の医療保険制度の概要

	後期高齢者医療制度（長寿医療制度） （75歳以上の者）				47運営主体 1,517万人
75歳 65歳	前 期 高 齢 者（65〜74歳）				
	国民健康保険		**健 康 保 険**		**船員保険**	**各種共済**
0歳	市町村国保	国保組合	組合健保	協会けんぽ		国家公務員 地方公務員 私学教職員
（対象者）	自営・農林水産業 パート・無職	事業団体	大企業の サラリーマン	中小企業の サラリーマン	船員	公務員等
（保険者）	市町村	国保組合	健保組合	全国健康保険協会		共済組合等
（保険者数）	1,717	164	1,431	1		85
（加入者数）	3,520	312	2,935	3,563	13	910

注　保険者数，加入者数は 2013（平成 25）年 3 月末現在。加入者数の単位は万人。ただし国民健康保険，各種共済の加入者数については 2012（平成 24）年 3 月末現在。

出典：介護福祉士養成講座編集委員会編『新・介護福祉士養成講座② 社会と制度の理解 第 5 版』中央法規出版，p.102，2015 年

❷ 被用者保険

▶▶ 健康保険とは

　被保険者がサラリーマン（被用者）の場合の医療保険を健康保険といいます。

　勤務先が大企業の場合は，企業単独または複数が集まって設立される組合管掌健康保険（組合健保）に，また中小企業の場合には，国が設立する全国健康保険協会が保険者となっている全国健康保険協会管掌健康保険（協会けんぽ）に加入します。被保険者は事業所に勤めている本人ですが，その被扶養者も健康保険に加入できます。

　なお，健康保険法においては，サービス業等を除く常時5人以上の従業員を雇用する事業所，常に従業員を使用する法人事業所は強制適用事業所，強制適用に含まれなくても別途手続きを行った事業所は，任意適用事業所と規定しています。これらの事業所に勤務する被用者は原則として健康保険の被保険者であり，その扶養家族に対しても被扶養者として保険給付が行われます。

▶▶ その他の被用者保険

　このほかの被用者保険制度としては，国家公務員共済組合，地方公務員共済組合，私立学校教職員共済制度，船員保険があります。これらは，それぞれ異なるしくみから成り立っていますので当然違う部分はありますが，一方で，例えばどの制度も基本的に毎月の給与から天引き（源泉徴収）されているなどの共通性が多い制度であり，健康保険も含めて職域保険とも呼ばれています。

表 3-7 ● 健康保険のおもな給付の種類

・療養の給付（現物給付）
　　被保険者の疾病や負傷にかかる診察，薬剤などの支給，処置，手術などの治療，看護サービスなど
・入院時食事療養費（現物給付）
　　入院時の食事療養費
・入院時生活療養費（現物給付）
　　療養病床に長期入院する65歳以上の患者にかかる生活療養費（食費と居住費）
・傷病手当金（現金給付）
　　被保険者が療養のため就労不能となり，給与が支給されないとき，欠勤1日につき標準報酬日額の3分の2が，休業日4日目から1年6か月の範囲で支給
・出産育児一時金（現金給付）
　　被保険者または被扶養者が出産した場合，1児につき42万円を支給
・出産手当金（現金給付）
　　出産で業務につけず，給与が支給されないとき，出産予定日以前42日＋予定日以後56日までの期間，標準報酬日額の3分の2を支給
・高額療養費（現金給付）
　　保険診療に伴う自己負担額が一定の限度額を超えたとき，その超えた額を支給

▶▶ 国民健康保険とは

被用者保険がサラリーマンを主たる被保険者としているのに対して，**国民健康保険**はそれ以外の人々が**被保険者**となります。具体的には，自営業者，農林水産業従事者，パート労働者，さらには無職や失業中の人々まで対象になります。

国民健康保険の**保険者**は各市町村であり，被保険者は住所地の市町村が運営する国民健康保険に加入します。国民健康保険が**地域保険**と呼ばれるゆえんです。

また，図3-12にある国民健康保険組合とは，弁護士，医師，歯科医師，薬剤師，土建業など，同業の事業または業務に従事する者300人以上で組織される公法人です。「同業の事業または業務」という点では健康保険と類似しているともいえますが，歴史的には国民健康保険制度に位置づけられてきたという経緯があります。

給付の種類については職域保険の場合と大きな違いはありませんが（**表3-8**），保険料の賦課方式や国の財政負担割合については相違点があります。

なお，実際に医療にかかった場合の患者の**自己負担**は，被用者保険も国民健康保険も同様であり，原則として0～6歳（小学校入学前）の乳幼児は2割，6～69歳は3割，70～74歳は2割の負担となっています。

表3-8 ● 健康保険の給付の種類

給付の種類	被用者保険	国民健康保険
療養の給付	○	○
入院時食事療養費	○	○
入院時生活療養費	○	○
保険外併用療養費	○	○
訪問看護療養費	○	○
療養費	○	○
特別療養費		○
高額療養費	○	○
移送費	○	○
埋葬料（葬祭費)	○	○
出産育児一時金	○	○
家族療養費等	○	
傷病手当金	○	
出産手当金	○	
高額介護合算療養費	○	○

7. 後期高齢者医療制度

月
日

❶ 老人保健制度から後期高齢者医療制度への流れ

　第二次世界大戦後の混乱期を経て，経済の高度成長期のただ中にあった 1961（昭和 36）年に国民皆保険・国民皆年金体制が確立され，わが国の社会保障体制は急速に整えられていきました。その後，福祉元年といわれた 1973（昭和 48）年には，老人医療費の無料化も実現しました。

　しかし，その後の高度成長期の終焉と社会経済状況の変化のなかで，老人医療費の高騰は財政を圧迫する大きな問題となり，1982（昭和 57）年制定の老人保健法ではついに老人医療費無料化が改められて，患者の一部負担が導入されました。

　わが国の少子高齢化の進行は，その後も老人医療費を増大させて，財政を圧迫し続けたため，20 世紀末には医療保険制度の抜本的な見直しをせざるを得ない状況となってしまったのです。

　そのような流れのなかで行われた議論の結果，2006（平成 18）年，老人保健制度に代わる新たな制度として，65 歳以上を一括して「高齢者」としていた従来の区分から，65 歳以上 75 歳未満の者を「前期高齢者」，75 歳以上の者を「後期高齢者」とする新たな区分の考え方にもとづいた後期高齢者医療制度が創設されました。この制度は 2008（平成 20）年 4 月より実施され，現在に至っています。

❷ 制度の概要

　後期高齢者医療制度の被保険者は，市町村に住所を有する 75 歳以上の後期高齢者です。保険料の徴収は市町村が行いますが，運営の主体は新たに設立された，都道府県ごとにすべての市町村が加入する後期高齢者医療広域連合[12]（➡ p.243 参照）という組織が担っています。それによって，市町村が保険者となっているために保険料水準も市町村ごとで異なっている国民健康保険とは違い，同一県内で所得が同じであれば，市町村を超えて保険料水準は同じになっているのです。

　財源の構成については，後期高齢者自身が払う保険料 1 割，国，都道府県，市町村といった公費が約 5 割，各医療保険制度を通じた現役世代からの支援が約 4 割となっています。なお，患者負担は 1 割ですが，現役並みの所得のある人は 3 割の負担となっています。

　これまでの老人保健制度とは違う後期高齢者医療制度の特徴とは，増大する老人医療費の負担をそれぞれの立場で明確にするとともに，後期高齢者自身も被保険者として保険料負担を担う立場としたことにあるといえます。

8. 雇用保険

❶ 雇用保険の目的

雇用保険は，雇用保険法にもとづいて実施，運営がなされています。労働者が失業したときに必要な給付を行うなど，労働者の生活と雇用の安定を図るために，失業の予防，雇用状態の是正および雇用機会の増加，労働者の能力の開発とその向上，その他労働者の福祉の増進を図ることを目的とした社会保険の一つです。

1947（昭和22）年に制定された失業保険法に代わり，1974（昭和49）年に雇用保険法が制定（施行は1975（昭和50）年4月から）されました。その後も社会状況に合わせて多くの改正を行いながら，今日に至っています。

❷ 保険者・被保険者

雇用保険の保険者は政府です。これを政府管掌といいます。実際の現業業務の窓口は公共職業安定所（ハローワーク）[13]（→ p.243参照）が担っています。

雇用保険の加入者，つまり被保険者は業種，規模にかかわらず全産業（一部任意適用もある）の労働者に適用され，事業主に被保険者の届出義務があります。被保険者は，①一般被保険者，②高年齢継続被保険者，③短期雇用特例被保険者，④日雇労働被保険者に分類されます。それぞれの定義については表3-9を参照してください。

なお，被保険者とならない者としては，65歳を過ぎてから雇用された者や所定労働時間が週20時間未満の者，短期雇用労働者や季節労働者，学生または生徒，政令で定める漁船に乗り込むために雇用された船員，そして国や地方自治体に雇用される人たちなどがあげられます。

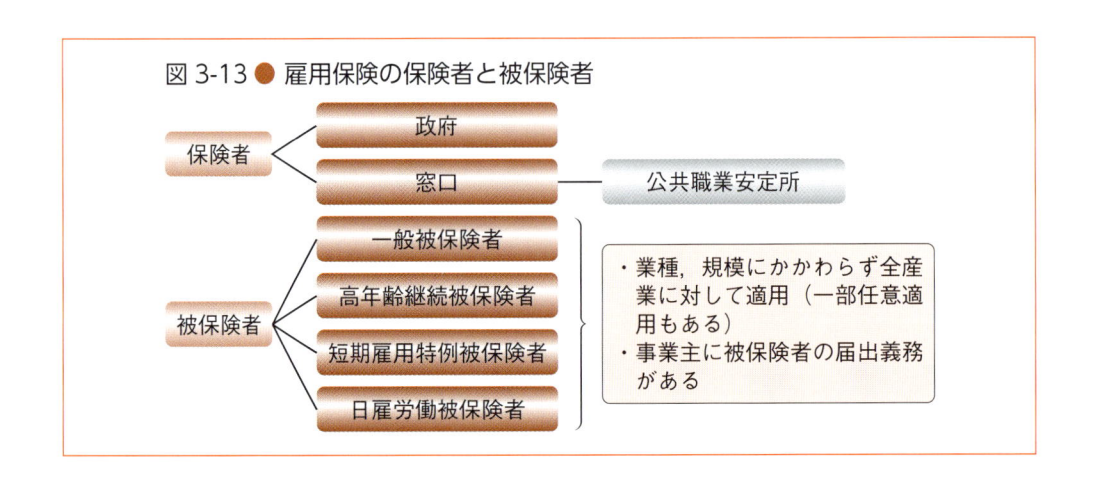

図3-13 ● 雇用保険の保険者と被保険者

表 3-9 ● 雇用保険の被保険者

被保険者	規定
❶一般被保険者	次の❷〜❹でない者
❷高年齢継続被保険者	被保険者であって，同一の事業主の適用事業に65歳に達した日の前日から引き続いて65歳に達した日以後の日において雇用されているもの（短期雇用特例被保険者および日雇労働被保険者を除く）（法第37条の2）
❸短期雇用特例被保険者	被保険者であって，季節的に雇用されるもののうち次のいずれにも該当しない者（日雇労働被保険者を除く）（法第38条） ①4か月以内の期間を定めて雇用される者 ②1週間の所定労働時間が20時間以上であって厚生労働大臣の定める時間数未満である者
❹日雇労働被保険者	被保険者である日雇労働者であって，次のいずれかに該当するもの（法第43条） ①特別区もしくは公共職業安定所の所在する市町村の区域（厚生労働大臣が指定する区域を除く）またはこれらに隣接する市町村の全部または一部の区域であって，厚生労働大臣が指定するもの（以下，適用区域）に居住し，適用事業に雇用される者 ②適用区域外の地域に居住し，適用区域内にある適用事業に雇用される者 ③適用区域外の地域に居住し，適用区域外の地域にある適用事業であって，日雇労働の労働市場の状況その他の事情にもとづいて厚生労働大臣が指定したものに雇用される者 ④①〜③に掲げる者のほか，厚生労働省令で定めるところにより公共職業安定所長の認可を受けた者 日雇労働者とは，次のいずれかに該当する労働者（前2月の各月において18日以上同一の事業主の適用事業に雇用された者および同一の事業主の適用事業に継続して31日以上雇用された者を除く）（法第42条） ①日々雇用される者 ②30日以内の期間を定めて雇用される者

❸ 保険の給付と事業

▶▶ 失業等給付

　失業等給付は求職者給付，就職促進給付，教育訓練給付，雇用継続給付からなります。求職者給付は各被保険者に対応する形で給付があります。そのなかでも一般被保険者に対する求職者給付は，基本手当，技能習得手当，寄宿手当，傷病手当から構成されています。雇用継続給付には60歳を過ぎてから給与が大きく減少したり，60歳を過ぎてから再就職をした後に給与が大きく減少した人に対する高年齢雇用継続給付，1歳未満の子の養育のために育児休業を取得した人に対する育児休業給付，家族の介護をするために介護休業を取得した人に対する介護休業給付があります。

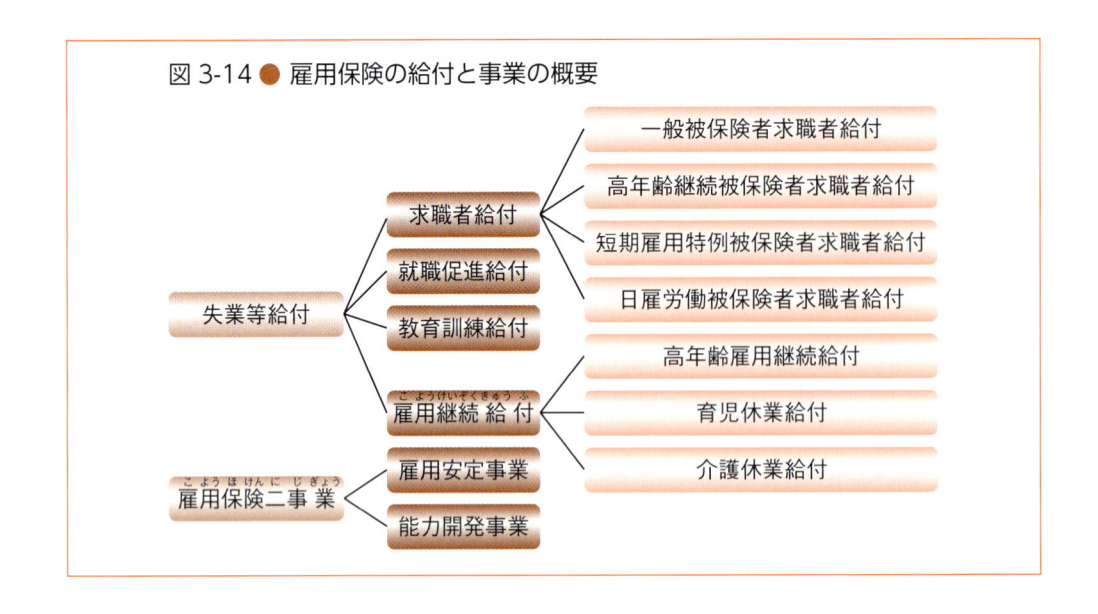

図 3-14 ● 雇用保険の給付と事業の概要

- 失業等給付
  - 求職者給付
    - 一般被保険者求職者給付
    - 高年齢継続被保険者求職者給付
    - 短期雇用特例被保険者求職者給付
    - 日雇労働被保険者求職者給付
  - 就職促進給付
  - 教育訓練給付
  - 雇用継続給付（こようけいぞくきゅうふ）
    - 高年齢雇用継続給付
    - 育児休業給付
    - 介護休業給付
- 雇用保険二事業（こようほけんにじぎょう）
  - 雇用安定事業
  - 能力開発事業

▶▶ 雇用保険二事業

雇用保険二事業は，雇用安定事業と能力開発事業から構成されています。雇用安定事業は雇用調整助成金，中小企業緊急雇用安定助成金（ちゅうしょうきぎょうきんきゅうこようあんていじょせいきん），労働移動支援助成金，中小企業の人材確保・育成，魅力ある職場づくりの活動を支援するための助成金，年齢別の雇用改善の奨励金（しょうれいきん），地域的な雇用改善の給付金等，その他の奨励金等から構成されています。能力開発事業は認定訓練助成事業費補助金，キャリア形成促進助成金，雇用保険受給資格者等に対する公共職業訓練の充実，被保険者等の再就職促進のための訓練の実施，技能評価の実施および奨励といった事業によって構成されています。いずれも，雇用の安定とともに労働者の福祉を向上することを目的とした事業です。

▶▶ 求職者支援制度

2011（平成 23）年 5 月に「職業訓練の実施等による特定求職者の就職の支援に関する法律」が公布され，同年 10 月 1 日より求職者支援制度が開始されました。この制度は，雇用保険の適用がなかった人や加入期間が足りずに雇用保険の給付を受けられなかった人，あるいは雇用保険の受給が終了した人などに対して，①無料の職業訓練（求職者支援訓練）の実施，②本人収入，世帯収入および資産要件など，一定の支給要件を満たす場合は，職業訓練の受講を容易にするための給付金の支給，③ハローワークにおいて強力な就職支援の実施による安定した就職の実現を目的とした制度です。

月

日

9. 労働者災害補償保険

❶ 労働者災害補償保険の目的

労働者災害補償保険（以下，労災保険）は，業務が原因であるか，もしくは通勤途中に起きた労働者の負傷，疾病，障害，死亡などに対してすばやくかつ公正な保護をするため，必要な保険給付や社会復帰を促進するための事業などを行います。これらは労働者の福祉の増進に寄与することを目的としています。

❷ 事務の所轄と適用

労災保険は政府が管掌しています。これにより**保険者**が政府となるのですが，実際の事務は，厚生労働省および厚生労働省労働基準局，都道府県労働局，労働基準監督署が行っています。

第一線の現業業務は**労働基準監督署**が担うことになっています。労働基準監督署では，この労災保険に関する業務以外にも，労働契約や賃金の支払い，最低賃金，労働時間等の労働条件，児童の使用の禁止，産業安全や労働衛生に関することも取り扱うことになっています。

労災保険では労働者個人単位の加入ではなく，事業所単位での加入である点がほかの社会保険と異なります。したがって，**被保険者**という概念はありません。ただし，保険給付等の対象者は適用事業に使用される労働者となります。

労働者を使用する事業は，適用除外，暫定任意適用事業に該当する場合を除き，すべて適用事業（強制適用事業）となります。

適用除外となるのは，事務部門の役所です。事務部門の公務員には，国家公務員災害補償法または地方公務員災害補償法が適用されるからです。なお，地方公務員のうち現業部門の非常勤職員は労災保険が適用されることになっています。

暫定任意適用事業に該当するのは，災害発生率が低いとされる農業，林業，水産業の小規模な事業です。この場合は，事業主または労働者の意思にまかされています。

労災保険は事業所単位で加入する保険であるため，その財源となる**保険料**は，すべて事業主負担であり，労働者の負担がないことも，ほかの社会保険と大きく異なる特徴といえます。

❸ 保険の給付と事業 ┈┈┈┈┈┈┈┈┈┈┈┈┈┈┈┈┈┈┈┈┈┈┈┈┈┈┈┈┈┈┈┈┈┈┈┈┈

　労災保険における給付を整理したものが，図3-15です。業務災害や通勤災害による傷病などを対象とする給付と，定期健康診断などによって異常の所見が出た際の給付の二つに分けることができます。

▶▶ 業務災害・通勤災害による傷病などへの給付

　業務災害（および**通勤災害**）による傷病などへの給付は，療養補償給付（療養給付），休業補償給付（休業給付），傷病補償年金（傷病年金），障害補償給付（障害給付），介護補償給付（介護給付），遺族補償給付（遺族給付），葬祭料（葬祭給付）から構成されています。

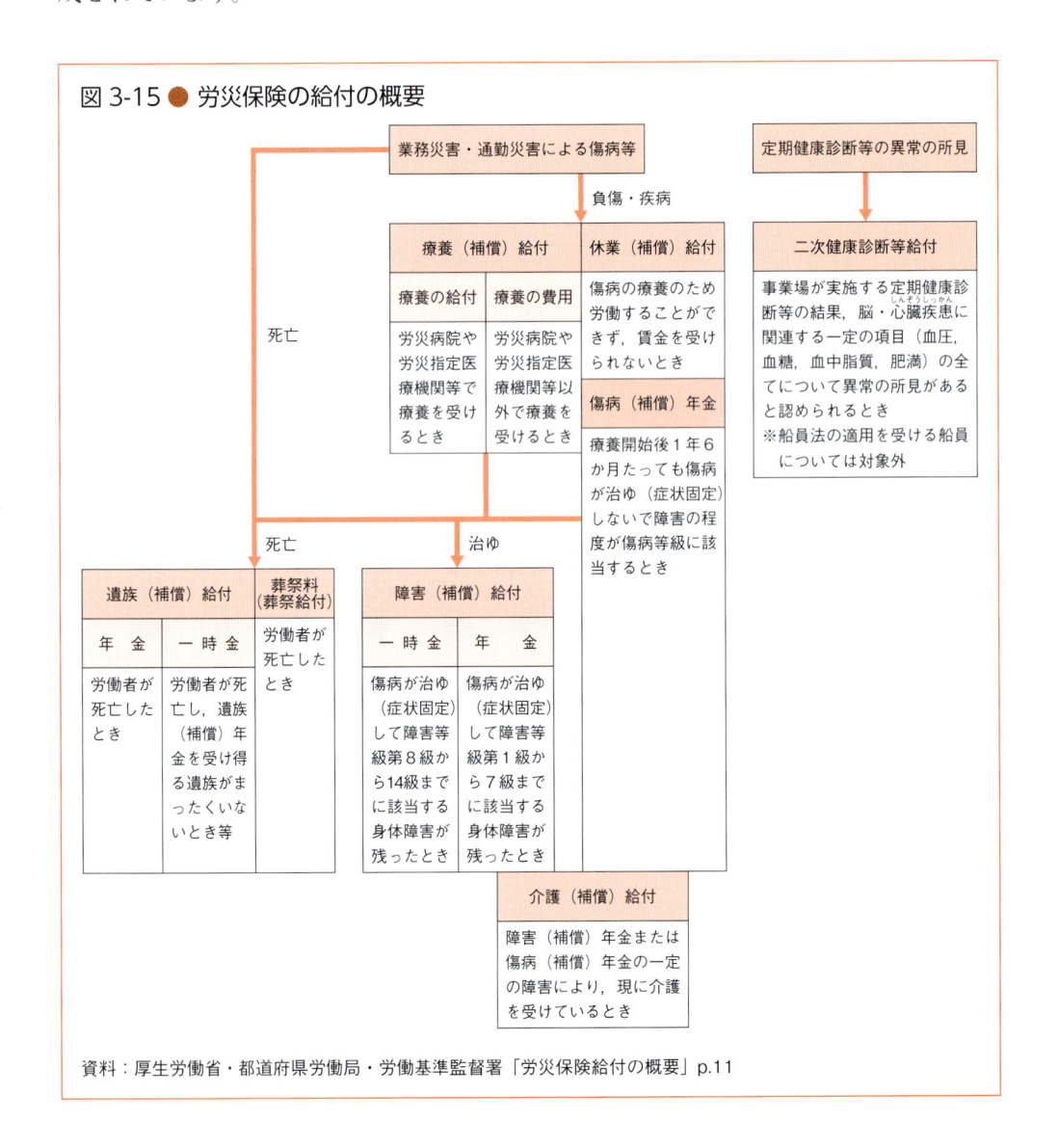

図 3-15 ● 労災保険の給付の概要

資料：厚生労働省・都道府県労働局・労働基準監督署「労災保険給付の概要」p.11

▶▶ 二次健康診断等給付

　定期健康診断などにおける異常の所見に対応する給付は，二次健康診断等給付といいます。この給付は，過労死などの原因とされる脳・心臓疾患（しんぞうしっかん）の予防を図るための保険給付で，労働者の健康確保を目指（めざ）しています。職場などの定期的な健康診断（一次健康診断）において血圧検査，血液検査その他業務上の原因による脳血管疾患および心臓疾患の発生にかかわる身体の状態に関する検査が行われた際に，いずれの項目にも異常の所見があると診断された場合，労働者本人の請求により受けることができます。給付の内容には二次健康診断と特定保健指導があります。

▶▶ 社会復帰促進等事業

　労災保険において保険給付とともに行われる社会復帰促進等事業は，社会復帰促進事業，被災労働者等援護事業，安全衛生確保等事業の三つから構成されています。それらを整理したのが表 3-10 です。

表 3-10 ● 社会復帰促進等事業の一覧

社会復帰促進事業	被災労働者の円滑（えんかつ）な社会復帰を促進するための事業 ・社会復帰の促進のための支援 　・義肢等補装具費用制度（ぎしとうほそうぐひようせいど）（補装具の購入・修理費） 　・アフターケア制度（治癒後（ちゆご）の後遺障害（こういしょうがい）に付随する病気への対応） ・各種施設の設置運営 　・労災病院（全国 30 か所），医療リハビリテーションセンター，総合せき損センターなど
被災労働者等援護事業	被災労働者とその遺族の援護を図るために必要な事業 ・被災者援護のための費用支給 　・被災労働者の子どもの学資支援 ・労災特別介護施設の運営 　・ケアプラザ，訪問支援
安全衛生確保等事業	労働者の安全と衛生の確保などのために必要な事業 ・メンタルヘルス対策の実施 　・産業保健センター，メンタルヘルス対策支援センター，メンタルヘルス・ポータルサイト「こころの耳」 ・アスベスト対策 　・健康管理手帳の交付（年 2 回の無料健康診断の実施）など ・労働災害防止対策の実施 ・賃金支払確保のための事業の実施

10. 公的扶助

❶ 日本国憲法第 25 条と生活保護

わが国において公的扶助を担っている制度は生活保護（☞第 1 巻 p.230）です。その根拠は日本国憲法第 25 条に求めることができます。

憲法第 25 条で規定している生存権を，具体的に保障することを目的として，生活を維持することができない状態にある生活困窮者（低所得者，貧困者）に対して生活保護が実施されています。

❷ 生活保護の基本原理と原則

生活保護を制度として展開していくにあたっての基本的な考え方を「基本原理」，基本的な実施方法を「原則」といいます。

▶▶ 生活保護の基本原理

(1) 国家責任の原理

国家責任の原理とは，憲法第 25 条の理念にもとづき，国家が責任をもって，国民に対して健康で文化的な最低限度の生活水準を保障するという考え方です。

(2) 無差別平等の原理

無差別平等の原理とは，すべての国民は，生活保護法の定める要件を満たしていれば，差別されることなく平等に保護を受けることができるという考え方です。これは普遍主義にもとづく保護のことを意味し，年齢や性別，労働能力の有無などによって対象者を選ぶ選別主義をとらないという意味があります。

(3) 最低生活保障の原理

最低生活保障の原理とは，憲法第 25 条にもうたわれている健康で文化的な最低限度の生活水準を保障するナショナル・ミニマム[14]（➡ p.244 参照）という考え方です。ただしこれは，「国民のなかの最低の生活を保障する」ような劣等処遇の考え方でなく，あくまで「社会の構成員たるに値する健康で文化的な生活水準」を設定し，その水準にもとづいて保護を行うという考え方です。

(4) 補足性の原理

補足性の原理とは，生活困窮者がもっている資産や能力を最大限活用し，それでも不足する場合に，その不足分を補う形で保護を行うという考え方です。したがって，年金などによって一定の収入があったとしても，ナショナル・ミニマムを下回る場合は，ナショナル・ミニマムとの差を補う形で各扶助が支給されます。

▶▶ 生活保護の原則

(1) 申請保護の原則

　申請保護の原則とは，生活保護の開始は，生活困窮者本人もしくはその扶養義務者や同居の親族による福祉事務所への申請が必要であるという申請主義の考え方です。ただし，非常に緊急性の高い場合についてはその限りではありません。

(2) 基準および程度の原則

　基準および程度の原則とは，厚生労働大臣が基準を定め，その基準を満たさない部分を補う程度に保護を行うという考え方です。

　この厚生労働大臣が定める基準は，保護を必要としている人の年齢や性別，世帯構成，住んでいる地域ごとに細かく基準が設けられています。

　また，最低限度の生活を満たすに十分な程度であり，これを超えるような過度の保護は実施しないということになっています。

(3) 必要即応の原則

　必要即応の原則とは，保護は，要保護者の年齢，性別，健康状態など，その個人または世帯の実際の必要の相違を考慮して，有効かつ適切に保護を行うという考え方です。

(4) 世帯単位の原則

　世帯単位の原則とは，保護の必要性を判断したり，保護を実施する程度を考える際には世帯単位で考えるということです。ただし，場合によっては世帯を分離し，個人単位で判断，実施することも可能になっています。

❸ 保護の種類

　保護は八つの扶助から構成されています。基準および程度の原則で述べましたが，年齢や性別，住んでいる地域に応じて支給する程度が異なります。

　給付の方法には現金給付（☞第1巻 p.140）と，直接サービスを提供する現物給付（☞第1巻 p.140）の2種類があります。該当する世帯の生活困窮状況について，福祉事務所のケースワーカー[15]（➡ p.244 参照）がアセスメントを行い，ナショナル・ミニマムを満たすために必要な分を補うように，各扶助を組み合わせて保護を行います。

表 3-11 ● 保護の種類

扶助	支給方法	主な内容
生活扶助	金銭給付	・衣食その他日常生活の需要を満たすもの ・移送
教育扶助	金銭給付	・義務教育に伴って必要な教科書その他の学用品 ・義務教育に伴って必要な通学用品 ・学校給食その他義務教育に伴って必要なもの
住宅扶助	金銭給付	・住居（家賃等の支給） ・補修その他住宅の維持のために必要なもの
医療扶助	現物給付	・診察，薬剤・治療材料，治療・施術，看護，移送
介護扶助	現物給付	・居宅介護，福祉用具，住宅改修，施設介護，介護予防，介護予防福祉用具，介護予防住宅改修，移送
出産扶助	金銭給付	・分娩の介助，分娩前後の処置，衛生材料
生業扶助	金銭給付	・生業に必要な資金，器具，資料 ・生業に必要な技能の修得 ・就労のために必要なもの
葬祭扶助	金銭給付	・検案，死体の運搬 ・火葬または埋葬 ・納骨その他葬祭のために必要なもの

❹ 被保護者数と世帯数の年次推移

　現在，わが国の経済状況と社会状況を反映し，被保護実人員数と被保護実世帯数は，図 3-16 に示したように増加傾向にあります。増加要因として経済動向の影響をあげることができますが，一方で高齢者世帯の生活保護受給も顕著です。ここ約 40 年間で，1 か月平均で 21 万 7578 世帯（1973（昭和 48）年）から 71 万 9625 世帯（2013（平成 25）年）へと約 3.3 倍に増加しており，被保護世帯総数に対する高齢者世帯が占める割合も 31.4％から 45.4％へと 1.45 倍の増加傾向にあります。

　平成 25 年度被保護者調査によると，2000（平成 12）年の介護保険制度の開始とともに始まった介護扶助は，2013（平成 25）年度には 1 か月平均で 29 万 174 人の受給者になっています。生活保護を受給している人の 1 か月平均が 216 万 1612 人ですので，約 13.4％の人が介護扶助を利用していることになります。

　また，介護扶助のサービスとしては居宅介護が 61.8％と最も多く，次に介護予防が 23.7％となっています。介護老人福祉施設（特別養護老人ホーム）は 7.6％，介護老人保健施設が 5.5％となっており，介護扶助の多くは在宅での介護サービスに利用されています。

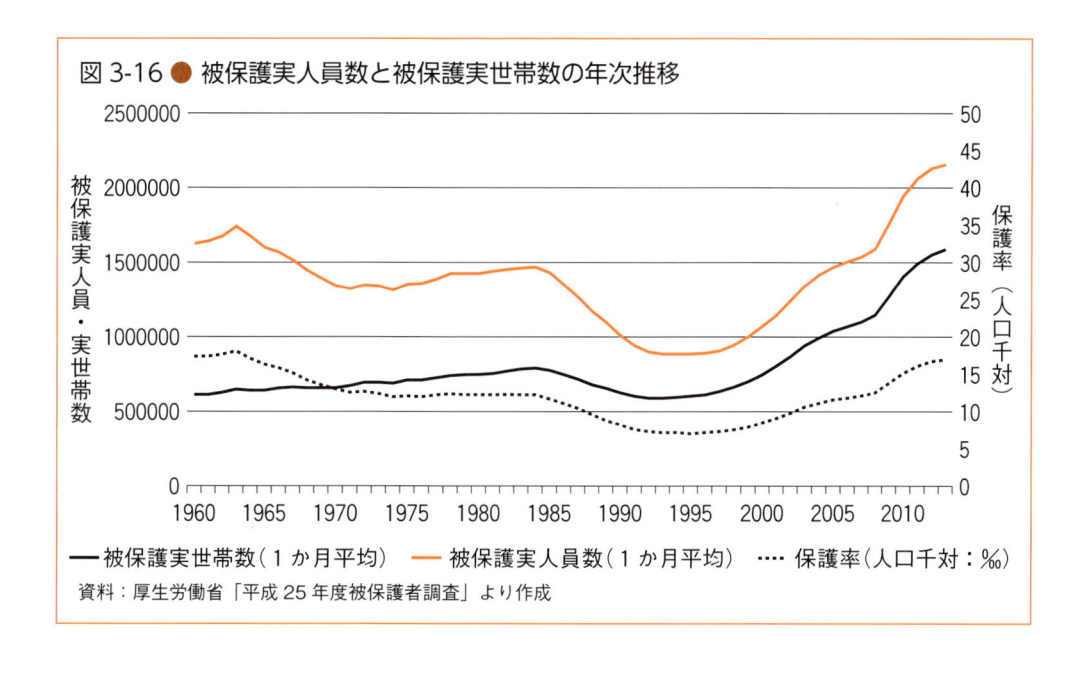

図 3-16 ● 被保護実人員数と被保護実世帯数の年次推移

資料：厚生労働省「平成 25 年度被保護者調査」より作成

11. 社会手当

❶ 社会手当の概要

わが国における社会手当は，児童手当，児童扶養手当，特別児童扶養手当，特別障害者手当，障害児福祉手当，福祉手当から構成されています。このうち，福祉手当は1986（昭和61）年に特別児童扶養手当等の支給に関する法律を改正した際に，経過措置とされたものです。

各手当については，相談窓口や届け出方法などが各地方自治体によって異なる場合があります。住んでいる地域の自治体のホームページを参考にすると，手続きや支給要件がわかりやすく整理されていますが，まずは事前に担当窓口へ相談することが重要です。以下，福祉手当以外について解説します。

❷ 社会手当の種類

▶▶ 児童手当

2010（平成22）年4月から2012（平成24）年3月までは，児童手当に代わり，子ども手当が支給されていましたが，2012（平成24）年4月より以前の名称である児童手当に戻りました。

児童手当は，中学生までの子どもを育てている親などに対して，家庭の生活の安定と次世代の社会を担う児童の健やかな成長に役立てることを目的として支給されます。認定請求の手続きとして，市区町村役場の担当窓口に認定請求書を提出します。手当の支給は2月，6月，10月の3回です。なお，支給には一定の所得制限があります。

▶▶ 児童扶養手当

児童扶養手当は，離婚や死別などによる，ひとり親世帯の生活の安定と自立の促進，また，児童の心身の健やかな成長に寄与することを目的に支給されるものです。支給対象となる児童は，18歳に達する日以後の最初の3月31日までの間にある者（一定の障害がある場合には20歳未満）です。また，2010（平成22）年からは，母子家庭だけでなく，父子家庭へも適用が拡大されています。

手続きは，児童扶養手当認定請求書に受給資格者および該当する子どもの戸籍謄本（抄本），住民票等の証明書を添付して，市区町村役場へ届け出ることになっています。手当の支給は4月，8月，12月の3回です。なお，扶養親族などの人数によって定められた所得制限があります。

▶▶ 特別児童扶養手当

特別児童扶養手当は，在宅で生活している **20 歳未満の障害児**がいる家庭の父母や，その他の養育者に対して，所得保障として支給することを通して，これらの人たちの福祉の増進を図ることを目的としています。

手続きは，住所地の市区町村役場へ届け出ます。ただし，①その障害児が日本国内に住所がないとき，その障害について社会保険などから年金を受けられるとき，②父母または養育者が日本国内に住所がないとき，③父母または養育者およびその配偶者または扶養義務者の所得が一定以上のとき，のいずれかに該当する場合は支給されません。手当の支給は 4 月，8 月，12 月（希望すれば 11 月）の 3 回行われます。

▶▶ 特別障害者手当

特別障害者手当は，常に介護を必要とするような在宅で生活をしている **20 歳以上の重度障害者**に対して，その重度ゆえに生じる特別の負担の一助として手当を支給し，重度障害者の福祉の向上を図ることを目的としています。

手続きは，住所地の市区町村役場，あるいは福祉事務所へ届け出ます。支給制限があり，①本人，配偶者，または扶養義務者の前年所得が一定額以上のとき，②施設に入所しているとき，③継続して 3 か月を超えて入院しているとき，のいずれかに該当する場合は支給されません。手当の支給は 2 月，5 月，8 月，11 月の 4 回で，前月までの 3 か月分がまとめて支給されます。

▶▶ 障害児福祉手当

障害児福祉手当は，常に介護を必要とするような在宅で生活をしている **20 歳未満の重度障害児**に対して，特別児童扶養手当のほかに経済的支援を行い，家庭における精神的，経済的負担を支えることを目的としています。

手続きは，住所地の市区町村役場，あるいは福祉事務所へ届け出ます。支給制限があり，①その障害について社会保険などから年金を受け取れるとき，②本人，配偶者，または扶養義務者の前年所得が一定以上のとき，③施設に入所しているとき，のいずれかに該当する場合は支給されません。手当の支給は 2 月，5 月，8 月，11 月の 4 回です。

表 3-12 ● 社会手当の一覧

手当	概要	支給対象	支給額（月額）[注2][注3]
児童手当[注1]	・児童を養育している者に児童手当を支給することにより，家庭等における生活の安定に寄与するとともに，次代の社会を担（にな）う児童の健やかな成長に資することを目的とする。	・中学校卒業まで（15歳の誕生日後の最初の3月31日まで）の児童を養育している者	3歳未満：一律15,000円 3歳以上小学校修了前：10,000円（第3子以降は15,000円） 中学生：一律10,000円 （所得制限限度額以上：一律5,000円）
児童扶養手当	・離婚や死別等による父または母と生計を同じくしていない児童が育成される家庭の生活の安定と自立の促進に寄与するため，当該児童について手当を支給し，児童の福祉の増進を図る。 ・2010（平成22）年より父子家庭へも適用拡大。	・18歳に達する日以後の最初の3月31日までの間にある児童（障害児の場合は20歳未満）を監護する母，監護し，かつ生計を同じくする父または養育する者（祖父母等）	児童1人の場合 　・全部支給：42,000円 　・一部支給：41,990円〜9,910円[注4] 児童2人以上の加算額 　・2人目：5,000円 　・3人目以降1人につき：3,000円
特別児童扶養手当	・精神または身体に障害を有する児童について特別児童扶養手当を支給し，これらの者の福祉の増進を図ることを目的とする。	・以下の条件に該当する父もしくは母またはその養育者に対して支給 ・20歳未満の障害児の父もしくは母がその障害児を監護するとき ・父母がないか，もしくは父母が監護しない場合において，当該障害児の父母以外の者がその障害児と同居して養育するとき	1級 ・1人につき月額51,100円 2級 ・1人につき月額34,030円
特別障害者手当	・在宅の重度障害者に対して，その重度の障害ゆえに生ずる特別の負担の一助として手当を支給することにより，重度障害者の福祉の向上を図ることを目的とする。	・20歳以上の在宅で生活をしている重度の障害者 ・障害の程度については政令によって定められている。	1人につき月額26,620円
障害児福祉手当	・特別障害者手当と同じ。	・20歳未満の在宅で生活をしている重度の障害児 ・障害の程度については政令によって定められている。	1人につき月額14,480円

注1：2010（平成22）年4月から2012（平成24）年3月までは「子ども手当」と呼ばれた。2012（平成24）年4月から児童手当の名称に戻された。
　2：2015（平成27）年4月以降の額。
　3：いずれの手当にも所得制限がある。制限額については各手当によって異なる。
　4：所得が一定水準を超えると，その所得額に応じて減額を行う。

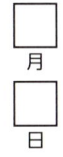
月
日

12. 社会福祉

① 社会福祉法制の構造

▶▶ 福祉六法の体系

社会福祉法制とは，「社会福祉に関する法令を体系化した制度」（桑原洋子『社会福祉法制要説第5版』有斐閣，p.1，2006年）のことをいいます。わが国の社会福祉法制は日本国憲法を根拠（こんきょ）としつつ，福祉六法[16]（➡ p.244 参照）といった中心的な社会福祉を規定する各法と，それらを束ねる社会福祉法，さらにはそこから派生してきた諸法とからなります。これらを整理した図が図3-17です。

桑原洋子によると，「社会福祉法制は従来，『生存権の保障』という基本理念に基づいて，措置（そち）により実施する制度であった。しかし，社会福祉事業法が社会福祉法へと移行したことに伴い，社会福祉法制は，『個人の尊厳（そんげん）』の理念に基づき，福祉サービス提供事業者とサービスを受ける利用者間で，サービスの内容・時間・費用等を自由に決めることのできる契約（けいやく）により実施する制度となった」（前掲書）と，社会福祉法制のあり方が措置から契約へと移行する流れのなかで大きく変化していることを指摘しています。

▶▶ 福祉六法周辺の法体系

福祉六法のような中心的法律の周囲に目を向けてみると，介護福祉士を規定する社会福祉士及び介護福祉士法は，社会福祉を展開していくうえで必要とされる人材確保という性格をもっています。介護実践（かい ご じっせん）においてかかわりの深い介護保険法は，老人福祉法から派生したといえます。老人福祉法が1973（昭和48）年に実施した高齢者の医療費自己負担分の無料化によって増大した高齢者医療費への対応策として，老人保健法（1982（昭和57）年）が策定されました。この流れをふまえると，老人保健法から2008（平成20）年に名称変更した高齢者の医療の確保に関する法律[17]（➡ p.244 参照）もまた，老人福祉法から派生した法律の一つであるともいえるでしょう。

このほかにも児童虐待（じ どうぎゃくたい）の防止等に関する法律（2000（平成12）年），売春防止法（1956（昭和31）年），高齢者虐待の防止，高齢者の養護者に対する支援等に関する法律（2005（平成17）年）などのように，対象者の人権を擁護（ようご）することを目的とした法律もあります。

さらには，社会福祉，社会保障の前提となる社会のあり方について，国，地方自治体，事業主として国民に対して責務（せきむ）を規定するような少子化社会対策基本法[18]（➡ p.244 参照），そして高齢社会対策基本法[19]（➡ p.244 参照）といった法律も社会福祉に関係するといえます。

図 3-17 ● 社会福祉法制の構造

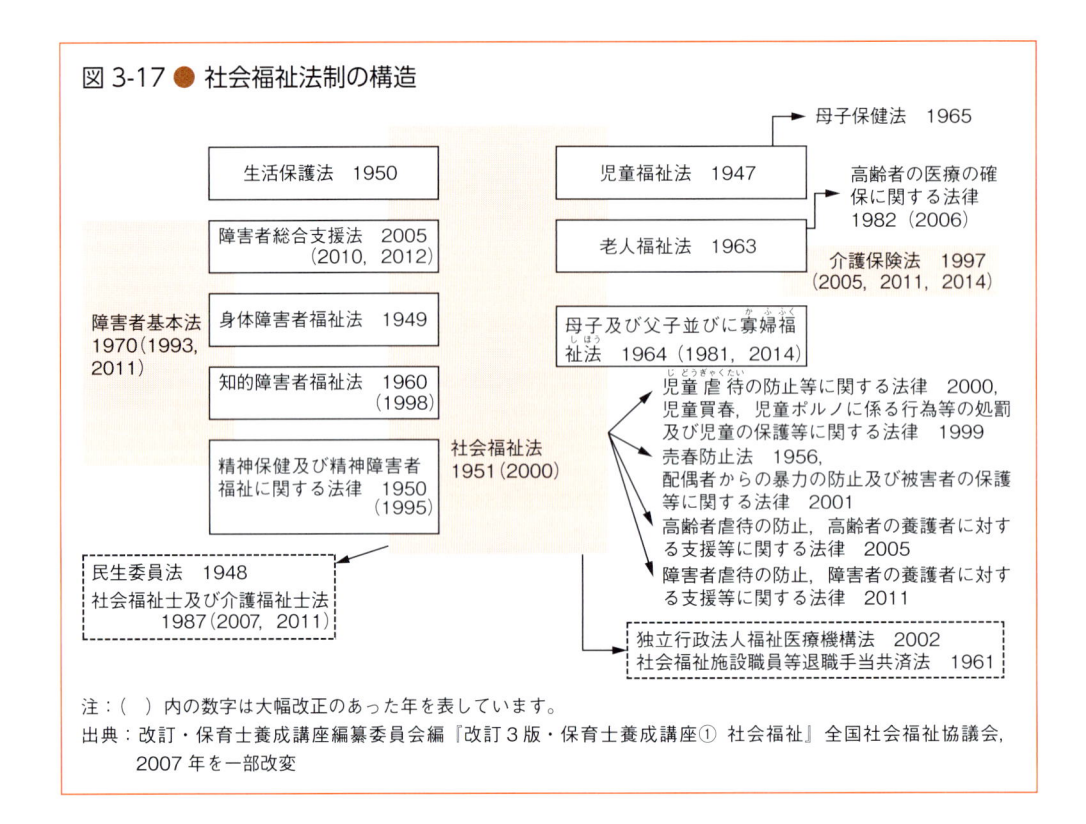

- 生活保護法　1950
- 障害者総合支援法　2005 (2010, 2012)
- 障害者基本法 1970(1993, 2011)
- 身体障害者福祉法　1949
- 知的障害者福祉法　1960 (1998)
- 精神保健及び精神障害者福祉に関する法律　1950 (1995)
- 社会福祉法 1951(2000)
- 民生委員法　1948 社会福祉士及び介護福祉士法 1987(2007, 2011)

- 児童福祉法　1947
- 母子保健法　1965
- 高齢者の医療の確保に関する法律 1982 (2006)
- 老人福祉法　1963
- 介護保険法　1997 (2005, 2011, 2014)
- 母子及び父子並びに寡婦福祉法　1964 (1981, 2014)
- 児童虐待の防止等に関する法律　2000, 児童買春, 児童ポルノに係る行為等の処罰及び児童の保護等に関する法律　1999
- 売春防止法　1956, 配偶者からの暴力の防止及び被害者の保護等に関する法律　2001
- 高齢者虐待の防止, 高齢者の養護者に対する支援等に関する法律　2005
- 障害者虐待の防止, 障害者の養護者に対する支援等に関する法律　2011
- 独立行政法人福祉医療機構法　2002 社会福祉施設職員等退職手当共済法　1961

注：(　) 内の数字は大幅改正のあった年を表しています。

出典：改訂・保育士養成講座編纂委員会編『改訂 3 版・保育士養成講座① 社会福祉』全国社会福祉協議会, 2007 年を一部改変

❷ 社会福祉法制の種類

▶▶ 生活保護法

生活保護は戦前の救護法，その後の医療保護法の後をひきつぐ形で，1946（昭和21）年にまず（旧）生活保護法として成立しました。しかし不服申立ができない，扶助が限定的であったことなどから1950（昭和25）年に改正され，（現）生活保護法として今日に至っています。

日本国憲法第25条の生存権の理念にもとづいており，わが国の公的扶助の中核をなす法律です。

▶▶ 児童福祉法

児童福祉法は1947（昭和22）年に制定された，わが国で最初に福祉の文字を名前にもった法律です。当初は戦後の浮浪児対策として児童養護法が検討されましたが，ＧＨＱの指導により対象を普遍的に拡大し，広く児童の福祉の向上を目指す法律として成立しました。

この法律では児童を満18歳未満と規定しており，乳児（1歳未満），幼児（1歳から小学校就学前），少年（小学校就学から18歳未満）と区分しています。また，身体，知的，精神，発達などの障害のある児童を障害児として定義しており，障害児に対する支援は児童福祉法によって規定されています。

▶▶ 身体障害者福祉法

身体障害者福祉法は，1949（昭和24）年に制定され，障害者への支援を目的とした法律のなかでは最初になります。障害者総合支援法（☞第1巻p.175）とともに，身体障害者の自立と社会経済活動への参加を促進するべく，身体障害者への支援を行い，身体障害者の福祉を増進することを目的としています。また，障害者に対して自立に向けた努力を求めるとともに，社会を構成する一員として社会，経済，文化その他あらゆる分野の活動に参加する機会を与えられるものと定められています。

具体的な更生援護として，身体障害者手帳の交付，診査，更生相談，障害福祉サービスの提供，障害者支援施設などへの入所の措置などが規定されています。

▶▶ 知的障害者福祉法

知的障害者福祉法は，もともと1960（昭和35）年に精神薄弱者福祉法として制定され，1998（平成10）年に現在の名称に変更されました。

知的障害者福祉法は，障害者総合支援法とともに，知的障害者の自立と社会経済活動への参加を促進するため，知的障害者を援助するとともに必要な保護を行い，もって知的障害者の福祉を図ることを目的としています。すべての知的障害者に対しては，そのもっている能力を活用し，進んで社会経済活動に参加することを求めています。そして，すべての知的障害者は，社会を構成する一員として，社会，経済，文化その他あらゆる分野の活動に参加する機会を与えられるものとされています。

▶▶ 老人福祉法

1963（昭和38）年に成立した老人福祉法は，高齢者の福祉に関する原理を明らかにするとともに，高齢者に対し，その心身の健康の保持および生活の安定のために必要な措置を講じ，もって高齢者の福祉を図ることを目的としています。

この法律が定める基本理念は，わが国において高齢者をどう敬うべきなのかを示した高い規範性をもっています。

また，高齢者本人に対しては，「老齢に伴って生ずる心身の変化を自覚して，常に心身の健康を保持し，又は，その知識と経験を活用して，社会的活動に参加するように努めるものとする」（第3条）とともに，その希望ともっている力に応じて，社会参加する機会を与えられるものとの理念をうたっています。

高齢者の定義については定められておらず，社会通念によるとされています。ただし，サービスの運用上，おおむね65歳以上とされています。

▶▶ 母子及び父子並びに寡婦福祉法

この法律は，1952（昭和27）年に制定された母子福祉資金の貸付等に関する法律をひきつぐ形で，母子福祉法という名称で1964（昭和39）年に制定されました。その後，1981（昭和56）年に母子及び寡婦福祉法，そして2014（平成26）年に母子及び父子並びに寡婦福祉法へと名称が改正されてきました。

基本理念として，すべての一人親家庭において，児童がそのおかれている環境にかかわらず，心身ともに健やかに育成されるために必要な諸条件と，その親の健康で文化的な生活が保障されることを目指しています。

この法律の名称が変更されていることが示しているように，母子だけではなく一人親家庭という枠組みで，福祉ニーズや支援のあり方を考えていこうという方向性の表れであり，また子どもの貧困対策に資することも目指しています。

▶▶ 社会福祉法

　この法律は戦前の社会事業法をひきつぐ形で，1951（昭和26）年に社会福祉事業法という名称で成立しました。その後1990年代の社会福祉基礎構造改革の議論を受けて，2000（平成12）年の改正で社会福祉法という名称になりました。

　社会福祉法は，社会福祉を目的とする事業の全分野における共通的基本事項を定め，社会福祉を目的とするほかの法律と一緒に，福祉サービスの利用者の利益の保護および地域福祉の推進を図るとともに，社会福祉事業の公明かつ適正な実施の確保および社会福祉を目的とする事業の健全な発達を図り，もって社会福祉の増進に資することを目的としています。

　社会福祉法では，第一種社会福祉事業[20]（→ p.244参照）と第二種社会福祉事業[21]（→ p.245参照）を規定しています。そのほかに，地域福祉実践の根拠を示した法律という性格ももっており，社会福祉協議会や地域福祉計画[22]（→ p.245参照）の作成について規定しています。

▶▶ 精神保健福祉法

　正式には精神保健及び精神障害者福祉に関する法律といい，通称として精神保健福祉法といわれます。精神障害者の医療および保護を行い，障害者総合支援法とともに，精神障害者の社会復帰の促進と自立，そして社会経済活動への参加の促進のために必要な援助を行い，あわせてその発生の予防とその他国民の精神的健康の保持および増進に努めることにより，精神障害者の福祉の増進と国民の精神保健の向上を図ることを目的としています。

　1950（昭和25）年に，それまでの精神障害者にかかわる法律であった精神病者監護法（1900（明治33）年）と精神病院法（1919（大正8）年）を廃止し，精神衛生法という名称で成立しました。その後，1987（昭和62）年に精神保健法と名称を変え，1995（平成7）年に現在の精神保健及び精神障害者福祉に関する法律の名称となりました。

　この法律でいう精神障害者とは，統合失調症（☞第4巻 p.263），精神作用物質による急性中毒またはその依存症，知的障害（☞第4巻 p.260），精神病質その他の精神疾患をもっている者のことをいいます。このような精神障害者に対する医療サービスや社会サービスについて規定しているほか，広く国民全般に対して精神障害者への理解と支援への協力について国民の義務として規定しています。

2000（平成 12）年に社会福祉事業法が社会福祉法へと改称された際，地域福祉の理念が規定されました。

この地域福祉とは，福祉ニーズをかかえるような状況になったとしても，家族や近隣住民あるいは友人関係などといった社会関係を維持したまま福祉サービスを利用し，その利用者の福祉の向上を目指すものです。そしてその取り組みは，福祉の専門家などだけではなく，地域住民が自ら主体的に参加し，協働によって地域の福祉ニーズを地域のなかで解決するように展開されます。単にサービスを利用する場所が入所型施設から，在宅に移行したというものではないという点が重要です。

地域福祉の構成要素をまとめたものが，図 3-18 です。ニーズ解決のための福祉職や地域住民による福祉活動，政策・制度的対応だけでなく，福祉コミュニティの形成や地域福祉の担い手づくりも重要な要素となっています。そのため，福祉教育やボランティア学習といった取り組みも行われています。

地域福祉の活動は地域の特性や課題に応じて，行政計画としての地域福祉計画（☞第 1 巻 p.169）と，活動計画としての地域福祉活動計画を作成して展開されます。作成にあたっては行政や専門職だけでなく，地域住民の参加による協働で進められます。

近年は地域包括ケアシステム（☞第 1 巻 p.59）の展開が求められているように，介護による支援の展開は地域という概念を抜きに考えることはできません。また，社会福祉法人改革では，社会資源として社会福祉施設の地域貢献が議論されています。このように，介護の実務者として地域福祉の視点を理解することは非常に重要です。

図 3-18 ● 地域福祉の構成要素

- ニーズ解決のための直接的なサービス提供や住民による福祉活動
- 住民の地域生活を起点にした総合的な政策・制度的対応
- コミュニティづくりと福祉コミュニティづくり
- 住民参加とひとづくり（住民の主体形成と住民自治）

資料：上野谷加代子・松端克文・山縣文治編『よくわかる地域福祉』ミネルヴァ書房，
p.24 ～ 25，2004 年より作成

❹ 地域福祉にかかわる主体

　地域福祉にかかわる組織的主体は，地方自治体や社会福祉協議会，福祉サービス提供者のみならず，町内会（自治会），当事者組織，ボランティア組織，民間非営利団体（NPO），シルバーサービスなど非常に多種多様です。また活躍する専門職も社会福祉士，介護福祉士，精神保健福祉士，保育士など福祉専門職だけではなく，医師，保健師，看護師，理学療法士といった医療職や民生委員もかかわります。さらに例えば，地域包括ケアの生活支援・介護予防という領域では，民生委員やボランティア，町内会（自治会），そして老人クラブなどの活躍が非常に期待されています。

　地域福祉の推進にあたって，中心的な役割を担うのは社会福祉協議会です。地域住民の福祉活動への参加促進や組織化，情報の提供などを行っています。設置数については図 3-19 のとおりで，すべての市区町村に設置されています。

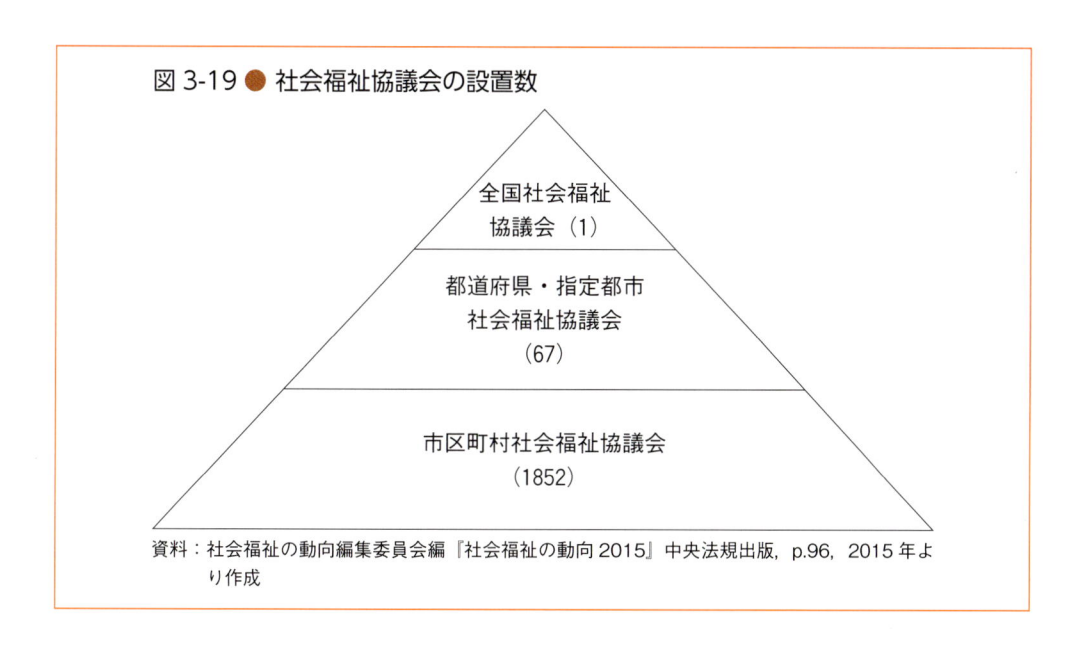

図 3-19 ● 社会福祉協議会の設置数

全国社会福祉
協議会 （1）

都道府県・指定都市
社会福祉協議会
（67）

市区町村社会福祉協議会
（1852）

資料：社会福祉の動向編集委員会編『社会福祉の動向 2015』中央法規出版，p.96，2015 年より作成

第3節 障害者自立支援制度

1. 障害の種類と定義

❶ 日本における障害の定義の特徴

障害の定義については，国際的には世界保健機関（WHO）が1980年に公表した国際障害分類（ICIDH）（☞第4巻p.197）と，2001年にその改訂版として取りまとめられた国際生活機能分類（ICF）（☞第4巻p.197）によって示されています。WHOが国際的な障害の定義を示した理由は，障害や疾病の状態についての国際的な共通理解に役立てるとともに，障害者に向けたさまざまなサービスの計画や評価，記録への実際的な手段の提供等を図るためです。ICFでは，健康状態（障害）を，心身機能・身体構造の状況（機能障害）にとどめることなく，活動や参加，個人因子や環境因子との相関関係において幅広くとらえることを提唱しています。

しかし日本では，国際的な発展に沿った障害の定義の本格的な見直しは行われていません。主に障害と障害児者を対象とする制度ごとに，機能障害に着目して，制度の対象とするかどうかや障害の軽重の程度を判定する手法をとっています。

❷ 障害者の定義にかかる主な法律

▶▶ 総論的な定義

障害者基本法（☞第1巻p.4）は，障害と障害児・者にかかわるさまざまな法律をつらぬく基本原則等を定めた法律です。ここでは障害者を，身体障害者，知的障害者，精神障害者（発達障害者を含む），その他心身の機能の障害がある者で，障害および社会的障壁により継続的に日常生活または社会生活に相応な制限を受ける状態にあるもの（第2条）と定義しています。この定義は，「障害者虐待の防止，障害者の養護者に対する支援等に関する法律」（以下，障害者虐待防止法）にも準用されています。

▶▶ 障害ごとの定義

身体障害者については身体障害者福祉法が，知的障害者については知的障害者福祉法が，精神障害者には精神保健及び精神障害者福祉に関する法律（以下，精神保健福祉法）が，発達障害者については発達障害者支援法がそれぞれ整備されており，知的障害者を除きその定義が示されています。

障害児・者に関する福祉制度等においては，各制度の根拠法ごとにその対象となる障害者を規定しています。例えば，障害者の日常生活及び社会生活を総合的に支援するための法律（以下，障害者総合支援法）第4条では障害者を，身体障害者，知的障害者，精神障害者（発達障害者を含む），難病患者の4種類（いずれも18歳以上）とし，障害児については児童福祉法の規定によるとしています。また，児童福祉法第4条2項では障害児を，身体障害児，知的障害児，精神障害児（発達障害児を含む），難病患者の4種類（いずれも18歳未満）としており，ここでは，難病患者が含まれていることが大きな特徴です。

他に，障害基礎年金の対象となる障害は国民年金法施行令で，労働者災害補償保険法の対象となる障害は労働者災害補償保険法施行規則で，特別児童扶養手当の対象となる障害は特別児童扶養手当等の支給に関する法律施行令で，別々に規定しています。

③ 障害の種類とその定義

日本における障害の種類と定義は，徐々にその範囲を広げているものの，法ごとに扱いが異なることから，どの場面・どの法律によって問われているのかをふまえて考えることが大切です。各福祉法等で，障害の種類ごとにそれぞれがどのように定義されているのかを簡単にみておきましょう。

▶▶ 身体障害者

身体障害者福祉法第4条で，「別表に掲げる身体上の障害がある18歳以上の者であって，都道府県知事から身体障害者手帳の交付を受けたものをいう」としています。

別表は資料（➡ p.249 参照）に掲載していますのでご参照ください。ここで注目されるのは，「身体障害者手帳の交付を受けたもの」と書かれていることです。したがって，別表に該当する障害があっても，身体障害者手帳の交付を受けていない者は身体障害者とはみなされません。

▶▶ 知的障害者

先に述べたように，知的障害者福祉法では知的障害者の定義づけがなされていません。都道府県ごとに独自に認定することになっています。例えば，東京都では，知的障害を知的機能の障害が発達期に現れ日常生活に支障が生じているため，何らかの特別な援助を必要とする状態にあるもので，知的機能と日常生活能力のいずれもが基準に該当するものとしており，ほかの道府県もほぼ同様に定義づけています。一般的に「知的機能」は，標準化された知能検査による知能指数がおおむね70までの者，「日

常生活能力」は，自立機能，運動機能，意思交換，探索操作，移動，生活文化，職業等について総合的に判定することとされています。

▶▶ 精神障害

　精神保健福祉法第5条で，統合失調症，精神作用物質による急性中毒またはその依存症，知的障害者，精神病質その他の精神疾患を有する者と規定しています。ここでは知的障害者は精神障害者に含まれていますが，例えば障害者総合支援法では，知的障害者を精神障害者のなかに含めず知的障害者として別に取り出して規定しています。

▶▶ 発達障害者

　発達障害者支援法第2条で，発達障害を，自閉症，アスペルガー症候群（しょうこうぐん）その他の広汎性発達障害（こうはんせいはったつしょうがい），学習障害，注意欠陥多動性障害その他のこれに類する脳機能の障害であってその症状が通常低年齢で発現するものとし，発達障害者を，発達障害を有するために日常生活に制限を受ける者，発達障害児を，発達障害者のうち18歳未満の者と定義しています。

▶▶ 難病患者

　障害者総合支援法の対象となる難病は2015（平成27）年7月以降，332疾病に拡大されました。対象疾病に罹患（りかん）していることがわかる証明書（診断書など）があれば，身体障害者手帳などを取得していなくても対象となります。

　一方，難病の患者に対する医療等に関する法律（難病医療法）では，国の医療費助成の対象となる指定難病は，①発病の機構が明らかでなく，②治療方法が確立していない，③希少な疾患であって，④長期の療養を必要とするもの，⑤患者数がわが国において一定の人数（人口の約0.1％）に達しないこと，⑥客観的な診断基準（またはそれに準ずるもの）が成立していること，との条件をすべて満たすものと定義され，2015（平成27）年7月1日からは306疾病がその対象となっています。

2. 障害者自立支援法から障害者総合支援法へ

❶ 障害者総合支援法制定までの流れ

　2012（平成24）年6月，「地域社会における共生の実現に向けて新たな障害保健福祉施策を講ずるための関係法律の整備に関する法律」が成立したことを受け，それまでの障害者自立支援法は障害者総合支援法となりました（施行は2013（平成25）年4月，一部は2014（平成26）年4月から）。

　それまでの障害者自立支援法は，2005（平成17）年10月に成立し，従来の**支援費制度**[23]（➡ p.245参照）に代わる制度として施行されました。しかし，当初のねらいとは異なり，①福祉サービス利用などの費用負担（利用料負担など）が大幅に増えて，障害のある人の制度利用に手びかえが生じたこと，②各福祉サービスに対応する報酬が実質的に引き下がったため，多くの福祉事業者の経営環境が厳しくなったことなど，さまざまな課題が浮かび上がりました。

　こうした事態に対処するため，国は2007（平成19）年，2008（平成20）年の二度にわたり，利用者負担の軽減などの方策を講じました。そして，2009（平成21）年の政権交代を機に，障害者自立支援法を廃止して，新たに総合的な福祉法制を実施することが決まりました。

　2010（平成22）年4月からは，福祉サービス利用などについて，市町村民税非課税世帯の利用者負担を0円とする措置が始まったほか，同年12月には，「障がい者制度改革推進本部等における検討を踏まえて障害保健福祉施策を見直すまでの間において障害者等の地域生活を支援するための関係法律の整備に関する法律」が公布され，2011（平成23）年10月から視覚障害者の移動を支援する**同行援護**[24]（➡ p.245参照）の事業がスタートしたほか，2012（平成24）年4月から相談支援，障害児支援の内容が大きく変更されました。

　このような経緯をふまえ，障害者総合支援法では，障害者の定義に新たに難病などを加え，従来の障害程度区分の名称を障害支援区分に改めるとともに，重度の障害者への訪問介護の対象を拡大し，共同生活を行うケアホーム，グループホームを一元化しました。また，障害者支援施設の障害者や精神科病院の精神障害者に加え，地域移行支援の対象者の拡大も図られました（図3-20）。

図 3-20 ● 障害者総合支援法の主な改正のポイント

① 難病の人が制度の対象に加わりました

これまでの制度の対象は，身体障害者，知的障害者，発達障害を含む精神障害者に限られていましたが，改正によって難病患者もサービスの対象になりました。

② 法律に「基本理念」が追加されました

障害者基本法の目的や基本原則をふまえて，障害者総合支援法で目指すべき「基本理念」が規定されました。

具体的には，障害のある人の支援に関して「共生する社会を実現する」「全ての障害者及び障害児が可能な限りその身近な場所において必要な支援が受けられる」などが盛り込まれました。

③ 地域生活支援事業の内容が見直されました

地域生活支援事業には，市町村と都道府県が必ず実施しなければならない「必須事業」と，地方自治体の判断で実施できる「任意事業」があります。改正によって，市町村の必須事業として「障害者に対する理解を深めるための 研修や啓発を行う事業」，都道府県の必須事業として「意思疎通支援を行う者を養成する事業」等が追加されました。

④ 「障害程度区分」から「障害支援区分」に見直されました

障害者自立支援法では，障害福祉サービスの必要性を明らかにするため，障害者の心身の状態を6段階で示す「障害程度区分」が使われていました。

2014（平成26）年4月からは「障害支援区分」という名称になり，障害の重さではなく，障害の多様な特性その他の心身の状態に応じて必要とされる標準的な支援の度合いを総合的に示すものに見直されました。

⑤ 「ケアホーム」が「グループホーム」に統合されます

共同生活を行う住居でのケアが柔軟にできるよう「共同生活介護」（ケアホーム）が，「共同生活援助」（グループホーム）に統合（一元化）されました。

⑥ 重度訪問介護の対象が広がります

従来は「重度の肢体不自由」に限られていましたが，重度の知的障害者や精神障害者もサービスが利用できるようになりました。

⑦ 地域移行支援の対象が広がります

障害者自立支援法では，障害者支援施設等に入所している障害者か，精神科病院に入院している障害者が対象でしたが，保護施設や矯正施設などの障害者も対象になりました。

⑧ 「自立支援協議会」の名称が改められました

自立支援協議会の名称が，地域の実情に応じて変更できるよう「協議会」に改められました。また，協議会の構成員に障害者等及びその家族が含まれる旨が明記されました。

3. サービスの種類と内容

❶ 自立支援給付と地域生活支援事業

　障害者総合支援法で提供されるサービスは，①自立支援給付と②地域生活支援事業の2種類に分けられます（図3-21）。

　自立支援給付は，障害者一人ひとりに対して，暮らしに欠かせない介護や訓練，医療などを，全国各地で格差を生むことなく均質に提供すること（個別給付）を目的としています。そのため，国がサービスの内容や提供に関する基準を細かく定めています。

　一方，**地域生活支援事業**は，各地域の特性をいかしたサービスを，柔軟に提供することを目的としているため，その運用は都道府県や市町村などの地方自治体にゆだねられています。

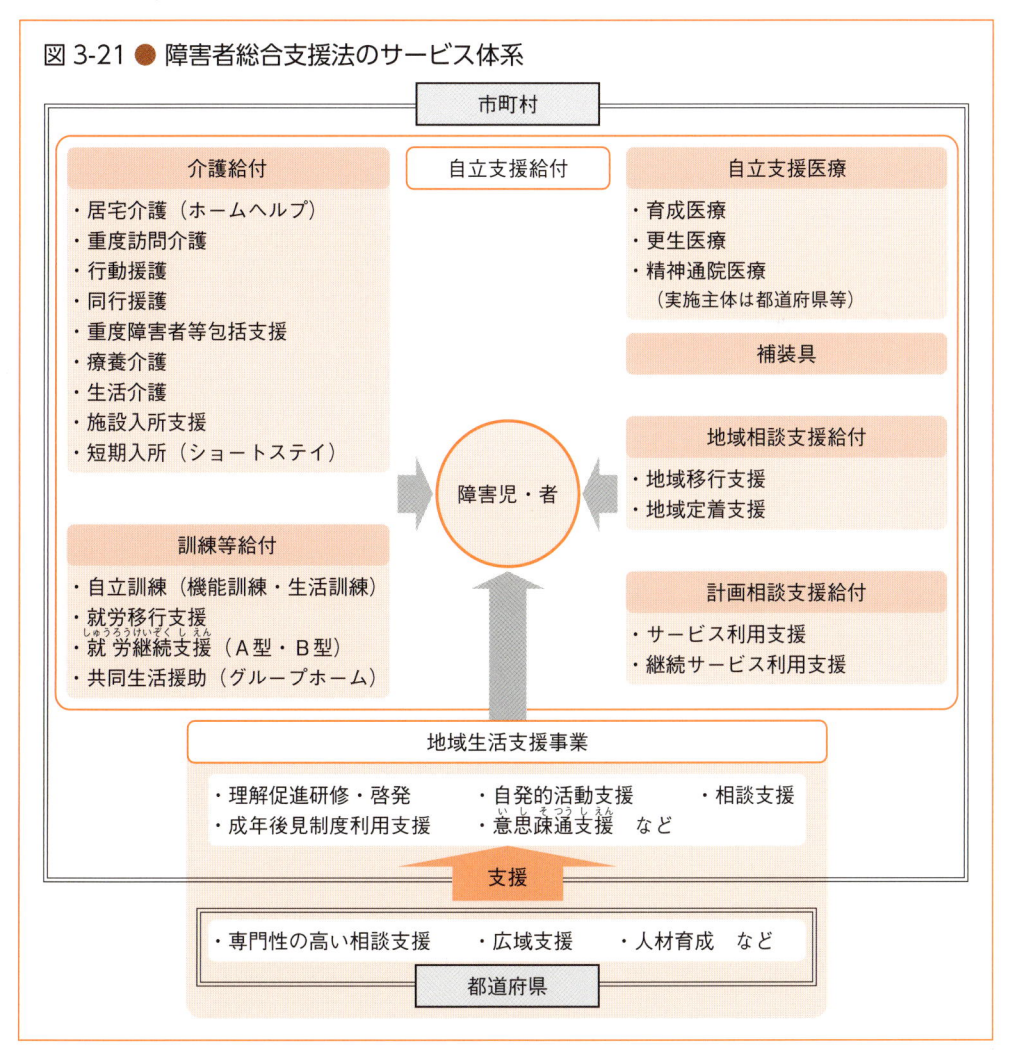

図 3-21 ● 障害者総合支援法のサービス体系

市町村

自立支援給付

介護給付
・居宅介護（ホームヘルプ）
・重度訪問介護
・行動援護
・同行援護
・重度障害者等包括支援
・療養介護
・生活介護
・施設入所支援
・短期入所（ショートステイ）

訓練等給付
・自立訓練（機能訓練・生活訓練）
・就労移行支援
・就労継続支援（A型・B型）
・共同生活援助（グループホーム）

障害児・者

自立支援医療
・育成医療
・更生医療
・精神通院医療
　（実施主体は都道府県等）

補装具

地域相談支援給付
・地域移行支援
・地域定着支援

計画相談支援給付
・サービス利用支援
・継続サービス利用支援

地域生活支援事業
・理解促進研修・啓発　　・自発的活動支援　　・相談支援
・成年後見制度利用支援　・意思疎通支援　　など

支援

・専門性の高い相談支援　　・広域支援　　・人材育成　　など

都道府県

❷ 自立支援給付

▶▶ 介護給付

　介護給付とは介護にかかわる個別給付で，サービスの種類は**表3-13**のとおりです。訓練等給付も含めた日中系サービスと居住系サービスを自由に組み合わせることが可能です。

表 3-13 ● 介護給付事業一覧

区分	サービス名称	内容
訪問系	居宅介護 （ホームヘルプ）	自宅で，入浴，排泄，食事の介護等を行う
	重度訪問介護	重度の肢体不自由者や，重度の知的障害または精神障害により行動上いちじるしい困難がある人で，常に介護を必要とする人に，自宅で，入浴，排泄，食事の介護，外出時における移動支援などを総合的に行う
	行動援護	知的または精神障害によって自己判断能力が制限されており，常時介護を要する人が行動するとき，危険を回避するために必要な支援，外出支援を行う
	同行援護	視覚障害により，移動にいちじるしい困難を有する人に，移動時およびそれに伴う外出先において必要な視覚的情報の支援，移動の援護，排泄・食事等の介護その他外出する際に必要となる援助を行う
	重度障害者等包括支援	介護の必要性がとても高い人に，居宅介護等複数のサービスを包括的に行う
日中系	療養介護	医療と常時介護を必要とする人に，昼間，医療機関で機能訓練，療養上の管理，看護，介護および日常生活の世話を行う
	生活介護	常に介護を必要とする人に，昼間，入浴，排泄，食事の介護等を行うとともに，創作的活動または生産活動の機会を提供する
居住系	施設入所支援	施設に入所する人に，夜間や休日，入浴，排泄，食事の介護等を行う
その他	短期入所 （ショートステイ）	自宅で介護する人が病気の場合などに，短期間，夜間も含め施設で，入浴，排泄，食事の介護等を行う

注：共同生活介護（ケアホーム）は，2014（平成26）年4月から訓練等給付の共同生活援助（グループホーム）に統合されている。
資料：厚生労働省パンフレットをもとに作成

▶▶ 訓練等給付

訓練等給付のサービスは表 3-14 のとおりです。

自立訓練や就労移行支援には、標準的な訓練期間（標準利用期間）が定められており、原則として期間を超えた訓練の提供は認められません。訪問系と日中系のサービスの組み合わせ利用については、「訓練施設利用時間中のホームヘルパー派遣」など、支援の時間帯が重なる場合などは、原則として認められません。

▶▶ 補装具

補装具は、障害者の車椅子や義肢、視覚障害者の盲人安全つえ（白杖）、聴覚障害者の補聴器など、障害によってそこなわれた身体機能を補完・代替する用具で、国が種目や耐用年数などを定めています。補装具の購入または修理にかかる費用は、補装具費として支給されます。なお、一定の所得額を超える人を支給対象から外すなどの制約（所得制限）が設けられています。

▶▶ 自立支援医療

公費負担医療[25]（➡ p.245 参照）のうち、障害児・障害者にかかわって最も広範に使われてきた、従来の児童福祉法上の育成医療、身体障害者福祉法上の更生医療、精神保健福祉上の精神通院医療の、三つの医療を一本に取りまとめたのが自立支援医療です。それぞれの医療目的は、自立支援医療に統合された後も変わっていません。なお、一定の所得額を超える人を支給対象から外すなどの制約（所得制限）が設けられています。

表 3-14 ● 訓練等給付事業一覧

区分	サービス名称	内容
日中系	自立訓練 （機能訓練・生活訓練）	自立した日常生活または社会生活ができるよう、一定期間、身体機能または生活能力の向上のために必要な訓練等を行う
	就労移行支援	就労を希望する障害者に、一定期間、就労に必要な知識および能力の向上のために必要な訓練等を行う
	就労継続支援 （A型・B型）	一般企業等での就労が困難な障害者に、働く場の提供等をするとともに、知識および能力の向上のために必要な訓練を行う
居住系	共同生活援助 （グループホーム）	夜間や休日、共同生活を行う住居において、相談、入浴、排泄または食事の介護や日常生活上の援助を行う。2014（平成26）年4月以降は共同生活介護（ケアホーム）と統合し、外部サービス等を活用して、入浴、排泄、または食事の介護その他日常生活上の援助も行う（外部サービス利用型共同生活援助）

資料：厚生労働省パンフレットをもとに作成

▶▶ 地域相談支援給付

相談支援事業者による，障害者支援施設の入所者や精神科病院に入院している精神障害者などの地域生活への移行にかかる支援，施設・病院からの退所・退院，家族との同居から一人暮らしに移行した障害者への地域定着を図るために，福祉サービス事業所への同行や緊急事態への相談・対応が，地域相談支援として実施されます。

▶▶ 計画相談支援給付

相談支援事業者による，障害福祉サービスまたは地域相談支援を利用するすべての障害者を対象に，サービス等利用計画の作成や計画の見直し（モニタリング）が計画相談支援として実施されます。

❸ 地域生活支援事業

地域生活支援事業は，市町村が実施するもの（表3-15）と，都道府県が実施するもの（表3-16）とに分けることができます。

このうち，都道府県が実施するものは，特に高い専門性を要する相談支援や，関係職員などの養成研修事業が中心です。そのため，障害者へのサービス提供の多くの部分は市町村が担うことになります。

市町村が提供する地域生活支援事業は，①理解促進研修・啓発事業，②自発的活動支援事業，③相談支援事業，④成年後見制度利用支援事業，⑤意思疎通支援事業などの必須事業と，任意事業などに分かれます。

必須事業は，すべての市町村で例外なく実施すべき事業として位置づけられています。しかし，主に財政事情などによって，整備が遅れている市町村が多くなっています。

地域生活支援事業の利用対象となる障害者や，利用に際しての費用負担は，すべて市町村が自主的に決めることになっています。しかし，国から支給される補助金額を超えるものはすべて市町村が負担しなければならないことから，この面でも市町村の財政力による格差が生じているのが現状です。

表 3-15 ● 市町村が行う地域生活支援事業

[必須事業]

事業名		内容等
理解促進研修・啓発事業		障害者等への理解を深めるための教室やイベントの実施，広報活動など
自発的活動支援事業		ピアサポートや地域の災害対策など，障害者・地域住民などが自発的に行う活動への支援
相談支援事業	障害者相談支援事業　※交付税	福祉サービスの利用援助（情報提供・相談等），社会資源活用への支援，ピアカウンセリングなど
	基幹相談支援センター等機能強化事業	基幹相談支援センターによる地域の相談支援の強化の取組みなど
	住宅入居等支援事業（居住サポート事業）	業者・家主等に対する手続きの支援，入居に必要な調整の支援など
成年後見制度利用支援事業		成年後見制度の申立て費用および後見人の報酬の全部または一部を助成
成年後見制度法人後見支援事業		法人後見実施のための研修，法人後見の活動を安定的に実施するための組織体制の構築など
意思疎通支援事業		手話通訳者・要約筆記者の派遣，手話通訳者の設置，点訳・音声訳などの意思疎通への支援
日常生活用具給付等事業		障害者・難病患者等の日常生活上の困難を改善するための用具の給付・貸与
手話奉仕員養成研修事業		手話で日常会話を行うのに必要な手話語彙及び手話表現技術を習得した者を養成
移動支援事業	個別支援型	社会生活上必要な外出や余暇活動等の社会参加のための外出時の移動を支援
	グループ支援型	
	車両移送型	
地域活動支援センター機能強化事業	基礎的事業　※交付税	障害者等の創作・生産活動等の提供
	地域活動支援センター　Ⅰ型	精神保健福祉士等を配置。相談支援事業を合わせて実施し，社会基盤の連携強化を図る
	地域活動支援センター　Ⅱ型	雇用・就労が困難な在宅障害者に機能訓練，社会適応訓練，入浴等のサービスを実施
	地域活動支援センター　Ⅲ型	地域の障害者の援護対策として実施。5年以上の実績を有することが要件

[任意事業]

事業名		内容等
日常生活支援	福祉ホームの運営	障害者に低額な料金で居室等を提供し，施設の管理，利用者の日常に関する相談等を実施
	訪問入浴サービス	訪問して身体障害者に浴槽を提供し入浴を支援
	生活訓練等	日常生活上必要な訓練・指導等の実施
	日中一時支援	日中，障害者等に活動の場を提供
	地域移行のための安心生活支援	地域生活への移行・定着のための支援体制の整備
	巡回支援専門員整備	専門員が巡回し，職員や障害児の保護者に対し早期発見・早期対応を支援
	相談支援事業所等（地域援助事業者）における退院支援体制確保	医療保護入院者の退院支援体制の確保に要する費用の一部補助
	協議会における地域資源の開発・利用促進等の支援	ニーズ調査や先進例の情報収集等の実施，医療におけるチームアプローチ実施体制の整備など
	その他日常生活支援	地域の要望に応じて，市町村の判断により実施
社会参加支援	レクリエーション活動等支援	各種レクリエーション教室や大会・運動会などの開催
	文化芸術活動振興	障害者等の作品展や音楽会など，文化芸術活動の機会の提供
	点字・声の広報等発行	点字・音声による広報・情報提供
	奉仕員養成研修	点訳奉仕員・朗読奉仕員等の養成研修
	複数市町村による意思疎通支援の共同実施促進	効率的な事業実施の方法の検討
	自動車運転免許取得・改造助成	自動車運転免許取得，自動車改造費用の一部を助成
	その他社会参加支援	地域の要望に応じて，市町村の判断により実施
権利擁護支援	成年後見制度普及啓発	成年後見制度の普及啓発
	障害者虐待防止対策支援	虐待時対応の体制整備，虐待防止・権利擁護に関する研修の実施など
	その他権利擁護支援	地域の要望に応じて，市町村の判断により実施
就業・就労支援	盲人ホームの運営	盲人ホームの運営助成
	重度障害者在宅就労促進（バーチャル工房支援）	企業への通勤が困難な在宅障害者への在宅就労訓練の支援
	更生訓練費給付	更生訓練費の支給
	知的障害者職親委託	知的障害者に事業経営者等が訓練等を実施
	その他就業・就労支援	地域の要望に応じて，市町村の判断により実施

[障害支援区分認定等事務]

注：「※交付税」は，地域生活支援事業の補助金とは別枠で市町村に支弁される交付金にもとづいて実施されている事業
2015（平成27）年4月10日現在

表 3-16 ● 都道府県が行う地域生活支援事業

[必須事業]

事業名		内容等
専門性の高い相談支援事業	発達障害者支援センター運営事業	発達障害者支援センターへの運営補助
	障害者就業・生活支援センター事業	障害者就業・生活支援センターへの運営補助
	高次脳機能障害及びその関連障害に対する支援普及事業	高次脳機能障害者への支援
	障害児等療育支援事業　※交付税	訪問による療育指導，外来による療育相談など
専門性の高い意思疎通支援を行う者の養成研修事業	手話通訳者・要約筆記者養成研修事業	手話通訳者，要約筆記者の養成
	盲ろう者向け通訳・介助員養成研修事業	盲ろう者向け通訳・介助員の養成
専門性の高い意思疎通支援を行う者の派遣事業	手話通訳者・要約筆記者派遣事業	市町村域を越え，広域的に手話通訳者，要約筆記者を派遣
	盲ろう者向け通訳・介助員派遣事業	盲ろう者向け通訳・介助員の派遣
意思疎通支援を行う者の派遣に係る市町村相互間の連絡調整事業		手話通訳者，要約筆記者の派遣に係る市町村相互間の連絡調整体制の整備
広域的な支援事業	都道府県相談支援体制整備事業	都道府県に相談支援のアドバイザーを配置
	精神障害者地域生活支援広域調整等事業	広域調整，相談支援，事故等発生時に必要な緊急対応

[サービス・相談支援者，指導者育成事業]

事業名		内容等
障害支援区分認定調査員等研修事業	障害支援区分認定調査員研修	認定調査員の資質向上を図るための研修の実施
	市町村審査会委員研修	市町村審査会委員を対象とした研修の実施
	主治医研修	医師意見書の記載方法等に関する研修の実施
相談支援従事者研修事業		相談支援従事者への研修の実施
サービス管理責任者研修事業		サービス管理責任者の養成
居宅介護従業者等養成研修事業		居宅介護従業者等の養成
強度行動障害支援者養成研修（基礎研修・実践研修）事業		強度行動障害を有する者に対し，適切な支援を行う職員の人材育成
身体障害者・知的障害者相談員活動強化事業		相談員への研修会の開催
音声機能障害者発声訓練指導者養成事業		発声訓練指導者の養成
精神障害関係従事者養成研修事業		専門的な能力の向上および人材育成
その他サービス・相談支援者，指導者育成事業		移動支援事業等が円滑に実施されるよう，サービス提供者の資質向上を図る事業

[任意事業]

事業名		内容等
日常生活支援	福祉ホームの運営	障害者に低額な料金で居室等を提供し，施設の管理，利用者の日常に関する相談等を実施
	オストメイト（人工肛門，人工膀胱造設者）社会適応訓練	ストマ用装具に関することや社会生活に関することについての講習
	音声機能障害者発声訓練事業	発声訓練の実施
	発達障害者支援体制整備	各ライフステージに対応した一貫した支援体制の整備
	児童発達支援センター等の機能強化等	児童発達支援センター等の機能の強化，障害福祉サービス事業所等による地域住民の相談等の対応・啓発など
	矯正施設等を退所した障害者の地域生活への移行促進	罪をおかした障害者等の特性や効果的な支援方法などの専門性の強化を図るための研修等の実施
	その他日常生活支援	地域の要望に応じて，市町村の判断により実施
社会参加支援	手話通訳者設置	手話通訳を行う者を公的機関に設置
	字幕入り映像ライブラリーの提供	字幕・手話挿入のビデオ製作・貸し出し
	点字・声の広報等発行	点字・音声による広報・情報提供
	点字による即時情報ネットワーク	社会福祉法人日本盲人会連合の発信情報の提供
	障害者ITサポートセンター運営	IT利用機会等の格差是正を図るための総合的なサービス提供とセンター運営
	パソコンボランティア養成・派遣	パソコンボランティアの養成・派遣
	都道府県障害者社会参加推進センター運営	都道府県障害者社会参加促進センターの設置・運営
	身体障害者補助犬育成	介助犬などの育成に関する費用の助成
	奉仕員養成研修	点訳奉仕員・朗読奉仕員等の養成研修
	レクリエーション活動等支援	スポーツ・レクリエーション教室や障害者スポーツ大会の開催
	文化芸術活動振興	障害者等の作品展や音楽会など，文化芸術活動の機会の提供
	サービス提供者情報提供等	サービス提供者に関する情報の提供
	その他社会参加支援	地域の要望に応じて，市町村の判断により実施
権利擁護支援	成年後見制度普及啓発	成年後見制度の普及啓発
	障害者虐待防止対策支援	虐待時対応の体制整備，虐待防止・権利擁護に関する研修の実施など
	その他権利擁護支援	地域の要望に応じて，市町村の判断により実施
就業・就労支援	盲人ホームの運営	盲人ホームの運営助成
	重度障害者在宅就労促進（バーチャル工房支援）	企業への通勤が困難な在宅障害者への在宅就労訓練の支援
	一般就労移行等促進	一般就労への移行，その後のフォローアップの支援
	障害者就業・生活支援センター体制強化等	非常勤職員等を配置するための賃金，諸経費等の助成
	その他就業・就労支援	地域の要望に応じて，市町村の判断により実施
重度障害者に係る市町村特別支援		訪問系サービスを重度障害者が利用する割合がいちじるしく高い市町村への都道府県による財政支援

[特別支援事業]

注：「※交付税」は，地域生活支援事業の補助金とは別枠で市町村に支弁される交付金にもとづいて実施されている事業
　　2015（平成27）年4月10日現在

4. サービス利用の流れ

❶ 介護給付と訓練等給付のサービスの利用

▶▶ 申請

介護給付と訓練等給付のサービス利用の流れは，図 3-22 のとおりです。

サービス利用の申請は，原則として障害者本人が行います。申請先は，市町村（東京都は特別区を含む。以下同じ）です。この段階で必要に応じて，相談支援事業者にサービス利用の相談をすることもできます。

▶▶ サービス等利用計画の作成と支給決定

申請が受理されると，市町村が実施する心身の障害に関するアセスメントが行われます。

介護給付については，障害支援区分認定を経た後，訓練等給付は障害支援区分認定を経ずに，サービス利用希望者からの意向聴取をふまえて，サービス等利用計画の案が作成されます。

その後，介護給付はサービス等利用計画案の内容が適切であると判断された場合，訓練等給付は暫定支給決定（仮の支給決定）を受けて，実際にサービスを利用して適否を確認したうえで，正式な支給決定が行われます。

支給決定を受けた障害者等には，その内容を記した受給者証（図 3-23）が交付され，決定内容に沿って，サービス事業者と契約を結び，サービス利用を開始します。これを利用契約制度といいます。また，サービス利用開始後，それらの支援が適切かどうかについて，一定期間ごとにモニタリングが行われます。

図 3-22 ● 介護給付・訓練等給付の申請から支給決定まで

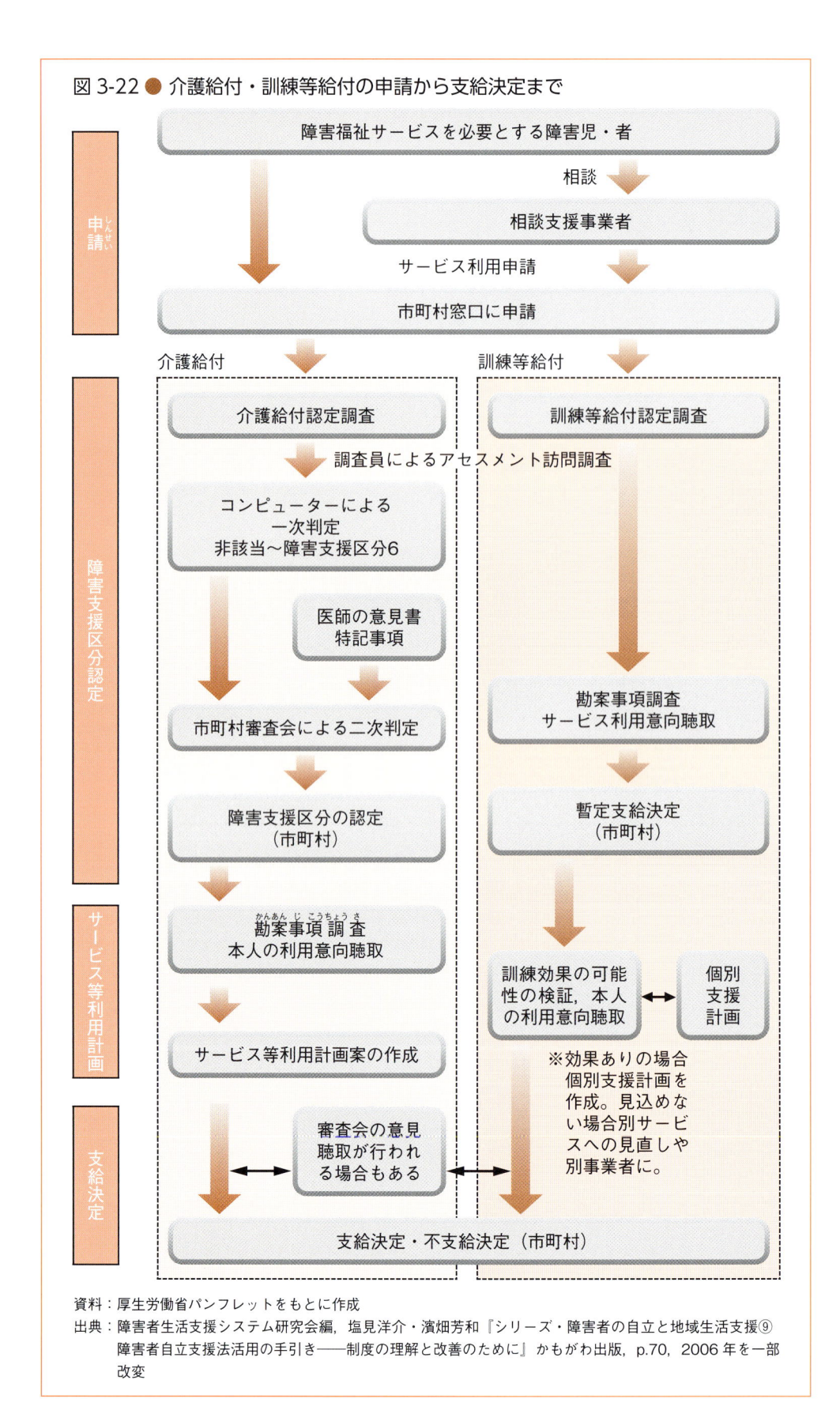

資料：厚生労働省パンフレットをもとに作成
出典：障害者生活支援システム研究会編，塩見洋介・濱畑芳和『シリーズ・障害者の自立と地域生活支援⑨
障害者自立支援法活用の手引き──制度の理解と改善のために』かもがわ出版，p.70，2006 年を一部
改変

図 3-23 ● 障害福祉サービス受給者証の例

支給決定となった場合，決定した障害支援区分や支給量等が記載される

障害福祉サービス受給者証			
受給者証番号	1098765432		
支給決定障害者等	居住地	札幌市中央区北1条西2丁目		
	フリガナ	ジリツ ハナコ		
	氏 名	自立 花子		
	生年月日	昭和59年 1月 1日	性別	女
児童	フリガナ			
	氏 名			
	生年月日		性別	
障害種別	2		
交付年月日	平成24年 5月22日		
支給市町村名及び印	札幌市中央区南3条西11丁目 札幌市中央区 011015		

介護給付費の支給決定内容		
障害支援区分	区分2	
認定有効期間	平成24年 6月 1日から平成27年 5月31日まで	
サービス種別	居宅介護	
支給量等	(身体介護)10時間／月当り (家事援助)10時間／月当り	
決定有効期間	平成24年 6月 1日から平成25年 5月31日まで	
サービス種別	短期入所	
支給量等	7日／月当り	
決定有効期間	平成24年 6月 1日から平成25年 5月31日まで	
サービス種別		
支給量等		
決定有効期間		

利用するサービスの種類

注：市町村により様式は異なる

▶▶ 障害支援区分認定

　介護給付を受けるためには，障害支援区分認定を受けなければなりません。障害支援区分は，障害の多様な特性，その他の心身の状態に応じて必要とされる標準的な支援の度合いを総合的に示すもので，区分は，重度の人から「障害支援区分6」「障害支援区分5」と続き「障害支援区分1」までの6ランクとなっています。また，障害が軽い場合など，どの区分にもあてはまらない「非該当」になる場合もあります。

　障害支援区分認定は，市町村によるアセスメント訪問調査時の80項目の聴き取りをもとにした，コンピューターによる一次判定と，市町村審査会が一次判定結果と医師の意見書などをもとに行う二次判定を経て，市町村が行います。

　障害支援区分認定の結果によっては，希望する介護給付サービスが受けられない場合も出てきます。認定結果に納得がいかない場合は，申請者は都道府県知事に対して不服審査請求を行うことができます。

　なお，障害者総合支援法では段階的な施策を講じるため，法の施行後3年をめどに，障害支援区分の認定を含めた支給決定のあり方を検討することにしています。

❷ その他のサービスの利用

　その他のサービスの利用の流れは，図3-24，図3-25のとおりで，市町村が窓口となります。介護給付などと同様に相談支援事業者への相談も可能です。

　当事者の暮らしを支えるうえでどのようなサービスが利用できるのか，まずは市町村の担当窓口に相談するとよいでしょう。

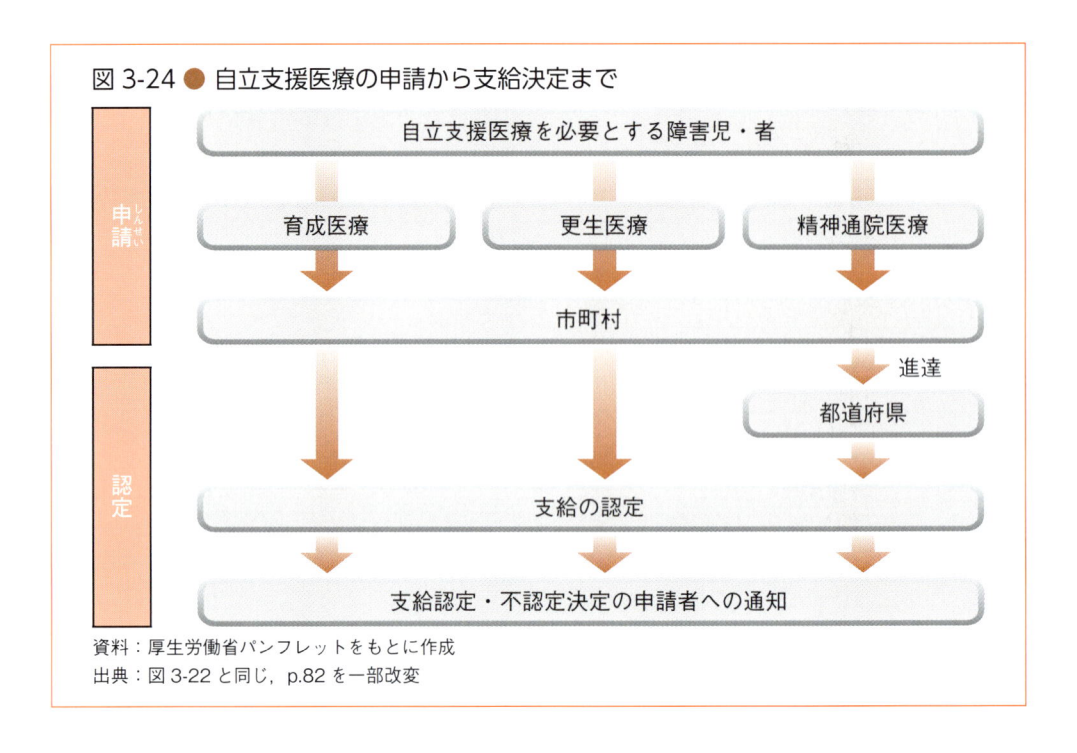

図 3-24 ● 自立支援医療の申請から支給決定まで

資料：厚生労働省パンフレットをもとに作成
出典：図 3-22 と同じ，p.82 を一部改変

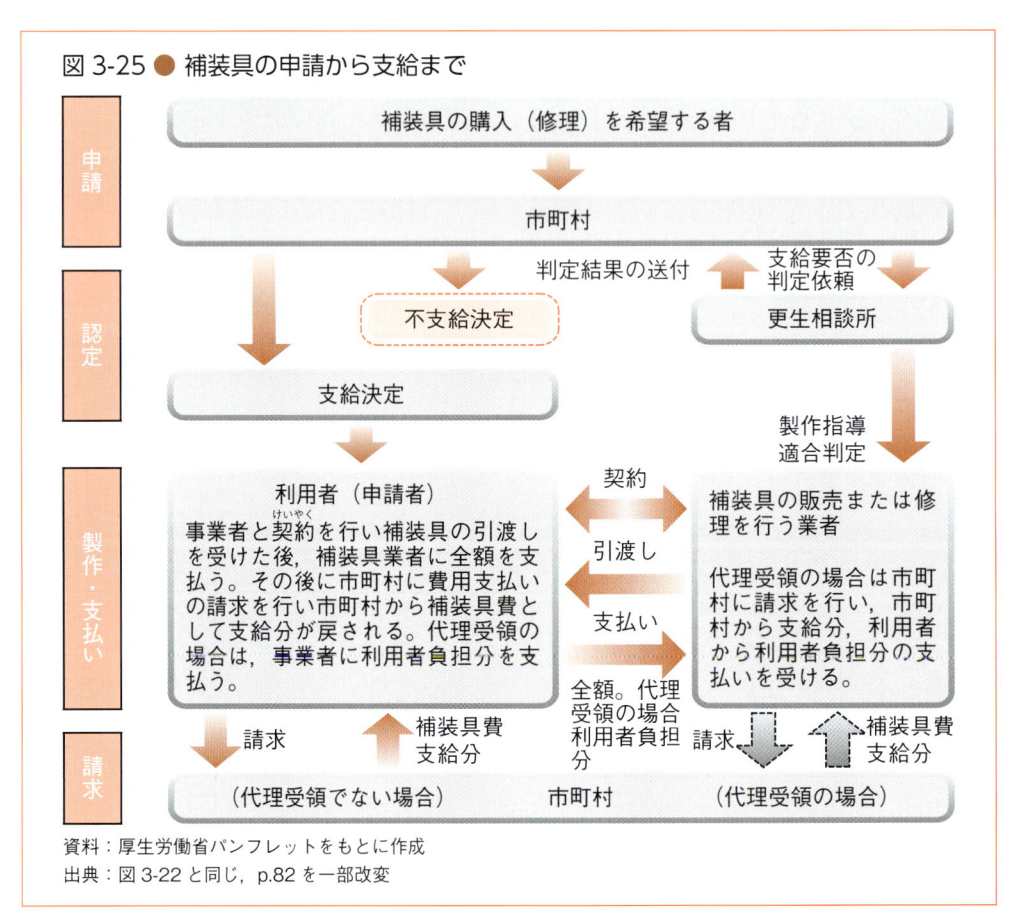

図 3-25 ● 補装具の申請から支給まで

資料：厚生労働省パンフレットをもとに作成
出典：図 3-22 と同じ，p.82 を一部改変

5. 自立支援給付と利用者負担

❶ 介護給付と訓練等給付のサービスの利用者負担

2005（平成17）年に障害者自立支援法が成立した当初は，自立支援給付として提供されるサービスには，新たに1割の利用料負担（応益負担）と，食費などの実費負担の支払いが求められていました。障害者自立支援法以前は，前年度の所得に応じて負担額が決まる応能負担であったため，応益負担となったことで，障害が重いためにたくさんのサービス利用が必要な障害者ほど，負担が重くなりました。

そこで，利用者の所得区分ごとに1割負担に上限を設けるという見直しが図られ，2012（平成24）年4月より，法文上から1割負担の規定が削除され，家計の負担能力に応じた応能負担とすることが定められました。

介護給付，訓練等給付にかかる負担上限額は現在，数次の改定を経て生活保護世帯，市町村民税非課税世帯は0円となっています。また，この場合の世帯の範囲は，18歳以上の障害者（施設に入所する18, 19歳を除く）は「障害のある方とその配偶者」，障害児（施設に入所する18, 19歳を含む）は「保護者の属する住民基本台帳の世帯」となっています。

月ごとの利用者負担の上限額は**表3-17**，20歳未満の入所施設利用者を含む障害児の利用者負担上限額は**表3-18**のとおりとなっています。

❷ 補装具，自立支援医療，地域生活支援事業の負担

補装具や自立支援医療も自立支援給付として提供されるため，1割の利用料負担が認定された負担上限額まで発生します。

2010（平成22）年4月からは，補装具の負担上限額についても，市町村民税非課税世帯は0円となりました。さらに，介護給付，訓練等給付と同様に，補装具，自立支援医療においても2012（平成24）年4月より，家計の負担能力に応じた応能負担とすることが定められました（**表3-19**）。

また，自立支援医療は，育成医療，更生医療，精神通院医療のそれぞれに，所得区分ごとに負担上限額が設定されています（**表3-20**）。なお，自立支援医療における世帯の単位は，加入している医療保険の別によって判断します。

一方，地域生活支援事業の負担額は，それを実施する自治体が任意に決めます。そのため，例えば移動支援などでは市町村によって利用料に格差が生じています。

表 3-17 ● 利用者負担の上限額

区分	世帯の収入状況	負担上限額
生活保護	生活保護受給世帯	0 円
低所得	市町村民税非課税世帯（注 1）	0 円
一般 1	市町村民税課税世帯（所得割 16 万円未満）（注 2）	9,300 円
一般 2	上記以外	37,200 円

注 1：3 人世帯で障害基礎年金 1 級受給の場合，収入がおおむね 300 万円以下の世帯が対象となります。
　 2：収入がおおむね 600 万円以下の世帯が対象になります。
　 3：入所施設利用者（20 歳以上），グループホーム利用者は，市町村民税課税世帯の場合，「一般 2」となります。
資料：厚生労働省

表 3-18 ● 20 歳未満の入所施設利用者を含む障害児の利用者負担の上限額

区分	世帯の収入状況		負担上限額
生活保護	生活保護受給世帯		0 円
低所得	市町村民税非課税世帯		0 円
一般 1	市町村民税課税世帯（所得割 28 万円未満）（注）	通所施設・ホームヘルプ利用の場合	4,600 円
		入所施設利用の場合	9,300 円
一般 2	上記以外		37,200 円

注：収入がおおむね 890 万円以下の世帯が対象となります。
資料：厚生労働省

表 3-19 ● 補装具費の負担上限額

区分	世帯の収入状況	負担上限額
生活保護	生活保護受給世帯	0 円
低所得	市町村民税非課税世帯（注）	0 円
一般	市町村民税課税世帯	37,200 円

注：3 人世帯で障害者基礎年金 1 級受給の場合，おおむね 300 万円以下の収入。
資料：厚生労働省

表 3-20 ● 自立支援医療の負担上限額

区分	世帯の収入状況		負担上限額
生活保護	生活保護受給世帯		0 円
低所得 1	市町村民税非課税世帯（本人収入 80 万円以下）		2,500 円
低所得 2	市町村民税非課税世帯（本人収入 80 万円超）		5,000 円
中間所得層	育成医療の経過措置（注 2）	市町村民税 3.3 万円未満	5,000 円
		市町村民税 23.5 万円未満	10,000 円
	高額治療継続者（「重度かつ継続」）（注 1）	市町村民税 3.3 万円未満	5,000 円
		市町村民税 23.5 万円未満	10,000 円
	上記以外		医療負担の自己負担限度
一定所得以上	高額治療継続者（「重度かつ継続」）（注 2）		20,000 円
	上記以外		公費負担の対象外

注1：高額治療継続者（「重度かつ継続」）の範囲については，以下のとおり。
　　①疾病，症状等から対象となる者
　　　更生医療・育成医療　腎臓機能，小腸機能，免疫機能，心臓機能障害（心臓移植後の抗免疫療法に限る），肝臓機能障害（肝臓移植後の抗免疫療法に限る）
　　　精神通院医療　統合失調症，躁うつ病・うつ病，てんかん，認知症等の脳機能障害若しくは薬物関連障害（依存症等）の者または集中・継続的な医療を要するものとして精神医療の一定以上の経験を有する医師が判断した者
　　②疾病等にかかわらず，高額な費用負担が継続することから対象となる者。医療保険の多数該当の者
　　2：育成医療の経過措置および「一定所得以上」かつ「重度かつ継続」の者に対する経過措置を講じています。
資料：厚生労働省

❸ 実費負担

　日中系・居住系のサービスで提供される食事費用や光熱水費，共同生活援助（グループホーム）の家賃などについては，**実費負担**が発生します。

　その軽減を図るため，低所得で一定規模の資産をもたない障害者が，施設入所支援と日中系サービスをあわせて利用する場合には，手元に月額 2 万 5000 円程度の生活費が残るように，食費・光熱水費が減免されます。同様に，グループホームから通所施設などの日中系サービスを利用する場合は，利用料負担が追加で減免されます（グループホームの家賃・食費などの負担はそのまま残ります）。また，低所得の通所施設利用者には，食費の一部（人件費相当額）が減免されます。さらに，2011（平成23）年 10 月 1 日より，市町村民税非課税のグループホームの利用者に月額 1 万円の家賃（家賃月額が 1 万円未満の場合は当該家賃の額）が，助成されるようになりました。

❹ 高額障害福祉サービス等給付費

　本人と配偶者がともに障害福祉サービスを利用している場合や，一人の障害者が障害者施策と介護保険の双方の福祉サービスを利用していて，費用負担がいちじるしく高額となる場合には，**高額障害福祉サービス等給付費**が支給されます。

　また，2012（平成24）年 4 月 1 日から，障害福祉サービスと補装具の利用料負担を合算して高額となる場合にも，高額障害福祉サービス等給付費が支給されることになりました。

❺ 地方自治体独自の軽減措置

　以上のような国が定めた減免制度とは別に，都道府県や市町村が独自に利用料負担を減免しているところもあります。市町村ごとにどのような減免制度があるのか（ないのか）を知ることも，制度を上手に利用するうえで欠かせません。

6. 障害者自立支援制度における事業者と施設

❶ 事業者・施設への報酬支払い

　障害者総合支援法にもとづいてサービスを提供する事業者は，提供するサービスごとに，市町村長あるいは都道府県知事による**事業者指定**を受けなければなりません。その際，サービスの種類ごとに国が定めた職員（人数や資格など）や施設設備（目的別の部屋数や広さなど）を整備する必要があります。これらの基準は，都道府県が条例で定めます。

　事業者指定を受けた事業者は，法にもとづき事業を適正に実施し，事業ごとに定められた報酬を月々まとめて，支払い機関に請求します。この請求は本来，サービスを利用した障害者本人が行うものですが，多くの場合，事業者が本人に代わって請求し，報酬を受け取ります。これを**代理受領**と呼びます。

　こうして事業者は，支払い機関からの報酬支払いとともに，利用者本人からの利用料の徴収によって，事業を運営します。

　障害者総合支援法にもとづいて，日中系・居住系のサービスを提供する事業者に支払われる報酬は，障害者自立支援法施行以前の月ぎめ定額方式から，日割り実績で計算されるようになりました。

　例えば，日中系サービスを提供する施設では，通所する障害者が病気などで欠席すると，その日の報酬が受け取れなくなります。同様に，グループホームなどの居住系サービスでは，病気による入院や帰省などで，部屋を空けてしまうと報酬は支払われません。そのため，事業者の経営が不安定になってしまうとの指摘を受け，国はこれまでにも，定数を超えた契約を認めるなどの措置を講じてきました。

❷ 苦情相談窓口

　サービスを提供する事業者とそれを利用する障害者は，本来は対等の立場に立って契約を結ぶという関係にあります。しかし，サービスの提供が途絶えると，障害者はたちまち生活に行き詰まってしまうため，往々にして事業者のほうが強くなってしまいます。

　こうした傾向を戒め，利用者本位のサービスを提供するため，**苦情相談窓口**を設けて，利用者からのさまざまな苦情を受け付けることが，すべての事業者に求められています。

7. 障害者自立支援制度における組織・団体の機能と役割

❶ 国の役割

　国（および地方公共団体）は，障害者基本法の規定にもとづいて，施策に対しての意見具申や勧告を行うことのできる**障害者政策委員会**[26]（➡ p.245 参照）を設置し，啓発・広報，生活支援，生活環境，教育・育成，雇用・就業，保健・医療，情報・コミュニケーション，国際協力などを総合的に網羅した**障害者基本計画**[27]（➡ p.245 参照）などの策定にあたって，その意見を聞きながら施策を講じていくこととなります。

　福祉サービス分野の具体化の一環として，障害者総合支援法においては，**障害福祉計画**[28]（➡ p.246 参照）の策定を義務づけています。

　また，障害者総合支援法の実施にあたっては，国は，市町村および都道府県に対する必要な助言，情報の提供，その他の援助を行うことが役割とされています。

表 3-21 ● 障害者基本法における国および地方公共団体に関する規定

（目的）
第1条　この法律は，全ての国民が，障害の有無にかかわらず，等しく基本的人権を享有するかけがえのない個人として尊重されるものであるとの理念にのっとり，全ての国民が，障害の有無によって分け隔てられることなく，相互に人格と個性を尊重し合いながら共生する社会を実現するため，障害者の自立及び社会参加の支援等のための施策に関し，基本原則を定め，及び国，地方公共団体等の責務を明らかにするとともに，障害者の自立及び社会参加の支援等のための施策の基本となる事項を定めること等により，障害者の自立及び社会参加の支援等のための施策を総合的かつ計画的に推進することを目的とする。
（国及び地方公共団体の責務）
第6条　国及び地方公共団体は，第1条に規定する社会の実現を図るため，前3条に定める基本原則（以下「基本原則」という。）にのっとり，障害者の自立及び社会参加の支援等のための施策を総合的かつ計画的に実施する責務を有する。
（施策の基本方針）
第10条　略
2　国及び地方公共団体は，障害者の自立及び社会参加の支援等のための施策を講ずるに当たっては，障害者その他の関係者の意見を聴き，その意見を尊重するよう努めなければならない。

　　　　　　　　　　　　　　　　　　　　　　　　　　　　（下線は筆者）

---

❷ 都道府県の役割

　都道府県は，国の制度策定を受けて，具体的な実施機関である市町村への対応を行います。

　都道府県は，障害者基本法にもとづき**都道府県障害者計画**を作成し，審議会その他の合議制の機関の設置と運営を担います。また，障害者総合支援法により**都道府県障害福祉計画**を作成し，市町村の事業実施状況を把握し，市町村への制度実施上の情報提供や助言を行います。

　また，都道府県障害福祉計画にもとづいて，福祉サービス事業者などの指定を行うほか，広域的でより専門性が高いために市町村では対応しにくい事業などを実施します。

　より専門的な事業として，障害児関連の相談支援などは，市町村では対応しにくいものとして専門機関が設置されています。その一つに，**発達障害者支援センター**[20]（➡ p.246参照）があります。発達障害のために特別な支援を要する児童生徒は，文部科学省調査によると，普通学級でも6％以上の出現率であることが明らかになっています。2004（平成16）年12月に発達障害者支援法が成立し，早期の発達支援・保育・教育・就労支援・地域生活支援などを，国および地方公共団体が実施することが求められています。

　また，医療機関については，自立支援医療制度にもとづく整備がなされています。障害児・者の医療の特徴は，生まれて死ぬまで，一生切り離せない（長期的医療），高度な手術や治療を必要とする（専門的医療），また，いくつもの診療科をまたいで利用せざるを得ない（複層的医療）ところにあります。こうしたことから，医療費については，障害者福祉医療制度などの独自の医療費補助を行っている都道府県もあります。

表 3-22 ● 都道府県が実施する事業

① 都道府県地域生活支援事業の実施
　　都道府県地域生活支援事業は，発達障害者に対する支援など，特に専門性の高い相談支援事業や意思疎通支援者の養成事業や，市町村間の連携による広域的な対応が必要な事業などを必須事業とし，障害福祉サービスまたは相談支援の質の向上のためのサービス提供者などのための養成研修事業，その他都道府県の判断による任意事業，また社会福祉法人などが行う同様の事業に対する補助をする事業を行うことができるとされている。
② 独自事業（上乗せ事業等）の実施
　　都道府県が独自事業を行うところもある。
③ その他都道府県の機関
　　小さな町村だけでは設置が困難な場合には，都道府県が更生相談所，保健所などを設置することとしている。

❸ 市町村の役割

▶▶ 市町村の具体的な役割

　市町村は，最も住民に身近な行政機関です。市町村は，障害者基本法にもとづき**市町村障害者計画**を，障害者総合支援法により**市町村障害福祉計画**[30] (➡ p.246 参照) を策定し，それにもとづき障害者福祉サービスを実施します。障害者総合支援法においては，市町村が基本的な制度運用の責任をもち，身体・知的・精神（発達障害を含む）の３障害を含め，基本的な障害福祉サービスの実施主体となっています。したがって，サービス利用の申請（しんせい）は市町村が窓口となります。

　また，市町村は，地域生活支援事業の必須事業（ひっすじぎょう）を中心に，各事業の実施を担（にな）います。なお，利用料負担や事業報酬（じぎょうほうしゅう）などは，各市町村の要綱（ようこう）等にもとづいて決定されるもので，自治体により異なります。

　相談支援事業を行う事業者のうち，特定相談支援事業者の指定および事業監査指導なども移管され，地域で実態に合わせた事業を進めていくことになりました。

▶▶ 市町村の機関

　障害者総合支援法に関連のある，市町村で福祉制度の窓口となる機関としては，福祉事務所や保健福祉センターなどがあります。また，地域において住民のネットワークを構築（こうちく）し，住民参加で地域の福祉力を高めていくために，社会福祉協議会や協議会が機能するよう求められています。

　地域における**協議会**[31] (➡ p.246 参照) は，障害者総合支援法にもとづき，障害のある人が自立（いとな）した日常生活または社会生活を営むことができるよう，相談支援事業者，障害福祉サービス事業者，保健・医療関係者，教育・雇用関係機関（こようかんけいきかん），企業，障害者関係団体，学識経験者など，障害者福祉の関係者が幅広（はばひろ）く参加し，定期的な協議を行い，相談支援事業をはじめとする地域の障害福祉にかかるシステムづくりに関し，中核的な役割を果たすことを目的として設置されるものです。

　そのため，この協議会の運営の活性化のための方策や，相談支援の充実といった制度改正をふまえて，その担うべき役割が強化されることとなっています。

　また，2012（平成 24）年 4 月から，市町村は**基幹相談支援センター**（きかんそうだんしえん）[32] (➡ p.246 参照) を設置してより専門的な相談支援が行えるようになっています。

　障害者総合支援法では，多くの場合，市町村を通じて，各種の相談や手続きを行うことになります。したがって，どこの機関でどのような相談や手続きを行うのかをよく理解しておく必要があります。

❹ 指定事業者の役割

▶▶ 事業者の指定

　障害者総合支援法にもとづき，「障害者の日常生活及び社会生活を総合的に支援するための法律に基づく指定障害福祉サービスの事業等の人員，設備及び運営に関する基準」（以下，事業等基準）等が明確にされており，事業ごとの設備や人員配置，運営の基準を満たした運営を行うことが義務づけられています。こうした基準に適合する事業者については，指定障害福祉サービス事業者，指定障害者支援施設等の設置者および指定一般相談支援事業者・指定特定相談支援事業者として，都道府県・市町村が指定を行います。

　なお，2011（平成23）年の「地域の自主性及び自立性を高めるための改革の推進を図るための関係法律の整備に関する法律」（地域主権一括法）にもとづき，事業等基準については，すべて都道府県などの条例に委任したうえで，「人員配置基準」「居室面積基準」「人権に直結する運営基準」に限り「従うべき基準」とすることとなっており，地域の実情に合わせた指定も行えるようになりました。

▶▶ 利用契約の締結

　指定された事業者は，基本的には，支給決定時に提出された，指定特定相談支援事業者が作成したサービス等利用計画にもとづき，事前のサービス調整会議（モニタリング含む）などを開催し，その支援内容の確認をしながら，利用者との利用契約の締結を行い，サービスを実施することとなります。この際，利用契約の締結にあたっては，重要事項説明書・サービス利用書・利用契約書の提示や，十分な説明が義務づけられています。特に障害者総合支援法への改正で，意思疎通困難者への配慮や，自分で判断することが困難な人との契約については，成年後見制度や日常生活自立支援事業などの積極的活用が大切となります。

▶▶ 事業者の責任

　支援費制度以降，利用者の権利擁護と自己決定の尊重が強調され，指定事業者については，三つのしくみ（情報公開，苦情解決，第三者評価）と五つの義務（説明責任，守秘義務，安全配慮義務，身体拘束禁止，記録管理）が課されています。

　また，障害者総合支援法では，「障害者等の意思決定の支援に配慮するとともに，常に障害者等の立場に立って支援を行うように努めなければならないものとすること」との規定が組み入れられました。

　個別の支援計画の策定やヒヤリハット記録等の整備の意義をよく理解し，より円滑で，個人の尊厳を尊重した支援が行えるよう配慮していくことが大切です。

❺ その他の機関の役割

▶▶ 国民健康保険団体連合会

報酬などの費用については，事業ごとの報酬単価にもとづいて定められた報酬が支払われることとなります。障害福祉サービス費について，市町村はサービス事業者からの請求にもとづき，審査のうえ支払うこととされていますが，国民健康保険団体連合会に審査支払事務が委託され，サービス事業者からの請求受付から支払いまで，一連の事務の効率化と平準化を図るものとして電子請求などのシステムが導入されています。

▶▶ 相談支援機関

福祉サービスの利用や就労・生活への支援などについて，より身近な地域で相談などが受けられるように，障害者相談支援事業によって障害者生活支援センターや就労と生活支援を専門とした障害者就業・生活支援センター[33]（➡ p.246 参照）などがおかれています。

相談支援は，一般相談支援事業と特定相談支援事業，障害児相談支援事業等があり，一般相談のほか，サービス等利用計画の策定，地域移行・定着支援などが相談支援機関の役割として位置づけられました。さらに，地域における相談支援の中核的役割を担う基幹相談支援センターのほか，発達障害のある人のための発達障害者支援センターなども設置され始めています。また，特別に支援が困難な場合や，ほかの機関との連携で対応することが必要な場合には，地域における協議会でいくつかの機関が集まって相談するしくみなども工夫されています。

▶▶ 運営適正化委員会

各サービス事業所内に設置される苦情解決のしくみでは，解決が十分にできない場合に，都道府県の単位で運営適正化委員会が設置されています。事業所との関係だけで解決しない問題などは直接こうした機関に申し立てを行い，調整を行ってもらうこともできます。同時に，事業者の指定の権限をもつ機関は，あまりに不適切な運用がある場合，特別監査などを実施し，場合によっては事業取り消しを行うこともあります。

▶▶ 市町村障害者虐待防止センター

障害者虐待防止法によって，障害者への虐待の防止や支援に関して，市町村障害者虐待防止センターの設置が義務づけられました。養護者・施設従事者・使用者による虐待などが発生した場合，ここに通報を行い，障害者の保護や養護者への支援を専門的に行うとともに，虐待の防止の啓発を行います。

8. ライフサイクルからみた支援組織

❶ 就学前期の制度の活用と各種機関

▶▶ 障害の発見から福祉サービスへ

障害には，先天的なものも，生まれてすぐに得るものもあります。したがって，こうした人たちへの支援は，乳幼児期から始まります。

また，親が子どもの障害に気づかない場合もあり，保健所（あるいは市町村保健センター）が**乳幼児健康診査**[34]（➡ p.247参照）などで障害を発見することもあります。保健所による乳幼児健康診査は定期的に行われ，子どもたちの発達状況を検査し，障害の状況などを発見した場合は親と相談して，その後の支援への相談の窓口となります。

障害の疑いが発見された子どもたちは，本格的に専門医療機関の紹介を受け，正確な検査やその後の支援の相談が行われます。さらに，この時期，適切な療育や支援を行っていくために，福祉事務所や児童相談所などで福祉的支援の相談や具体的な実施機関の紹介を受け，治療・療育・福祉サービスの提供などを受けることになります。

また，障害に応じて，手帳制度が実施されており，この手帳を取得することで，さまざまな福祉サービスの支援を受けることになります。手帳の発行に関しては，**更生相談所**[35]（➡ p.247参照）が判定などを行います。

▶▶ 障害の理解と受容

就学前期に障害が告知されると，親は大変なショックを受けることもあります。子どもの障害をどう理解し，どのように子育てをしていくのか，大きな悩みをもつことになります。その際，適切な相談機関があるか，**療育**[36]（➡ p.247参照）も含めた子育てをどのように進めていくのかは，その後の障害をもつ子どもたちの人生を左右することになります。親はより適切な障害の理解と受容（☞ 第4巻 p.232）を図ることが大切です。

そこで児童発達支援事業，児童発達支援センター，障害児相談支援事業等においては，障害児への療育だけでなく，家族に対する支援も行われています。また，保育所に通う子どもたちなどを対象とした保育所等訪問支援も創設されています。子どもたちは，そのときの親たちへの支援による「理解の状況」のなかで育っていきます。それだけに，こうした親の障害の理解と受容は大切な要因となります。

❷ 学齢期の制度の活用と各種機関 ∷∷∷∷∷∷∷∷∷∷∷∷∷∷∷∷∷∷∷∷∷∷∷∷∷∷∷∷∷

▶▶ 就学の保障

就学する時期には，教育委員会から就学通知が届きますが，その前に，市町村など
が設置する就学指導委員会などが，就学予定者と児童生徒の就学や教育的措置に関
して判断することになります。

親にとっては，普通学校，特別支援学校，特別支援学級などの教育環境を判断して，
就学を決定していくことになりますが，地域によって条件も異なるので，事前の見学
や相談などを通じて就学指導委員会に要望を行い，適切な就学が保障されるようにす
ることが大切です。

また，選択した教育環境が，必ずしも当事者に適切でない場合もあります。その場
合，学校現場との相談に加え，児童相談所などに相談したり，また必要に応じて，よ
り適切な教育機関へ転校したりすることも必要となります。その場合には，学校現場
や教育委員会と十分相談できるようにしておくことも大切です。

▶▶ 学齢期の福祉サービスの活用

学齢期には，こうした就学に関すること以外にも，さまざまな福祉サービスを必要
に応じて活用していくことも大切です。

わが国の福祉制度は，基本的に申請主義となっており，本人や家族が，行政機関な
どに申請を行うことで制度を活用することができます。また，福祉サービスの利用は
契約制度となっており，障害支援区分認定を前提として，サービス等利用計画にもと
づき，直接，本人や家族がサービス事業所と契約を行うことによって，サービスを利
用することができます（ただし，障害児の場合は現在この区分認定は行われていませ
ん）。

申請にあたっては，手続きに必要な書類もあるため，あらかじめ行政に相談や確認
をしてから行う必要があります。

なお，親の障害の受容などが不十分な場合，福祉事務所や児童相談所などが，その
必要性を判断して支援を決定し，支援を進める措置制度のしくみもあります。また，
児童の場合，サービス利用の認定方法が成人とは異なるので注意が必要です。

▶▶ 特別児童扶養手当・障害児福祉手当

精神・知的，または身体障害（内部障害を含む）等の程度が政令で定める程度以上
の 20 歳未満の者を，家庭で監護・養育している父母等には特別児童扶養手当が支給
されます。また障害が重度のために，日常生活において常時介護を必要とする在宅の
20 歳未満の者には，障害児福祉手当が支給されます。

両手当の申請窓口は市町村です。申請には，医師の診断書（所定の様式のもの），

戸籍 抄本，住民票，所得状況届等の添付が求められます。受給資格者またはその配偶者もしくは扶養義務者の前年の所得が一定額以上ある場合は，当年分の支給が停止されます。

▶▶ 障害児の放課後保障

　この時期にもう一つ大きな課題になるのが，放課後保障という問題です。

　親が共働きをしている家庭に対する支援などには，地域子ども教室推進事業をベースとした放課後子ども教室推進事業（文部科学省）と**放課後児童健全育成事業**[57]（→ p.247参照）（厚生労働省）の二つの事業があります。

　2007（平成19）年度からはこれらを一体的あるいは連携して実施する放課後子どもプランとして推進されています。このプランは，放課後対策事業として市町村に運営委員会を設置し，計画的に，放課後の子どもたちの学び，体験，交流，遊び，生活の場として学校などを開放して実施していくというものです。

　親は共働きをするための保障として，もっと地域での交流の場を増やしてほしい，学校以外でも専門的な療育の場を保障してほしいなど，さまざまな希望をもっています。そこで，こうしたニーズに応えるために，児童発達支援および放課後等デイサービス事業，短期入所事業，日中一時支援事業といったさまざまな福祉制度を利用することもできます。また，自治体によっては，障害児学童保育制度などを単独で設置しているところもあります。

　児童発達支援事業や放課後等デイサービス事業は，規制緩和でさまざまな法人が参入し，その事業内容もかなり幅があります。子どもたちの状況やニーズに合わせて，その適性を十分吟味しながら活用していくことが大切です。

　この時期の支援は，子どもたちへの直接的な支援とともに，家族への子育て支援の必要性も高くなる時期といえます。

❸ 成人期の制度の活用と各種機関

▶▶ 働くことへの支援

　日本における障害者の就労は，きわめて大きな困難を伴っているといわれます。このため，国では障害者の雇用の促進等に関する法律[88]（➡ p.247 参照）を制定し，企業や行政などに障害者の雇用を促すための対策を講じています。しかし，この法律に定められた障害者雇用率は，十分達成されているとはいえません。

　障害者自立支援法以降，「福祉から就労へ」という基本方針のもと，障害者の就労を進め，障害者の雇用施策を充実させるために，雇用関係法制の改正なども行われています。また，学校卒業後の就労を進めるために，特別支援教育のなかでも就労支援が位置づけられ，福祉と教育との連携で，より円滑に就労が図れるような支援も始まっています。

▶▶ 仕事の紹介や相談支援

　一般的に，障害者の就労についての紹介は，公共職業安定所（ハローワーク）が行います。ここでは障害者のために，専門の職員・相談員を配置し，ケースワーク方式により，求職申し込みから就職後のアフターケアまでの一貫した職業紹介，就業指導などを行っています。こうした機関を通じて就労の支援を受ける場合，障害者の雇用のためのさまざまな助成金などを活用していくこともできます。

　また，地域の専門的窓口として障害者就業・生活支援センターが設置され，ジョブコーチ[89]（➡ p.247 参照）の派遣，就職への相談支援や就労後の生活上の支援などを行うところもあります。

　また，障害のある人が働くための力をつけていくために，障害者職業能力開発校などの支援の場も準備されています。

　近年ではさらに，就労に向けたさまざまな情報を提供したり，事業主への理解を広げていくために，高齢・障害・求職者雇用支援機構や障害者就労支援ネットワークといった支援機関がつくられ，積極的な支援への取り組みが行われています。

▶▶ 地域での暮らしを基本とした支援

　今日，国際的にノーマライゼーション（☞第 1 巻 p.42）の考え方が広がるなかで，日本でも「全て障害者は，可能な限り，どこで誰と生活するかについての選択の機会が確保され，地域社会において他の人々と共生することを妨げられないこと」（障害者基本法第 3 条第 2 号）とされ，地域での暮らしを支援していくことが重視されるようになってきています。

▶▶ 成人期の福祉サービスの活用

(1)　経済的な支援制度

けがや病気により障害が残って障害等級1級，2級に該当し，保険料納付要件を満たしている場合に，障害等級に応じて一定の金額が定額で受給できます（障害基礎年金（☞第1巻p.146））。幼少期から障害のある人は，20歳になり，手続きを行うことで認定されれば，この障害基礎年金を受給することができます。加えて，障害の重い人は，特別障害者手当が別途支給されます。

また，けがや病気の初診日が厚生年金保険の被保険者期間中で，そのけがや病気により，障害等級1級，2級に該当した場合，障害基礎年金に上乗せして支給されます。3級の場合は障害基礎年金は支給されませんが，障害厚生年金が支給されることになります。3級よりも軽い障害が残った場合には，障害手当金が一時金として支給されます。

(2)　福祉サービスの利用

基本的に，障害児・者で活用できる制度は同じものがありますが，障害者総合支援法上の制度活用については，成人と子どもで活用できる内容が異なる場合があります（具体的活用については，p.177～180参照）。

(3)　さまざまな社会参加への保障

介護保険と異なる支援として，障害児・者には，コミュニケーション支援，移動支援，権利擁護への支援など，生活のさまざまな面での支援が必要となってきます。それは，個人の活動とともに，人生のなかで社会参加を保障することが重要な課題となるからです。しかし，現行制度では，まだまだ不十分なことも多く，家と福祉事業所だけの往復で暮らしが成り立っている人たちも多くいます。

こうした環境以外の「第三の世界」を保障していくことや，住宅の保障，公共バリアフリーの保障，情報バリアフリー，文化的諸条件の整備，消費者としての障害者の保護，選挙における配慮，司法手続きにおける配慮など，暮らし全般でのさまざまな配慮が充足されていくことも大切な条件となります。

(4)　その他の支援制度

一般の福祉サービス以外にも，障害の状況によって引き起こされる社会的不利益を補完するため，交通費の減免制度や各種減免・割引の制度，福祉機器の支給制度などがあります。各市町村の福祉事務所において，実施されている制度を確認して，活用していくことも大切です。

介護実践にかかわる諸制度

1. サービスの利用にかかわる諸制度

❶ 日常生活自立支援事業

▶▶ 日常生活自立支援事業とは

日常生活自立支援事業は，認知症高齢者，知的障害者，精神障害者などのうち判断能力が不十分な人が地域において自立した生活を送ることができるように，利用者との契約（けいやく）にもとづき，福祉サービスの利用援助などを行うものです。

事業の実施主体となるのは，都道府県社会福祉協議会または指定都市社会福祉協議会です。事業の一部を市区町村社会福祉協議会などに委託して実施しています。市区町村社会福祉協議会などが窓口となり，利用者とかかわり，相談の受け付けや打ち合わせ，契約書や支援計画の作成，契約，サービスの提供，再評価という一連の業務を行っています。

▶▶ 事業の対象者と援助内容

事業の対象者は，表3-23 の示した二つに当てはまる人です。また，援助内容は，表3-24 のとおりです。

表3-24 の三つの援助内容の実施に伴って行う具体的な援助内容としては，①日常的な金銭管理（預金の払い戻し，預金の解約，預金の預け入れの手続きなど利用者の日常生活費の管理）と，②定期的な訪問による生活変化の察知を基準とします。

なお，日常生活自立支援事業のサービスが適切に運営されているかを監視し，利用者からの苦情を受け付ける窓口として，運営適正化委員会が第三者的機関として設置されています。

相談は本人からだけではなく，家族，民生委員，行政職員，福祉サービス事業者などからも受け付けています。介護に従事しているなかで，表3-25 に例示したような問題や事柄に気づいたり相談を受けたりした場合は，本人が住んでいる市区町村の社会福祉協議会に相談してみましょう。

表 3-23 ● 日常生活自立支援事業の対象者

① 判断能力が不十分な人（認知症高齢者，知的障害者，精神障害者等であって，日常生活を営むのに必要なサービスを利用するための情報の入手，理解，判断，意思表示を本人のみでは適切に行うことが困難な人）。
② 本事業の契約(けいやく)の内容について判断し得る能力を有していると認められる人。

表 3-24 ● 日常生活自立支援事業の援助内容

① 福祉サービスの利用に関する援助
・福祉サービスを利用，または利用をやめるために必要な手続き
・福祉サービスの利用料の支払い手続き　など
② 福祉サービスの利用に関する苦情解決制度の利用援助
・福祉サービスについての苦情解決制度を利用する手続き　など
③ 住宅改造，居住家屋の貸借(たいしゃく)，日常生活上の消費契約および住民票の届出等の行政手続きに関する援助その他福祉サービスの適切な利用のために必要な一連の援助
・集金および福祉手当の受領に必要な手続き
・税金，社会保険料，公共料金，医療費，家賃などの支払い手続き
・日常生活に必要な預金の払戻し，預け入れなどの手続き
・年金証書，預貯金の通帳，権利証などの書類を金融機関の貸金庫で預かる　など

表 3-25 ● 日常生活自立支援事業につながると考えられる事例

・預けていたお金が知らないうちに勝手に使われてしまう。
・認知症高齢者や知的障害者などをねらい，訪問販売で高額な商品を売る。
・認知症のため，福祉サービスの利用手続きや金銭管理を自分一人でできない。
・家族や親族から財産侵害（本人に無断で年金振込み用通帳や定期預金証書，届出印を持ち出す，年金を担保(たんぽ)に金融機関から借金させられる，など）を受けている。
・障害年金を家族が使ってしまう。
・友人から生活費を横取りされている。
・認知症高齢者で，もの忘れやものとられ妄想(もうそう)があり，金銭管理ができず金銭トラブルが絶えない。
・読み書きが十分にできないため，行政窓口での手続き，社会福祉サービスの利用，年金受給の申請(しんせい)などができない。　など

❷ 成年後見制度 ::

▶▶ 成年後見制度とは

　成年後見制度は，判断能力の不十分な成年者（認知症高齢者，知的障害者，精神障害者など）を保護するための制度として1999（平成11）年に「民法の一部を改正する法律」等の成年後見制度関連四法として成立し，介護保険制度と同時に，2000（平成12）年から施行されました。

　この法律は，高齢社会に対応し，知的障害者や精神障害者などの福祉を充実させるという観点から，「自己決定の尊重」「今もっている力の活用」「ノーマライゼーション」などの新しい理念と従来の本人の保護の理念との調和を目的として，柔軟かつ弾力的な利用しやすい制度を構築するため，多くの検討を経て誕生しました。

　制度が必要になった理由を対象者の状況に合わせて考えてみましょう。認知症，知的障害，精神障害などの理由で判断能力の不十分な人たちは，預貯金などの財産の管理，介護サービスや施設への入所に関する契約の締結，居住しているアパートの家賃の支払いや賃貸借契約の更新，自宅の増改築のための契約などが必要だとしても，自分で手続きを行うのが難しくなります。また，**悪質商法**[40]（➡ p.248 参照）の被害にあうおそれもあります。このような問題から本人を保護し，支援するのが成年後見制度です。

▶▶ 法定後見制度と任意後見制度

　成年後見制度には，法定後見制度と任意後見制度の二つがあります。

　法定後見制度では，家庭裁判所から選ばれた補助人・保佐人・成年後見人が**表3-26**にあることをして本人を保護し，支援します。また，法定後見制度は，判断能力の程度など本人の事情に応じて補助，保佐，後見の三つに支援内容が分けられています。

　任意後見制度は，本人が十分な判断能力があるうちに，前もって自分が選んだ代理人（任意後見人）に自分の生活，財産管理に関する事務について代理権を与える契約（任意後見契約）を公証人の作成する**公正証書**[41]（➡ p.248 参照）で結んでおくものです。なお，任意後見人が適切に保護・支援するためのしくみとして，家庭裁判所が選任した任意後見監督人が任意後見人を監督するようになっています。

　補助，保佐，後見の概要は**表3-27**のとおりです。

表 3-26 ● 補助人・保佐人・成年後見人が行うこと

- ・本人を代理して契約などの法律行為を行う。
- ・本人が自分で法律行為をするときに同意を与える。
- ・本人が同意を得ないでした不利益な法律行為を後から取り消す。

表 3-27 ● 後見, 保佐, 補助の概要

種類	後見	保佐	補助
対象者	精神上の障害[注1]により判断能力（事理弁識能力）を常に欠く状況にある者。	精神上の障害により判断能力がいちじるしく不十分な者。	精神上の障害により判断能力が不十分な者のうち, 保佐または後見の程度に至らない軽度の状態にある者。
申立てできる人	・本人, 配偶者, 四親等内の親族, 未成年後見人, 検察官など。 ・区市町村長[注2]		
支援内容	成年後見人が, 日常生活に関する行為以外のすべての法律行為を代わって行ったり、または必要に応じて取り消したりする。	・保佐人が, 借金や訴訟といった重要な法律行為に対して同意したり, 取り消しを行ったりする。 ・保佐人が, 申立時に選択した特定の法律行為を代わって行ったり同意したり、または取り消したりする。	・補助人が, 申立時に選択した借金や訴訟といった重要な法律行為に対して、同意したり取り消しを行ったりする。 ・補助人が, 申立時に選択した特定の法律行為を代わって行う。

注1：認知症・知的障害・精神障害・自閉症等
注2：区市町村長が成年後見・保佐・補助の開始審判の申立人になるのは, 身寄りがいない, 親族の協力が得られない場合である。区市町村長が審判申立てを行うための判定基準について, 法律（該当する法律：老人福祉法第32条, 知的障害者福祉法第28条, および精神保健及び精神障害者福祉に関する法律第51条の11の2）では, 「その福祉を図るため特に必要があると認めるときは,〔中略〕審判の請求をすることができる」と規定している。それ以外の要件は規定されていない。

❸ 苦情解決の制度

▶▶ 利用者保護のための苦情解決のしくみ

苦情解決は，利用者の立場に立った保護のために必要なしくみの一つです。社会福祉の制度としては，「社会福祉の増進のための社会福祉事業法等の一部を改正する等の法律」によって，利用者の立場に立った社会福祉制度の構築が示され，苦情解決のしくみが導入されました。

苦情解決のしくみとしては，福祉サービスに対する利用者の苦情や意見を幅広くくみ上げ，サービスの改善を図るという観点から，表3-28に示した3点を整備することになりました。

▶▶ 苦情解決の法的規定

社会福祉法第82条では，社会福祉事業の経営者による苦情の解決として，「社会福祉事業の経営者は，常に，その提供する福祉サービスについて，利用者等からの苦情の適切な解決に努めなければならない」としています。また，老人福祉法および介護保険法に規定された各種施設の設備や運営に関する基準を示した省令においても，苦情解決または苦情処理を明確に位置づけています。参考として特別養護老人ホームに関する基準を表3-29に掲載します。

表 3-28 ● 苦情解決のしくみのポイント

① 社会福祉事業経営者の苦情解決の責務を明確化
② 第三者が加わった施設内における苦情解決のしくみの整備
③ 上記方法で解決が困難な事例に備え，都道府県社会福祉協議会に，苦情解決のための委員会（運営適正化委員会）を設置

表 3-29 ● 「特別養護老人ホームの設備及び運営に関する基準」における関連規定

（苦情処理）
第29条　特別養護老人ホームは，その行った処遇に関する入所者及びその家族からの苦情に迅速かつ適切に対応するために，苦情を受け付けるための窓口を設置する等の必要な措置を講じなければならない。
2　特別養護老人ホームは，前項の苦情を受け付けた場合には，当該苦情の内容等を記録しなければならない。
3　特別養護老人ホームは，その行った処遇に関し，市町村から指導又は助言を受けた場合は，当該指導又は助言に従って必要な改善を行わなければならない。
4　特別養護老人ホームは，市町村からの求めがあった場合には，前項の改善の内容を市町村に報告しなければならない。

❹ 第三者評価の制度

▶▶ 第三者評価とは

社会福祉法第78条第1項において，社会福祉事業の経営者は，提供する福祉サービスの質の評価等を自ら行うことやその他の措置を行うことにより，利用者の立場に立って良質かつ適切な福祉サービスを提供するよう努めなければならないとされています。

この「その他の措置」という部分が，第三者評価の制度または事業を意味しています。つまり，福祉サービスの質の向上のためには，個々の経営者が自己評価を通じて問題点を把握するだけではなく，公正かつ中立な第三者機関によって客観的な評価が実施されることが求められているのです。

社会福祉事業の経営者が福祉サービス第三者評価を受けることは，福祉サービスの質を向上させるうえで重要なことなのです。そして，利用者にとっては，評価結果に関する情報を得ることで福祉サービスの内容や質の理解につながるとともに，サービスを実際に利用するときの選択に役立つといえます。

表 3-30 ● 社会福祉法における関連規定

（福祉サービスの質の向上のための措置等）
第78条　社会福祉事業の経営者は，自らその提供する福祉サービスの質の評価を行うことその他の措置を講ずることにより，常に福祉サービスを受ける者の立場に立って良質かつ適切な福祉サービスを提供するよう努めなければならない。
2　国は，社会福祉事業の経営者が行う福祉サービスの質の向上のための措置を援助するために，福祉サービスの質の公正かつ適切な評価の実施に資するための措置を講ずるよう努めなければならない。

▶▶ 福祉サービス第三者評価事業

第三者評価の制度としては，福祉サービス第三者評価事業があります。この事業は，個々のサービス事業者が事業運営における問題点を把握し，サービスの質の向上に結びつけることを目的としています。そして，福祉サービス第三者評価を受けた結果が公表されることにより，結果として利用者の適切なサービス選択に資するための情報となることを目的としています。評価は，福祉サービス第三者評価基準ガイドラインに従って行われます。

なお，福祉サービス第三者評価基準ガイドラインにおいては，適切な福祉サービスの実施に関する評価項目があります。そのなかには，利用者のプライバシーの保護に関する項目もあります。

月

日

2. 虐待防止の諸制度

① 高齢者虐待防止法 ::

▶▶ 高齢者の虐待防止

　介護を要する高齢者は権利や尊厳（そんげん）がおかされやすい状況におちいりがちです。そこで高齢者虐待（こうれいしゃぎゃくたい）を防止し，高齢者の権利利益の擁護と養護者（ようご）の支援の促進を目的として，2005（平成17）年に「高齢者虐待の防止，高齢者の養護者に対する支援等に関する法律」（以下，高齢者虐待防止法）が公布され，2006（平成18）年から施行されました。法律制定の背景と求められる対策をまとめると表3-31のとおりです。

表 3-31 ● 高齢者虐待防止法制定の背景と求められる対策

① 背景
・高齢者に対する虐待が深刻な状況にある。
・高齢者の尊厳の保持にとって虐待を防止することがきわめて重要。
② 求められる対策
・虐待防止のための国などの責務（せきむ）を定める。
・虐待を受けた高齢者に対する保護のための措置（そち）を定める。
・養護者の負担の軽減を図ることなど，養護者に対する支援策を定める。

▶▶ 高齢者虐待の定義

　高齢者虐待は，「**養護者**[42]（→ p.248 参照）による高齢者虐待」と「**養介護施設**[43]（→ p.248 参照）従事者等による高齢者虐待」の二つに分けられています。

表 3-32 ● 高齢者虐待に該当する行為の類型（概要）

類型	行為
①身体的虐待	身体を傷つけたり，傷つけたりするおそれのある暴行を加えたりする行為
②ネグレクト（介護・世話の放棄・放任）	食事を与えなかったり，長時間放置したりする行為（※）
③心理的虐待	暴言を吐（は）いたり，拒絶したりする行為
④性的虐待	わいせつ行為をしたり，させたりする行為
⑤経済的虐待	財産を不当に処分したり，不当に財産上の利益を得たりする行為

※：養護者の場合，養護者以外の同居人による「身体的虐待」「心理的虐待」「性的虐待」を放置することも含む。

▶▶ 高齢者虐待への対応

高齢者虐待については，①未然防止，②早期発見，③虐待事案への迅速かつ適切な対応が重要です。介護職は，表 3-33 に示したような身体介護や生活支援などにかかわる一連の業務を通して，利用者の身体的状況や心理的状況，経済的状況，家屋や部屋などの環境の変化などを把握しやすい立場にあるといえます。

高齢者虐待防止法では表 3-34 に掲げる機関および専門職は，高齢者虐待を発見しやすい立場であることを自覚し，早期発見に努めなければなりません。発見した際にはすみやかに市町村に通報することが介護職には求められています。このとき，守秘義務などをおかすと考えてしまいがちですが，法では虐待の通報を優先するとしています。また，虐待を受けたと思われる高齢者や虐待と疑われる状態を発見した場合は，表 3-35 のような点に留意してください。

なお，被害を受けた高齢者の保護と養護者の適切な支援のためには，関係機関の連携と協力体制の整備が不可欠です。専門職や専門機関に対しては，与えられた役割と業務内容のなかで虐待の防止と解決に向けた取り組みを行い，市民や家族に対してもできる範囲で見守りを行うことが求められているといえます。

厚生労働省は「高齢者虐待の防止，高齢者の養護者に対する支援等に関する法律に基づく対応の強化について」（平成 27 年 2 月 6 日老発 0206 第 2 号）を発出し，高齢者虐待の未然防止の必要性を指摘しています。表 3-36 を参考に，介護従事者として留意すべき点を確認し，日頃からさまざまな変化をキャッチできるようにしてください。

表 3-33 ● 虐待の発見や防止につながるアセスメントの内容（例）

- ●心身の健康状態
- ●栄養状態
- ●生活習慣の変化
- ●居住環境の変化
- ●日常生活動作（ADL）自立度
- ●手段的日常生活動作（IADL）
  （電話を使用する能力，買い物・食事の準備・洗濯等家事，移動・外出，服薬管理，財産取り扱い能力）
- ●家族に関する情報　など

表 3-34 ● 高齢者虐待を発見しやすい立場にある機関および専門職

【機関】
養介護施設，病院，保健所その他高齢者の福祉に業務上関係のある団体
【専門職】
養介護施設従事者等，医師，保健師，弁護士その他高齢者の福祉に職務上関係のある者

表 3-35 ● 虐待を受けたと思われる（疑われる）高齢者を発見したときの留意点

① 1人でかかえ込まないようにする。
② 1人で判断せず，上司や所属長に相談する。
③ 自分の判断で情報収集を行わない。
④ プライバシーに十分配慮して行動する。

表 3-36 ● 要介護施設従事者等による高齢者虐待の防止・対応上の留意点

一次予防（未然防止）

●基本的な介護技術・知識の向上と確認，倫理教育（りんりきょういく）
●認知症に関する正しい理解と適切なケアの習得
●法の理解及び虐待防止（ぎゃくたいぼうし）に関する学習
●適切でないサービス提供状況の早期発見・早期改善
　⇒【施設・事業所】適切な所内研究機会の確保や，OJTを含めた人材育成体制等の構築（こうちく）
　⇒【都道府県・市区町村】虐待防止に関するものに加え，適切なケアの水準を確保するための研究・指導等
●経験の少ない（若い）職員を中心とした，教育的支援
●男性職員への配慮のほか，規模の大きい施設を中心とした，職員のストレスへの配慮
　⇒【施設・事業所】「働きやすい」職場づくり
　　【都道府県・市区町村】職場環境向上のための指導等

二次予防（悪化防止）

●入所施設等，直接現場に居合わせない通報者からの情報提供があった場合の，適切な情報収集，事実確認
●事実確認が不調に終わった場合の，継続的（けいぞくてき）な働きかけ
●通報受理時点で時間が経過している可能性があるケース（元職員からの通報等）における，迅速（じんそく）な対応
●庁内関係部署，都道府県―市区町村間，関係機関間の適切かつ迅速な連携（れんけい）と情報共有
●居宅系事業所等での経済的虐待被害の精査
●適切な事実確認調査や指導等に向けた，担当職員への高齢者ケア・認知症ケアに関する教育

三次予防（再発防止）

●状況改善が長期に渡らないよう改善状況の細やかな確認
●虐待対応以外の過去の指導等，虐待ケースへの指導・権限行使後の，継続的な状況確認・追加指導等のフォローアップ
●不適切な身体拘束（しんたいこうそく）への注目と確認・指導の徹底
●苦情処理体制，第三者評価，介護相談員等，徴候（ちょうこう）をすみやかに察知できる体制構築の促（うなが）し

出典：認知症介護研究・研修仙台センター編『高齢者虐待の実態と防止・対応上の留意点』p.19，2014年を一部改変

❷ 障害者虐待防止法

▶▶ 障害者の虐待防止

虐待は，高齢者のみならず，障害者の尊厳をもそこねるものであり，障害者の自立や社会参加を実現するうえでも虐待の防止はきわめて重要です。虐待防止の法律については，児童（2000（平成12）年），配偶者（2001（平成13）年），高齢者（2005（平成17）年）を対象にした法律が公布されています。

障害者虐待をめぐっては，障害者が心身を傷つけられたり財産侵害を受けたりする事件が後を絶たず，自ら声を発することが難しい障害者を虐待や権利侵害から守るための法律がないことが懸念事項とされていました。そのため，2011（平成23）年に「障害者虐待の防止，障害者の養護者に対する支援等に関する法律」（以下，障害者虐待防止法）が公布され，2012（平成24）年に施行されました。

▶▶ 障害者虐待の定義

障害者虐待防止法の対象は，障害者基本法に定められている障害者です（表3-37）。また，障害者虐待防止法では，障害者虐待とは，①養護者による障害者虐待，②障害者福祉施設従事者等による障害者虐待，③使用者による障害者虐待，と規定されています。

該当する虐待行為は，表3-38のような五つに類型化することができます。なお，正式な条文については障害者虐待防止法を確認してください。

表 3-37 ● 障害者基本法における障害者の定義

身体障害，知的障害，精神障害（発達障害を含む。）その他の心身の機能の障害（以下「障害」と総称する。）がある者であって，障害及び社会的障壁により継続的に日常生活又は社会生活に相当な制限を受ける状態にあるもの

表 3-38 ● 障害者虐待の行為の類型（概要）

類型	行為
①身体的虐待	身体を傷つけたり，拘束したりする行為
②性的虐待	わいせつ行為をしたり，させたりする行為
③心理的虐待	暴言を吐いたり，拒絶したりする行為
④ネグレクト	食事を与えなかったり，長時間放置したりする行為
⑤経済的虐待	財産を不当に処分したり，不当に財産上の利益を得たりする行為

▶▶ 障害者虐待を防止するための施策の概要

　障害者虐待を防止するための取り組みとして，国や地方公共団体ならびに障害者福祉施設等の責務，早期発見，通報などが障害者虐待防止法第4条等に規定されています。

表 3-39 ● 障害者虐待を防止するための施策

(1)　国および地方公共団体の責務等
　　障害者虐待の防止，障害者虐待を受けた障害者への迅速かつ適切な保護・自立支援，養護者への支援を行うため，必要な体制の整備に努めなければならない。
(2)　国民の責務
　　障害者虐待の防止，養護者への支援などの重要性の理解と施策への協力に努めなければならない。
(3)　障害者虐待の早期発見
　　専門の機関や専門職は障害者虐待を発見しやすい立場にあることを自覚し，早期発見に努めなければならない。
(4)　障害者虐待の防止と養護者に対する支援等
　　障害者虐待の防止に対する取り組みについては，「養護者」「障害者福祉施設従事者等」「使用者」の三つの区分がある。
　①　養護者による障害者虐待の防止および養護者に対する支援等
　　　養護者による虐待を受けたと思われる障害者を発見した場合は，すみやかに市町村に通報しなければならない。
　②　障害者福祉施設従事者等による障害者虐待の防止等
　　　障害者福祉施設従事者等による障害者虐待を発見した場合は，すみやかに市町村に通報しなければならない。また，従事者等は通報をしたことを理由に解雇その他不利益な取り扱いを受けない。
　③　使用者による障害者虐待の防止等
　　　使用者による障害者虐待を受けたと思われる障害者を発見した者は，すみやかに市町村または都道府県に通報しなければならない。
(5)　その他
　　市町村・都道府県の部局または施設に，障害者虐待対応の窓口等となる「市町村障害者虐待防止センター」・「都道府県障害者権利擁護センター」としての機能を果たさせる。

表 3-40 ● 障害者虐待を発見しやすい立場にある機関および専門職

【機関】
国および地方公共団体の障害者の福祉に関する事務を所掌する部局等，障害者福祉施設，学校，医療機関，保健所，障害者の福祉に業務上関係のある団体
【専門職】
障害者福祉施設従事者等，学校の教職員，医師，歯科医師，保健師，弁護士，障害者の福祉に職務上関係のある者および使用者

❸ 児童虐待防止法

▶▶ 児童虐待の防止

「児童虐待の防止等に関する法律」（以下，児童虐待防止法）は，2000（平成12）年5月24日に公布され，同年11月20日に施行されました。この法律の目的は，「児童に対する虐待の禁止，児童虐待の予防及び早期発見その他の児童虐待の防止に関する国及び地方公共団体の責務，児童虐待を受けた児童の保護及び自立の支援のための措置等を定めることにより，児童虐待の防止等に関する施策を促進し，もって児童の権利利益の擁護に資すること」とされています。

2007（平成19）年6月には，「児童虐待の防止等に関する法律及び児童福祉法の一部を改正する法律」が公布され，①児童の安全確認などのための立入調査などの強化，②保護者に対する施設入所などの措置のとられた児童との面会または通信などの制限の強化，③児童虐待を行った保護者が指導に従わない場合の措置を明確にする規定などの整備が行われました。

▶▶ 児童虐待の定義

児童虐待とは，保護者（親権を行う者，未成年後見人その他の者で，児童を現に監護するもの）がその監護する児童（18歳に満たない者）に対して行う表3-41の四つの種類の行為をいいます。

これらは単独で起きるだけではなく，重複している可能性があります。

表3-41 ● 児童虐待の種類

類型	行為
①身体的虐待	児童の身体に外傷が生じ，または生じるおそれのある暴行を加えること
②性的虐待	児童にわいせつな行為をすること，または児童にわいせつな行為をさせること
③ネグレクト	児童の心身の正常な発達をさまたげるようないちじるしい減食または長時間の放置，保護者以外の同居人による①，②または④に掲げる行為と同様の行為の放置，その他の保護者としての監護をいちじるしくおこたること
④心理的虐待	児童に対するいちじるしい暴言またはいちじるしく拒絶的な対応，児童が同居する家庭における配偶者に対する暴力，その他の児童にいちじるしい心理的外傷を与える言動を行うこと

▶▶ 児童虐待への対応

(1) 早期発見と早期解決

児童虐待（ぎゃくたい）に対しては早期発見と早期解決が求められます。早期発見は，起きてしまった虐待を早く見つけるというだけではありません。虐待が深刻になる前に子育ての問題をかかえる家庭を見つけ，予防的な観点から適切な支援を行うことも重要です。虐待が起こってしまっている場合は迅速（じんそく）に子どもを保護しなければなりません。

児童虐待防止法では，表 3-42 の職業に就（つ）いている者が虐待を発見しやすい立場にあることを自覚し，早期発見に努（つと）めなければなりません。

(2) 通告

児童虐待を受けたと思われる児童を発見した者は，すみやかに市町村や都道府県が設置する福祉事務所，児童相談所，児童委員などを介して，市町村や都道府県が設置する福祉事務所，もしくは児童相談所に通告しなければなりません。

(3) 立入調査

都道府県知事は，児童虐待が行われているおそれがあると認めるときは，児童委員または児童の福祉に関する事務に従事する職員に対して，児童の住所または居所に立ち入り，必要な調査または質問をさせることができるとされています。

(4) 児童虐待を行った保護者に対する指導

児童虐待を行った保護者に対しての指導は，親子の再統合への配慮（はいりょ）など，児童虐待を受けた児童が良好な家庭的環境で生活するために必要な配慮のもとに適切に行われなければなりません。

なお，都道府県知事は，指導を受けるように勧告を受けた保護者が当該勧告に従わない場合において必要があると認めるときは，児童相談所長によって，児童虐待を受けた児童に一時保護を加えさせるなどの措置（そち・こう）を講ずるとされています。

表 3-42 ● 児童虐待を発見しやすい立場にある機関および専門職

【機関】
学校，児童福祉施設，病院その他児童の福祉に業務上関係のある団体
【専門職】
学校の教職員，児童福祉施設の職員，医師，保健師，弁護士，その他児童の福祉に職務上関係のある者

月

日

3. 人々の権利を擁護するその他の諸制度

❶ 個人情報保護に関する制度

▶▶ 専門職や事業所にかかわる個人情報保護の規定

個人情報保護は専門職として守らなければならない義務の一つです。社会福祉士及び介護福祉士法では，介護職の国家資格である介護福祉士の義務として，誠実義務，信用失墜行為の禁止，秘密保持義務が定められています（表3-43）。

表 3-43 ● 社会福祉士及び介護福祉士法における関連規定

（誠実義務）
第44条の2　社会福祉士及び介護福祉士は，その担当する者が個人の尊厳を保持し，自立した日常生活を営むことができるよう，常にその者の立場に立って，誠実にその業務を行わなければならない。
（信用失墜行為の禁止）
第45条　社会福祉士又は介護福祉士は，社会福祉士又は介護福祉士の信用を傷つけるような行為をしてはならない。
（秘密保持義務）
第46条　社会福祉士又は介護福祉士は，正当な理由がなく，その業務に関して知り得た人の秘密を漏らしてはならない。社会福祉士又は介護福祉士でなくなった後においても，同様とする。

また，秘密保持や個人情報保護は，一人の職員が守ればよいというものではありません。サービスを提供している事業所である組織も必ず守らなければいけません。介護サービス事業所に関する守秘義務については，法律や省令に規定されています。例えば，訪問介護を行う事業所が守らなければならない事項は，表3-44のように示されています。

表 3-44 ●「指定居宅サービス等の事業の人員，設備及び運営に関する基準」における関連規定

（秘密保持等）
第33条　指定訪問介護事業所の従業者は，正当な理由がなく，その業務上知り得た利用者又はその家族の秘密を漏らしてはならない。
2　指定訪問介護事業者は，当該指定訪問介護事業所の従業者であった者が，正当な理由がなく，その業務上知り得た利用者又はその家族の秘密を漏らすことがないよう，必要な措置を講じなければならない。
3　指定訪問介護事業者は，サービス担当者会議等において，利用者の個人情報を用いる場合は利用者の同意を，利用者の家族の個人情報を用いる場合は当該家族の同意を，あらかじめ文書により得ておかなければならない。

▶▶ 個人情報保護法

　個人情報の保護に関する制度としては，2003（平成15）年に成立・公布され，2005（平成17）年に全面施行された「個人情報の保護に関する法律」（以下，個人情報保護法）があります。この法律では，高度情報通信社会が進んできたなかで，個人情報を利用する場面や機会が大幅に拡大している状況をふまえ，個人情報が適正に利用されるよう，個人情報の保護に関する施策の基本となる事項が定められています。そして，国と地方公共団体の責任や義務を明らかにして，個人情報を取り扱う事業者が守らなければならない義務などが定められています。

　個人情報保護法では，個人情報を本来の目的以外に利用する場合や，個人データを第三者に提供する場合には，原則として本人の同意を得ることを求めています。また，家族等に対して本人の病状を説明するような場合であっても，本人の同意を得ることが原則になります。

表 3-45 ● 個人情報の保護に関する法律における個人情報の定義

（定義）
第2条　この法律において「個人情報」とは，生存する個人に関する情報であって，当該情報に含まれる氏名，生年月日その他の記述等により特定の個人を識別することができるもの（他の情報と容易に照合することができ，それにより特定の個人を識別することができることとなるものを含む。）をいう。
2　この法律において「個人情報データベース等」とは，個人情報を含む情報の集合物であって，次に掲げるものをいう。
一　特定の個人情報を電子計算機を用いて検索することができるように体系的に構成したもの
二　前号に掲げるもののほか，特定の個人情報を容易に検索することができるように体系的に構成したものとして政令で定めるもの

　個人情報保護法の実施にあたり，厚生労働省は2004（平成16）年に医療・介護関係事業者における個人情報の適切な取扱いのためのガイドラインを定めました。そこには，医療・介護関係事業者が作成・保存しなければならない記録例が示されています。また，医療・介護関係事業者の通常の業務で想定される個人情報の利用目的も示されています。

　そして，社会福祉事業を実施する個人情報取扱事業者を対象としたガイドラインとして，「福祉分野における個人情報保護に関するガイドライン」があります。福祉サービス利用者への食事の提供など，業務の委託を行う場合は，ガイドラインに沿った対応を行う事業者を委託先として選定するとともに，委託先事業者における個人情報の取り扱いについて定期的に確認を行う必要があります。福祉関係事業者から委託を受けた事業者も，ガイドラインに沿って適切な安全管理措置を講ずることが求められています。

表 3-46 ● 具体的な個人情報取扱事業者

保護施設，障害者支援施設，婦人保護施設，児童福祉施設，母子・父子福祉施設，授産施設，隣保館，へき地保健福祉館，へき地保育所，地域福祉センター，障害福祉サービス事業，障害児通所支援事業などの社会福祉事業を実施する個人情報取扱事業者

▶▶ 個人情報保護法改正の動き

　個人情報保護法の制定から 10 余年が経過し，法改正に向けた作業が進められており，平成 26（2014）年には「パーソナルデータの利活用に関する制度改正大綱」が定められました。情報通信技術の飛躍的な進展に伴い，社会全体の利益の増進のために，個人情報に限らず，位置情報や購買履歴など，広く個人に関する個人識別性のない情報として，パーソナルデータの利活用を促進することが望まれています。

❷ 消費者保護法

▶▶ 消費者を保護するための法律

　高齢者や障害者をねらった悪質商法が増加しています。一人暮らしをしている高齢者が被害者になりやすいといえます。また，同居している家族がいたとしても，家族が気づかないうちに高額な商品を買わされているケースもあるため注意が必要です。このような消費者契約におけるトラブルを解決し，消費者を保護するための法律があります。

▶▶ 消費者契約法

　消費者契約法は，2000（平成12）年に公布，2001（平成13）年に施行されました。この法律では，消費者が事業者と結んだ契約のすべてを対象にしている点に特徴があります。また，事業者に不適切な行為がある場合（表3-47）は取り消すことができると定められています。

表 3-47 ● 不適切な行為の例

- ・重要事項について事実と異なることを告げる。
- ・断定的判断を提供する（例：物品，権利等の将来の価値や金額，または消費者が受け取るべき金額などの変動が不確実にもかかわらず，「必ず儲かります，高くなります」などと言われ誤認して契約を結んだ）。
- ・消費者の不利益になることを故意に伝えない。
- ・事業者に住居や職場などから「帰ってください」と言ったにもかかわらず，退去しない。
- ・消費者が商品の勧誘を受けている場所から「帰りたい」「出たい」と申し出たにもかかわらず，監禁などして退去を妨害した。

▶▶ 特定商取引に関する法律

　「特定商取引に関する法律」（以下，特定商取引法）は，2000（平成12）年11月17日に「訪問販売等に関する法律」にインターネットによる商品の宣伝や売買などを行う電子商取引の消費者保護の事項を加えて名称を変更したもので，2001（平成13）年に施行されました。

　特定商取引とは，①訪問販売，②通信販売および電話勧誘販売にかかる取引，③連鎖販売取引，④特定継続的役務提供にかかる取引ならびに，⑤業務提供誘引販売取引をいいます。また，一定の期間内であれば本人に不利益な契約や望まない契約を無条件で解除することができる制度もあります（クーリング・オフ制度[+]（➡ p.248 参照））。

　なお，2008（平成20）年に「特定商取引に関する法律及び割賦販売法の一部を改正する法律」が成立しました（2009（平成21）年施行）。この法律は，高齢者などに

対するクレジット（信用貸しによる販売または金融）を利用した訪問販売などによる被害の深刻化，しつこい勧誘を断り切れず大量の購入契約を結ばされる，悪質な勧誘販売行為を助長するクレジット会社の不適正与信あるいは過剰与信などの消費者被害状況に対処することを目的としています。内容は，規制の抜け穴の解消，訪問販売規制，クレジット規制，インターネット取引などの規制の強化などがあります。

　介護を必要としている人のなかには，訪問販売や電話勧誘販売などの特定商取引において，本人が望まない契約をしてしまうということが少なくありません。それでは，このような契約トラブルや被害にあうのを防ぐため，介護職に何ができるのでしょうか。自宅で生活している高齢者を訪問したときを例にあげてみます。

> **事例　「おかしいな？」と思ったときの介護職の対応**
>
> 　介護職は，家の中に入って利用者に継続的にかかわることができるため，ふだんの生活の状況との変化に気づくことができる存在といえる。
>
> 　例えば，サービス提供のために訪問しているときに，屋根の修理や布団の販売と名乗る悪質な訪問販売の人が訪ねてくることがあるかもしれない。また，電話による悪質な勧誘があるかもしれない。

　このような場面に遭遇したときには，自分一人の判断で行動せず，消費生活センターなどの専門機関に相談することが大切です。しかし，利用者が専門機関にうまく説明できなかったりするような場合は，本人を安心させ，状況をゆっくり確認することも大切です。

4. 保健医療にかかわる諸制度

① 健康日本21

▶▶ 「健康日本21」策定の背景

わが国は，戦後，国民の生活環境が改善し，医学が進歩したことによって平均寿命が急速に延び，いまや世界有数の長寿国となっています。しかし，国民の急速な高齢化とともに，生活習慣病などが原因となって要介護者の数が増加するといった問題も起こっています。

このような国民の高齢化および疾病構造（しっぺいこうぞう）の変化を勘案（かんあん）すると，従来の疾病予防の中心であった第二次予防や第三次予防に加え，第一次予防に重点をおいた対策が重要になっています。第一次予防を強力に推進することによって，壮年期死亡の減少と，健康で自立して暮らすことができる期間（健康寿命）の延長が期待されています。

このため，厚生省（現・厚生労働省）では，有識者から構成される「健康日本21企画検討会」および「健康日本21計画策定検討会」を1998（平成10）年11月に設置して，「健康日本21企画検討会・計画策定検討会報告書」を取りまとめました。同報告書をふまえ，2000（平成12）年3月，2010（平成22）年度までをめどとした目標などを提示する「21世紀における国民健康づくり運動（健康日本21）」を定めています。

▶▶ 「健康日本21（第2次）」の推進

「健康日本21」については，2003（平成15）年に「国民の健康の増進の総合的な推進を図るための基本的な方針」（以下，告示）にもとづき改正され，また2008（平成20）年の改正を経（へ）て，2012（平成24）年には告示が全部改正されました。2013（平成25）年度以降，おおむね10年後を達成時期として「健康日本21（第2次）」が開始されています。

表3-48 ● 「健康日本21（第2次）」の目標

① 健康寿命の延伸と健康格差の縮小
② 主要な生活習慣病の発症予防と重症化予防の徹底（がん，循環器疾患（じゅんかん き しっかん），糖尿病，COPD）
③ 社会生活を営（いとな）むために必要な機能の維持（いじ）および向上（こころの健康，次世代の健康，高齢者の健康）
④ 健康を支え，守るための社会環境の整備
⑤ 栄養・食生活，身体活動・運動，休養，飲酒，喫煙（きつえん）および歯・口腔（こうくう）の健康に関する生活習慣および社会環境の改善

---

❷ 生活習慣病予防のための施策

▶▶ 第一次予防，第二次予防，第三次予防

1951（昭和26）年に脳血管疾患が結核に代わって死亡原因の第1位を占めるようになり，1958（昭和33）年には脳血管疾患，がん，心疾患といった生活習慣病が死因において上位を占めるようになりました。現在，がん，心疾患，脳血管疾患を合わせると死亡原因の約6割を占めています。

病気の予防対策としては，第一次予防，第二次予防，第三次予防があります。このうち，**第一次予防**は，個々人が自らの食生活や運動などの生活習慣を見直して，健康増進に努めることが基本となります。また，**第二次予防**とは，健康診査等による早期発見・早期治療を行い，生活習慣病等を予防することで，**第三次予防**とは，疾病が発症した後，必要な治療を受け，機能の維持・回復を図ることです。

国民に食生活や運動習慣，禁煙などの生活習慣の重要性等を啓発して，健康に対する意識を高め，生涯を通じた健康増進のための個々人の努力を社会全体で支援していく体制を確立するため，従来の成人病という概念に対し，**生活習慣病**という概念が1990年代に生まれました。

▶▶ 生活習慣病の予防

生活習慣病の多くは，不健全な生活の積み重ねによって内臓脂肪型肥満となり，これが原因となって引き起こされるものです。これは個人が日常生活のなかでの適度な運動，バランスのとれた食生活，禁煙を実践することによって予防することができるもので，厚生労働省はさまざまなガイドやマニュアルを作成しています。

身体活動・運動については，現在の身体活動量や体力の評価と，それをふまえた目標設定の方法，個人の身体特性および状況に応じた運動内容の選択，それらを達成するための方法を具体的に示した**健康づくりのための身体活動指針2013（アクティブガイド）**が作成されています。

食事については，望ましい食生活についてのメッセージを示した食生活指針を具体的な行動に結びつけるものとして，1日に「何を」「どれだけ」食べたらよいかの目安をわかりやすくイラストで示した**食事バランスガイド**が作成されています。

禁煙対策については，禁煙を希望する人々に対し，より効果的な禁煙支援が行えるよう，喫煙と健康に関する健康教育を行うための必要な基礎知識や，実施方法，留意事項などを解説した**禁煙支援マニュアル**（第2版）が作成されています。

さらに，2008（平成20）年4月から，**メタボリックシンドローム（内臓脂肪症候群）**などの該当者・予備群に対する保健指導を徹底するため，医療保険者において，40歳以上の被保険者・被扶養者を対象とする，内臓脂肪型肥満に着目した健診および保健指導（特定健診・特定保健指導）の事業実施が義務づけられました。

❸ 感染症・結核対策 ::

▶▶ 感染症対策

　近年まで克服されたかにみえていた感染症は，国際的な人・物の移動，開発などによる自然環境の変化，社会活動様式の変容，抗菌剤の開発普及といった医学・医療の進歩により，大きく様変わりしてきました。

　そのようななか，1970（昭和45）年以降，エボラ出血熱やMERS，新型インフルエンザなど，少なくとも数十以上のこれまで知られていなかった感染症（新興感染症）が出現し，また，近い将来克服されると考えられてきた結核，マラリアなどの感染症（再興感染症）が再び脅威を与えつつあります。

　これら新興・再興感染症の出現や医学・医療の進歩，衛生水準の向上，人権尊重の流れ，国際交流の活発化などの近年の状況の変化をふまえ，1999（平成11）年に感染症の予防及び感染症の患者に対する医療に関する法律が施行されています。

▶▶ 結核対策

　結核菌によって空気感染する結核は，戦前から1950（昭和25）年頃まで，国民の死因のトップを占めていました。しかし，X線写真による健康診断やBCG接種という予防対策の推進，ストレプトマイシンなどの抗結核薬の開発普及により，急速に結核患者数，死亡者数とも減少してきました。

　ところが，1997（平成9）年から新たに登録される結核患者数や罹患率が上昇に転じ，老人ホームなど福祉施設での集団発生も大きな問題となってきています。2014（平成26）年中，わが国で新たな結核患者として登録された患者数は約2万人で，罹患率は人口10万対15.4であり，先進国のなかではいまだ結核の罹患が高い状況にあります。

❹ 難病対策

わが国の難病対策は，従来，1972（昭和47）年10月に取りまとめられた難病対策要綱にもとづき，①調査研究の推進，②医療施設等の整備，③医療費の自己負担の軽減，④地域における保健・医療福祉の充実・連携（れんけい），⑤QOLの向上を目指（めざ）した福祉施策の推進という柱で対策が進められてきました。

その後，医療費助成に係る公平性の課題や，国と地方自治体との財政負担割合の問題などから，抜本的な見直しが行われ，2014（平成26）年5月に「難病の患者に対する医療等に関する法律」（以下，難病医療法）という新法が制定されました。

難病とは，①発病の機構が明らかでなく，②治療方法が確立していない，③希少な疾患（しっかん）であって，④長期の療養を必要とするもの，という四つの条件を必要としています。難病医療法では，医療費助成の対象となる疾患は指定難病とされ，難病の4条件に加え，①患者数がわが国において一定の人数（人口の約0.1％程度）に達しないこと，②客観的な診断基準が成立していること，という二つの条件が必要とされています。2015（平成27）年7月現在，306疾病が指定難病（しっぺい）に定められています。

また，難病医療法によって，国は，基本方針の策定，難病の発病の機構・診断および治療方法に関する調査および研究の推進，療養生活環境整備事業の実施などを行うこととなっています。

エイズ（後天性免疫不全 症 候群；AIDS）（☞第 4 巻 p.258）は，ヒト免疫不全ウイルス（HIV）（☞第 4 巻 p.258）が感染し，免疫細胞を破壊することによって免疫不全状態を引き起こす感染症です。

HIV に感染した場合，6 ～ 8 週間で血液中の抗 HIV 抗体が陽性となり，症状のない無症候期といわれる状態が 5 ～ 10 年程度経過した後，全身倦怠感や発熱，体重減少などの症状を引き起こします。この状態がよくなったり，悪くなったりを繰り返していくうち，さらに免疫不全状態が進行していき，ニューモシスチス肺炎，カポジ肉腫，重症のカンジダ症やヘルペス症などを発症するとエイズと診断され，脳症を引き起こしたり，重度の感染症によって死に至ります。

HIV 感染は，血液，精液，膣分泌液などを介して起こるため，**表 3-49** の三つのルートが主なものとされ，わが国で最も注意が必要なのは，HIV 感染者・エイズ患者との性行為となっています。

HIV は，感染力の弱いウイルスなので，つり革やドアのノブの接 触，食器・コップの共用，くしゃみや咳から感染することはありません。そのため，介護を通じて HIV に感染することはありませんが，血液が付着しているものに直接触れることは，HIV のほかに B 型肝炎など，感染力の強いウイルスに感染することもあり得ますので，避けることが大切です。

近年では，医学・医療の進歩により，発病前に早期治療を行うことで，エイズの発症を抑えるなど延命効果が期待されています。したがって，感染の機会が疑われる場合は，必ず検査を受け，発病前に治療を開始することが重要です。

表 3-49 ● HIV 感染の三つのルート

① HIV 感染者・エイズ患者との性行為
② HIV に汚染された血液や血液製剤による感染
③ 母子感染

5. 医療にかかわる諸制度

❶ 介護職と医療にかかわる諸制度

　近年，保健医療サービスを提供している事業体が，保健医療サービス事業に加え，福祉サービス事業を展開することが増えてきています。この背景には，急速な高齢化による疾病構造の変化があると考えられています。

　生活習慣病などの慢性疾患が大きな課題となっている高齢社会では，疾病の早期発見・早期治療や健康教育，リハビリテーションなどといった保健医療サービスに加え，身体機能の低下に対応するために，福祉サービスが一体的・連続的になされることが必要となってきたわけです。

　介護職の活躍の場も，福祉施設や在宅福祉に加え，医療施設へも広がっており，関係法規や制度についても，福祉関係とともに医療関係についても理解することが必要になってきています。

❷ 医療関係者に関する法制度

▶▶ 医師法

　医師は，医療および保健指導をつかさどることによって，公衆衛生の向上および増進に寄与し，それによって国民の健康な生活を確保することを任務としています。

　医師でなければ医業（医行為を業とすること）をしてはならないとされ，医師また

表 3-50 ● 医師の業務上の義務

① 応招義務
　診療に従事する医師は，診察・治療の求めがあった場合には，正当な事由がなければこれを拒んではならない。
② 証明文書の交付義務
　診察または検案をし，または出産に立ち会った医師は，診断書，検案書，出生証明書または死産証書の交付の求めがあった場合には，正当な事由がなければこれを拒んではならない。
③ 無診察治療等の禁止
　医師は，自ら診察しないで治療をし，診断書や処方箋を交付したり，自ら出産に立ち会わないで出生証明書や死産証書を交付したり，または自ら検案しないで検案書を交付してはならない。
④ 業務上の秘密を守る義務
　これは医師法には直接の規定はないが，医師もまた業務上知り得た人の秘密を守る義務があり，刑法および保健医療福祉に関連する法規に特別の規定がある。

はこれとまぎらわしい名称を用いてはならないことになっています。

医師には，表3-50のような業務上の義務があります。

▶▶ 保健師助産師看護師法

この法律は，保健師，助産師および看護師の資質を向上し，それによって，医療および公衆衛生の普及向上を図ることを目的としています。

表3-51 ● 保健師助産師看護師法に規定される職種

① 保健師
  保健師は，保健指導を行う専門職である。
② 助産師
  助産師は，助産または妊婦，褥婦（じょくふ）もしくは新生児の保健指導を行う専門職である。助産とは，分娩（ぶんべん）の介助を行うことで，妊婦に分娩の徴候（ちょうこう）が現れてから後産が終了して完全に分娩が終わるまでの間，分娩の世話をすることをいう。妊婦とは，受胎後分娩開始までの期間における女了をいい，褥婦とは，分娩が終わって母体が正常に戻るまでの期間（一般的に6〜8週間）における女子をいい，新生児とは，出生後28日未満の乳児をいう。
③ 看護師
  看護師は，傷病者もしくは褥婦に対する療養上の世話または診療の補助を行う専門職である。療養上の世話とは，療養中の患者または褥婦に対して，その症状に応じて行う医学的知識および技術を必要とする世話をいい，診療の補助とは，医師・歯科医師が患者を診断・治療する際に行う補助行為をいう。
④ 准看護師（じゅんかんごし）
  准看護師は，医師，歯科医師または看護師の指示を受けて，傷病者もしくは褥婦に対する療養上の世話または診療の補助を行う専門職である。

❸ 保健医療提供の施設に関する法制度

▶▶ 医療法

医療法は，医療提供の理念をはじめ，医療を受ける者による医療に関する適切な選択を支援するために必要な事項，医療の安全を確保するために必要な事項，病院，診療所および助産所の開設および管理に関し必要な事項，居宅等における医療（在宅医療）の充実および医療と介護の連携の推進のための必要な事項などを定めています。

表 3-52 ● 医療施設の定義

① 病院
　医師または歯科医師が，公衆または特定多数人のため医業または歯科医業を行う場所であって，20人以上の患者を入院させるための施設を有するものをいう。
② 診療所
　医師または歯科医師が，公衆または特定多数人のため医業または歯科医業を行う場所であって，患者を入院させるための施設を有しないもの，または19人以下の患者を入院させるための施設を有するもの（有床診療所と呼ぶことがある）をいう。
③ 助産所
　助産師が，公衆または特定多数人のためその業務を行う場所をいう。

▶▶ 医療提供者の責務

医師，歯科医師，薬剤師，看護師その他の医療の担い手は，医療法に規定する医療提供の理念にもとづき，医療を受ける者に対し，良質かつ適切な医療を行うよう努めることとなっています。また，医療を提供するにあたり，適切な説明を行い，医療を受ける者の理解・同意（**インフォームドコンセント**）を得るよう努めなければならないこととされています。

さらに，病院または診療所の管理者は，保健医療サービスまたは福祉サービスを提供する者との連携を図り，退院する患者が適切な環境のもとで療養を継続することができるよう配慮しなければならないこととされています。

❹ 医療行為

▶▶ 医療行為とは

医療行為（医行為）とは，人の病気の診断や治療などのために医学にもとづいて行われる行為のことをいいます。医療従事者には，その行為が特別に許されるための要件として資格（医師，歯科医師，看護師，助産師など）が必要になります。

しかしわが国では，21世紀になり疾病構造の変化や医療技術の進歩を背景に，医療機関だけでなく，家庭，教育，福祉の現場においても医療・介護を必要としている人々が急速に増加しました。特に在宅で人工呼吸器を使用する者等の増加によって在宅でたんの吸引が必要となりました。たんの吸引は頻繁に行う必要があり，それが実施されない場合生死にかかわることもあります。そこで，どこまでが「医療行為」で医療従事者が行わなければならないのかが大きな問題になり，一定の「医療行為」については無資格者であっても，例えば患者本人や家族が行うことについては，解釈上，違法性が阻却される場合であることが判例で認められるようになりました。その後，介護職や盲・聾・養護学校の教員によるたんの吸引等の取り扱いが一定の条件のもとで考えられるようになったのです。

▶▶ 在宅支援における介護職と医療行為の実情と経過

一人暮らしの高齢者宅を訪問した訪問介護員（ホームヘルパー）は，風邪をひいて熱がありそうな利用者の体温を測ったり，利用者の手の届かない部分に薬を塗ったりするなどの行為を特に意識せず，日常生活支援の延長線として行ってきたのではないでしょうか。これらは医療従事者としての看護職が行うことなのか，非医療従事者の介護職が仕方なく行わなければならないことなのかというとグレーゾーンとして扱われてきた部分でした。

そこで厚生労働省では，在宅の介護現場での混乱がみられた看護か介護かというグレーゾーンの行為について，表3-53のとおり，原則的に医行為でない行為として16項目をあげ，さまざまな条件のもとに，原則的には医療行為でないことを明文化しました。

▶▶ 特別養護老人ホームの介護職員による医療行為の位置づけ

在宅と同様に，介護施設においても高齢化や要介護度の重度化に伴い，医療的ケアを必要とする利用者が増加しています。なかでも，特別養護老人ホームは医療提供を主目的とした施設でないため，入所者の重度化で，看護職の配置などの医療提供体制が十分ではなくなってきました。

そこで2010（平成22）年，一定の研修を受けた特別養護老人ホームの介護職員が「口腔内（咽頭の手前まで）のたんの吸引」と「胃ろうによる経管栄養（胃ろうの状

表 3-53 ● 原則的に医行為でない行為

① 腋下あるいは外耳道での体温測定
② 自動血圧測定器による血圧測定
③ 動脈血酸素飽和度を測定するためのパルスオキシメータの装着
④ 軽微な切り傷・擦り傷・やけどなどの処置
⑤ 軟膏の塗布（褥瘡の処置を除く）
⑥ 湿布の貼付
⑦ 点眼薬の点眼
⑧ 一包化された内用薬の服用介助（舌下錠の使用も含む）
⑨ 肛門への座薬挿入
⑩ 鼻腔粘膜への薬剤噴霧
⑪ （爪やその周囲に異常がない場合の）爪切り
⑫ （重度の歯周病等がない場合の日常的な）口腔内の刷掃と清拭
⑬ 耳垢の除去（耳垢塞栓の除去を除く）
⑭ ストマ装具のパウチにたまった排泄物の除去（肌に接着したパウチの取り替えを除く*）
⑮ 自己導尿を補助するためのカテーテルの準備，体位の保持など
⑯ 市販のディスポーザブルグリセリン浣腸器での浣腸

＊：2011（平成23）年，厚生労働省より，安定している患者の場合，パウチの交換は原則として医行為には該当しないとされる通知が出された。
注1：これらが「医行為でない行為」と解釈されるには，通知においてそれぞれに細かな条件が付されており，状況によっては医行為とされる場合もあることに注意する。
　2：⑤〜⑩は，医師・看護師の判断により状態が安定した患者に対する処置。

態確認，チューブ等の接続，注入開始を除く）」を実施することについて，一定の条件のもとにやむを得ない措置として許容する通知（「特別養護老人ホームにおけるたんの吸引等の取扱いについて」）が出されました。

　この通知では，こうした行為における標準的手順や医師・看護職・介護職との役割について，また介護職が実施するうえで必要とされる条件が細やかに明記されています。

▶▶ 喀痰吸引と経管栄養

　その後，介護職などによる医療行為の法的位置づけや，実施できる場所の範囲の拡大（グループホームや有料老人ホームなどにまで拡大する）といった議論があり，厚生労働省は2010（平成22）年7月に「介護職員等によるたんの吸引等の実施のための制度の在り方に関する検討会」を設置，12月には報告書が取りまとめられました。

　これを受けて，2012（平成24）年4月から「社会福祉士及び介護福祉士法」の一部改正により，介護福祉士および一定の研修を受けた介護職等において医療や看護との連携により安全確保が図られていることなど，一定の条件のもとで喀痰吸引と経管栄養の医療行為を実施できるようになりました。

6. 生活を支える諸制度

❶ 生活保護制度

▶▶ 生活保護の実施機関

　生活保護（☞第1巻 p.158）は，都道府県・市町村の福祉事務所が行うこととされており，生活困窮者の居住地を所管する福祉事務所が担当することとされています。

　また，生活困窮者に居住地がない，あるいは居住地が明らかでない場合には，現に本人がいる場所（現在地）を所管する福祉事務所が担当します。

▶▶ 生活保護の手続き

　生活に困窮し保護を要する者（要保護者）は，福祉事務所に保護を申請します。福祉事務所は，申請者の資産状況などを調査し，原則として14日以内に，最長でも30日以内に保護の要否を決定し，支給する保護の内容を通知します。

　保護の要否は，まず要保護者の世帯の最低生活費を算定し，その最低生活費を世帯の収入でまかなえるかで決められます。この最低生活費は厚生労働大臣が定める生活保護基準で算定されます。

　生活保護基準は，地域，世帯構成，世帯員の年齢，世帯員の状況（障害の有無など）によって金額（月額）が定められており，福祉事務所は，世帯の状況から基準額に沿って最低生活費を算定し，これを世帯員の能力や資産等を活用しても収入として得られない場合に保護支給となります。

　支給される保護の内容は，状況の変化に応じて変わるので，生活保護を受給する者（被保護者）は，所得や家族などの状況を福祉事務所に報告することとされています。なお，生活保護の手続きの流れを図に示すと，図3-26 のようになります。

▶▶ 不服申立て制度

　福祉事務所が行った保護に関する決定について不服がある場合には，不服申立てができます。生活保護法は，福祉事務所の決定に不服がある場合には都道府県知事に審査請求を行い，都道府県知事は50日（行政不服審査法（平成26年法律第68号）の施行の日からは，行政不服審査法の規定による諮問をする場合は70日）以内に裁決することとされています。都道府県知事の裁決に不服がある場合には，厚生労働大臣に再審査請求を行うことができ，厚生労働大臣は70日以内に裁決することとされています。

　なお，生活保護の不服申立ては，都道府県知事の裁決を経た後でなければ裁判所に提訴できないこととされています。

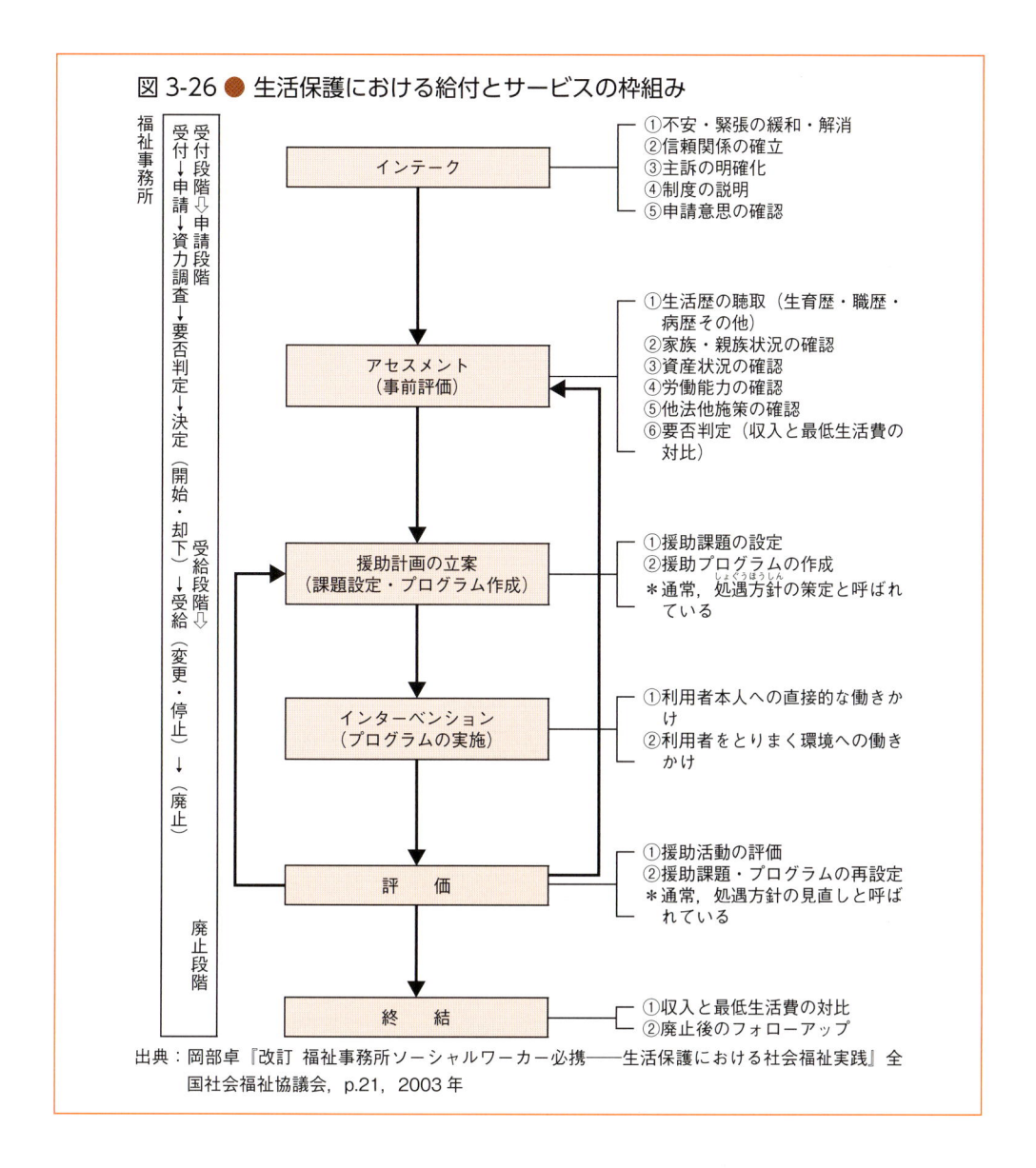

図 3-26 ● 生活保護における給付とサービスの枠組み

福祉事務所

受付段階 ⇩
受付 → 申請

申請段階 ⇩
申請 → 資力調査 → 要否判定 → 決定（開始・却下）

受給段階 ⇩
受給（変更・停止）→（廃止）

廃止段階

インテーク
― ①不安・緊張の緩和・解消
②信頼関係の確立
③主訴の明確化
④制度の説明
⑤申請意思の確認

アセスメント
（事前評価）
― ①生活歴の聴取（生育歴・職歴・病歴その他）
②家族・親族状況の確認
③資産状況の確認
④労働能力の確認
⑤他法他施策の確認
⑥要否判定（収入と最低生活費の対比）

援助計画の立案
（課題設定・プログラム作成）
― ①援助課題の設定
②援助プログラムの作成
＊通常，処遇方針の策定と呼ばれている

インターベンション
（プログラムの実施）
― ①利用者本人への直接的な働きかけ
②利用者をとりまく環境への働きかけ

評価
― ①援助活動の評価
②援助課題・プログラムの再設定
＊通常，処遇方針の見直しと呼ばれている

終結
― ①収入と最低生活費の対比
②廃止後のフォローアップ

出典：岡部卓『改訂 福祉事務所ソーシャルワーカー必携——生活保護における社会福祉実践』全国社会福祉協議会，p.21，2003 年

▶▶ 生活困窮者自立支援法

生活困窮者自立支援法は，生活保護に代表される生活のセーフティーネットをさらに多層化するとともに，公的部門だけでなく，地域で多様な主体により生活の支援をしていくことを目指し，2015（平成 27）年から施行されています。実施主体は福祉事務所を設置している自治体（都道府県，市町村）とされていますが，実際の支援は，自治体の委託を受けて，社会福祉協議会，社会福祉法人，NPO 等多様な事業者が担うこととされています。支援は，稼働能力のある，生活保護に至る前の段階の生活困窮者を対象としています。

自立相談支援や住宅確保給付金支給は必須事業ですが，その他の就労支援準備事業などは，任意事業として，それぞれの地域に応じた取り組みが求められています。

❷ 福祉資金制度 ....

▶▶ 福祉資金とは

　低所得者，障害者，高齢者，母子世帯などに対し，その経済的自立と生活意欲の助長促進，在宅福祉と社会参加の促進を図り，安定した生活を確保するための資金として，福祉資金を融資するのが福祉資金制度です。その主なものとして，生活福祉資金と母子父子寡婦福祉資金があります。

▶▶ 生活福祉資金

　生活福祉資金の資金貸付の主な種類と貸付限度額は表 3-54 のとおりです。

　生活福祉資金制度は都道府県社会福祉協議会が実施主体ですが，資金貸付の書類交付や受け付けの窓口は市町村社会福祉協議会が担当しており，原則として融資希望者の地区担当民生委員の助言指導のもとに融資を受けて，償還することとされています。なお，生活保護の被保護者の借り入れも特例として認められています。

表 3-54 ● 生活福祉資金の主な種類と貸付限度額（原則）

資金の種類		貸付限度額
総合支援資金	生活支援費	（2 人以上）月 20 万円以内 （単身）　　月 15 万円以内
	住宅入居費	40 万円以内
	一時生活再建費	60 万円以内
福祉資金	福祉費	580 万円以内 ※資金の用途に応じて上限目安額を設定
	緊急小口資金	10 万円以内
教育支援資金	教育支援費	〈高校〉月 3.5 万円以内 〈高専〉月 6 万円以内 〈短大〉月 6 万円以内 〈大学〉月 6.5 万円以内
	就学支度費	50 万円以内
不動産担保型生活資金	不動産担保型生活資金	・土地の評価額の 70％程度 ・月 30 万円以内
	要保護世帯向け不動産担保型生活資金	・土地および建物の評価額の 70％程度（集合住宅の場合は 50％） ・生活扶助額の 1.5 倍以内

▶▶ 母子父子寡婦福祉資金

　母子父子寡婦福祉資金とは，ひとり親家庭やその子ども，寡婦などに対して資金の融資を行うもので，都道府県が実施主体ですが，窓口は**福祉事務所**となっています。

　貸付資金の種類と主な対象は**表 3-55** のとおりです。

表 3-55 ● 母子父子寡婦福祉資金の主な種類と対象

2014（平成 26）年度

資金の種類	主な貸付対象者
事業開始資金	母子家庭の母，父子家庭の父，母子・父子福祉団体，寡婦
事業継続資金	母子家庭の母，父子家庭の父，母子・父子福祉団体，寡婦
修学資金	母子家庭の児童，父子家庭の児童，父母のいない児童，寡婦が扶養する子
技能習得資金	母子家庭の母，父子家庭の父，寡婦
修業資金	母子家庭の児童，父子家庭の児童，父母のいない児童，寡婦が扶養する子
就職支度資金	母子家庭の母または児童，父子家庭の父または児童，父母のいない児童，寡婦
医療介護資金	母子家庭の母または児童，父子家庭の父または児童，寡婦
生活資金	母子家庭の母，父子家庭の父，寡婦
住宅資金	母子家庭の母，父子家庭の父，寡婦
転宅資金	母子家庭の母，父子家庭の父，寡婦
就学支度資金	母子家庭の児童，父子家庭の児童，父母のいない児童，寡婦が扶養する子
結婚資金	母子家庭の母，父子家庭の父，寡婦

7. 住生活を支援する諸制度

❶ 福祉施設による生活の場の確保 ∶∶∶

▶▶ 養護老人ホーム

養護老人ホームは，「65歳以上の者であって，環境上の理由及び経済的理由により居宅において養護を受けることが困難なもの」（老人福祉法第11条第1項第1号）を「入所させ，養護するとともに，その者が自立した日常生活を営み，社会的活動に参加するために必要な指導及び訓練その他の援助を行うことを目的とする施設」（同法第20条の4）です。利用は市町村の措置によって入所し，利用者負担は応能負担となります。

▶▶ 軽費老人ホーム（ケアハウス）

「無料又は低額な料金で，老人を入所させ，食事の提供その他日常生活上必要な便宜を供与することを目的とする施設」（老人福祉法第20条の6）で，本人または配偶者が60歳以上の高齢者が利用対象です。また，「身体機能の低下等により自立した日常生活を営むことについて不安があると認められる者であって，家族による援助を受けることが困難なもの」であることが要件とされています。利用方法は利用者と施設の契約です。

なお，軽費老人ホームはA型（食事が提供される），B型（自炊），ケアハウス（食事の提供とともに，構造を車いす等でも生活できるバリアフリー構造にすることとされている）の三つのタイプに分類されます。2008（平成20）年からは，軽費老人ホームはケアハウスに一元化する方向で整備が進められており，A型・B型については経過的な位置づけとされており，新設は基本的に認められていません。なお，2010（平成22）年には，都市部における身体機能が低下した高齢者の居住確保のための都市型軽費老人ホームが創設されています。

▶▶ 福祉ホーム

障害者の生活の場として設置されるのが福祉ホームです。福祉ホームは，障害者総合支援法による都道府県地域生活支援事業および市町村地域生活支援事業の任意事業の一つに設定されており，対象者は，家庭環境，住宅事情等から居宅において生活することが困難な障害者です。日常生活に必要な便宜（サービス利用支援など）を提供するもので，障害者が生活しやすい構造の建物で，建物管理や生活支援を行う管理人を配置することとされています。利用方法は利用者と施設の契約によります。

▶▶ 生活支援ハウス（高齢者生活福祉センター）

生活支援ハウスは，高齢者に対して，介護支援機能，居住機能および交流機能を総合的に提供する施設で，指定通所介護事業所となる老人デイサービスセンターまたは通所リハビリテーション事業を行う介護老人保健施設（通所部門）に居住部門（おおむね10人程度で，上限は20人）を併設する形で設置されます。

利用方法は施設と利用者の契約によることが一般的です。居住部門は心身のハンディキャップに配慮（はいりょ）した構造とすることとなっており，提供するサービスとしては，居住部門では利用者への相談，助言および緊急（きんきゅう）時（じ）の対応をするほか，介護保険などの保健福祉サービスの利用手続きを援助します。

なお，必要な介護の提供や通所部門の利用は介護保険制度を利用することとなります。また，利用者と地域住民との交流促進の事業にも取り組むこととされており，高齢者が安心して健康で明るい生活を送れるよう支援します。

▶▶ 有料老人ホーム

有料老人ホームは，「老人を入居させ，入浴，排せつ若しくは食事の介護，食事の提供又はその他の日常生活上必要な便宜であって厚生労働省令で定めるものの供与をする事業を行う施設」（老人福祉法第29条）と規定されていますが，その形態はマンションタイプから介護提供タイプまでさまざまであり，また，設置・経営主体の制限がないため，社会福祉法人だけでなく，公益法人から営利企業まで多様な主体が設置・運営しています。

有料老人ホームについては，設置者はあらかじめ都道府県知事に施設の内容を届け出ることが義務づけられており，都道府県知事は必要に応じて調査し，帳簿の作成・保存，情報開示等についての違反や入居者への不当な行為等を認めたとき改善を設置者に命令できます。

また，全国有料老人ホーム協会が設立されており，有料老人ホームの健全な発展に資する活動を行うとともに，利用者からの苦情解決の受け付けなどの利用者保護の取り組みを推進しています。

❷ 住宅の確保の支援 ::

▶▶ 公営住宅

　公営住宅は，公営住宅法により，国や地方公共団体が整備する住宅です。公営住宅の目的は，住宅に困窮する低所得者に健康で文化的な生活を提供することとされており，このため，高齢者世帯，障害者世帯，母子世帯などを対象とした特定目的公営住宅が整備されており，こうした特定目的公営住宅については居室のバリアフリー化，スロープやエレベーターの設置などの配慮がなされています。また，高齢者などの入居対象世帯については住宅困窮度が高いことから，優先入居などの取り扱いをすることとされています。さらに，特定目的公営住宅以外の一般公営住宅についても，障害者等の社会的ハンディキャップのある住宅困窮者については優先的な入居の取り扱いが設定され，家賃の減免などでも特別な措置がされています。

▶▶ シルバーハウジング

　シルバーハウジングとは，住宅サービスと保健福祉サービスの連携により，高齢者や障害者などに配慮したバリアフリー化された公営住宅と，生活援助員（ライフサポートアドバイザー；LSA）による日常生活支援サービスの提供を行うもので，60歳以上の高齢者世帯や障害者世帯などのハンディキャップのある人を対象としています。

▶▶ 高齢者の居住の安定確保に関する法律による住宅支援

　2001（平成13）年に公布された「高齢者の居住の安定確保に関する法律」は，良好な居住環境を備えた高齢者向け住宅の供給を促進するため，高齢者円滑入居賃貸住宅の供給促進などを進めてきました。そして，2011（平成23）年4月には同法が一部改正され，同年10月より高齢者の居住の安定を確保するため，バリアフリー構造を有し，介護・医療と連携して高齢者を支援するサービスを提供するサービス付き高齢者向け住宅[15]（→ p.248 参照）の登録制度が創設されました。この法改正に伴い，高齢者円滑入居賃貸住宅の登録制度や，高齢者向け優良賃貸住宅の供給計画の認定制度は廃止となりました。

❸ 高齢者，障害者等の移動等の円滑化の促進に関する法律

「高齢者，障害者等の移動等の円滑化の促進に関する法律」は，高齢者や障害者等の自立した日常生活や社会生活を確保するため，公共交通機関，道路，建物などを一体的にバリアフリー化し，高齢者や障害者等の移動上および施設の利用上の利便性と安全性を向上させることを目的として，2006（平成18）年に公布されました。

この法律は1994（平成6）年に公布され，不特定多数が利用する建物のバリアフリー化を図った「高齢者，身体障害者等が円滑に利用できる特定建築物の建築の促進に関する法律」（ハートビル法）と，2000（平成12）年に公布され公共交通機関等のバリアフリー化を図った「高齢者，身体障害者等の公共交通機関を利用した移動の円滑化の促進に関する法律」（交通バリアフリー法）を統合したものでバリアフリー新法と呼ばれています。

バリアフリー新法では，建物については，移動等円滑化基準（バリアフリー化の最低レベル）と移動等円滑化誘導基準（バリアフリー化の望ましいレベル）が設定され，その基準に適合することで誰でも利用できるようにするとともに，公共交通機関や道路などと一体的に環境を整備することで，ユニバーサルデザイン[46]（➡ p.248 参照）の促進を図ることとしています。

高齢者，障害者等の社会参加の促進には，公共性のある建物を高齢者や障害者等が円滑に，安全に利用できることが求められることから，生活の場である住環境だけでなく，社会全体での環境整備も求められます。

学習のポイント　重要事項を確認しよう！

生活と福祉

■家族

- ●アメリカの社会人類学者であるマードックは，人間社会に関する多数の データ比較をふまえ，家族の最も基礎的（きそてき）なユニットとして夫婦と未婚の 子どもたちからなる核家族（かくかぞく）の概念（がいねん）を提唱しました。　　　**→** p.109
- ●現実の家族をその外面的特徴（がいめんてきとくちょう）により分類する場合，「夫婦家族」「直系 家族」「複合家族」という三つの分類が得られます。　　　**→** p.110

■地域

- ●地域がもつ空間的広がりに社会的なつながりや生活の共同が認められ， 相対的なまとまりをもつ場合，それを地域社会と呼びます。　　　**→** p.114
- ●人口の急激な地域移動は，一方の地域（都市）における過密と，他方の 地域（農村部）における過疎（かそ）をめぐる問題を引き起こします。　　　**→** p.116

■ライフスタイルの変化

- ●生命をもつものの一生の生活にみられる規則的な推移をライフサイクル といいます。　　　**→** p.122
- ●個人の人生に焦点（しょうてん）をあて，その人生の軌跡を家族歴・教育歴・職業歴・ 社会活動歴といった複数の経歴の束としてとらえるライフコースという 概念が登場しています。　　　**→** p.122

社会保障制度

■社会保障の役割・意義と歴史

- ●社会保障とは，広く国民を対象にして，個人の責任や自助努力では対応 しがたい事態（リスク）に対し，公的なしくみを通じて，健やかで安心 できる生活を保障すること。　　　**→** p.126

■社会保障の範囲と対象

- ●社会保障の範囲を各制度の目的や機能に着目して，①所得保障，②医療 保障，③社会福祉に区分することもあります。　　　**→** p.133

■年金保険

- ●わが国の公的年金制度は，被用者年金制度と呼ばれる厚生年金と基礎年

金制度である国民年金をベースとして体系化されています。　→ p.144

- 国民年金の給付の種類には，①老齢基礎年金，②障害基礎年金，③遺族<ruby>遺族<rt>いぞく</rt></ruby>基礎年金などがあります。　→ p.146

■医療保険

- 被保険者がサラリーマン（被用者）の場合の医療保険を健康保険といいます。　→ p.149

■雇用保険

- <ruby>雇用保険<rt>こようほけん</rt></ruby>の現業業務の窓口は公共職業安定所（ハローワーク）が<ruby>担<rt>にな</rt></ruby>っています。　→ p.152

■労働者災害補償保険

- 労働者災害補償保険の現業業務は労働基準監督署が担うことになっています。　→ p.155

■社会福祉

- わが国の社会福祉法制は日本国憲法を<ruby>根拠<rt>こんきょ</rt></ruby>としつつ，福祉六法といった中心的な社会福祉を規定する各法と，それらを束ねる社会福祉法，さらにはそこから派生してきた諸法とからなります。　→ p.165
- 社会福祉法では，第一種社会福祉事業と第二種社会福祉事業を規定しているほかに，社会福祉協議会や地域福祉計画の作成について規定しています。　→ p.169

 第3節 障害者自立支援制度

■障害者自立支援法から障害者総合支援法へ

- 障害者総合支援法では，障害者の定義に新たに難病などを加え，従来の障害程度区分の名称を障害支援区分に改めるとともに，重度の障害者への訪問介護の対象を拡大し，共同生活を行うケアホーム，グループホームを一元化しました。また，障害者支援施設の障害者や精神科病院の精神障害者に加え，地域移行支援の対象者の拡大も図られました。　→ p.175

■サービスの種類と内容

- 障害者総合支援法で提供されるサービスは，①自立支援給付と②地域生活支援事業の2種類に分けられます。　→ p.177

■サービス利用の流れ

- 自立支援給付のうち，介護給付については，障害支援区分認定を<ruby>経<rt>へ</rt></ruby>た後，訓練等給付は障害支援区分認定を経ずに，サービス利用希望者からの意向聴取をふまえて，サービス等利用計画の案が作成されます。　→ p.183
- 支給決定を受けた障害者等には，その内容を記した受給者証が交付され，

決定内容に沿って，サービス事業者と契約を結び，サービス利用を開始します。これを利用契約制度といいます。→ p.183

■自立支援給付と利用者負担

- 介護給付，訓練等給付と同様に，補装具，自立支援医療においても 2012（平成 24）年 4 月より，家計の負担能力に応じた応能負担とすることが定められました。→ p.187
- 地域生活支援事業の負担額は，それを実施する自治体が任意に決めます。→ p.187

■障害者自立支援制度における組織・団体の機能と役割

- 都道府県は，障害者基本法にもとづき都道府県障害者計画を作成し，審議会その他の合議制の機関の設置と運営を担います。また，障害者総合支援法により都道府県障害福祉計画を作成し，市町村の事業実施状況を把握し，市町村への制度実施上の情報提供や助言を行います。→ p.193
- 障害者総合支援法においては，市町村が基本的な制度運用の責任をもち，身体・知的・精神（発達障害を含む）の 3 障害を含め，基本的な障害福祉サービスの実施主体となっています。したがって，サービス利用の申請は市町村が窓口となります。→ p.194

 第4節 介護実践にかかわる諸制度

■サービスの利用にかかわる諸制度

- 日常生活自立支援事業の実施主体となるのは，都道府県社会福祉協議会または指定都市社会福祉協議会です。事業の一部を市区町村社会福祉協議会などに委託して実施しています。→ p.202
- 日常生活自立支援事業のサービスが適切に運営されているかを監視し，利用者からの苦情を受け付ける窓口として，運営適正化委員会が第三者的機関として設置されています。→ p.202
- 成年後見制度には，法定後見制度と任意後見制度の二つがあります。法定後見制度は，判断能力の程度など本人の事情に応じて補助，保佐，後見の三つに支援内容が分けられています。→ p.204

■虐待防止の諸制度

- 高齢者虐待は，「養護者による高齢者虐待」と「養介護施設従事者等による高齢者虐待」の二つに分けられています。→ p.208
- 高齢者虐待防止法では，高齢者虐待を発見しやすい立場にある機関や専門職は早期発見に努めなければなりません。発見した際にはすみやかに市町村に通報することが介護職には求められています。このとき，守秘

義務などをおかすと考えてしまいがちですが，法では虐待の通報を優先するとしています。 → p.209

● 障害者虐待防止法の対象は，障害者基本法に定められている障害者です。また，障害者虐待防止法では，障害者虐待とは，①養護者による障害者虐待，②障害者福祉施設従事者等による障害者虐待，③使用者による障害者虐待，と規定されています。 → p.211

■人々の権利を擁護するその他の諸制度

● 秘密保持や個人情報保護は，一人の職員が守ればよいというものではありません。サービスを提供している事業所である組織も必ず守らなければいけません。 → p.215

● 高齢者や障害者をねらった悪質商法が増加しています。一人暮らしをしている高齢者が被害者になりやすいといえます。 → p.218

■保健医療にかかわる諸制度

● 病気の予防対策としては，第一次予防，第二次予防，第三次予防があります。 → p.221

● 1997（平成9）年から新たに登録される結核患者数（けっかくかんじゃすう）や罹患率（りかんりつ）が上昇に転じ，老人ホームなど福祉施設での集団発生も大きな問題となってきています。 → p.222

■生活を支える諸制度

● 生活保護は，都道府県・市町村の福祉事務所が行うこととされており，生活困窮者（せいかつこんきゅうしゃ）の居住地を所管する福祉事務所が担当することとされています。 → p.230

● 福祉資金制度の主なものとして，生活福祉資金と母子父子寡婦福祉資金（ぼしふしかふふくししきん）があります。 → p.232

1 家庭

かてい
➡ p.104 参照

家族の日常的な生活が営まれる場。介護
活動の場としての家庭は，高齢者や障害
のある人にとって長年住み慣れた場所で
あり，気をつかう必要がないこと，自分
の責任で生活が送れるなどの点で非常に
すぐれた面をもっている。

2 家族

かぞく
➡ p.105 参照

基本的には「夫婦を中核とし，親子，きょ
うだいなどの近親者を構成員とする血縁
的小集団」をいう。同一戸籍ないし同一
住居，生計を共にする，生活福祉追求の
集団。家族員は共通家族意識をもち，相
互の感情的結びつきが深いといえる。

3 世帯

せたい
➡ p.105 参照

住居と生計を共にする人々の集団，また
は独立して住居を維持もしくは生計を営
む単身者を指す。行政上の調査などにお
いて，国民の生活の単位を表すための行
政用語。

4 DV（ドメスティック・バイオレンス）

ディーブイ（どめすてぃっく・ばいおれんす）
➡ p.108 参照

直訳すると「家庭内暴力」であるが，女
性運動においては，「夫，恋人など親密
な関係にある男性から女性に対する暴
力」と定義され，「親密な関係」の範疇
には，配偶者である夫に限らず，元夫，
交際相手，元交際相手，婚約者など幅広
い関係が含まれる，としている。

5 核家族

かくかぞく
➡ p.109 参照

夫婦と未婚の子からなる家族を基本とし
て，片親と未婚の子からなるもの，夫婦
のみからなるもの，を含む。わが国では，
昭和30年代から急激に核家族化の傾向
が進展し，厚生労働省の「平成26年 国
民生活基礎調査」によると，核家族世
帯数は全世帯数の約60％を占める。

6 特定非営利活動促進法

とくていひえいりかつどうそくしんほう
➡ p.117 参照

特定非営利活動を行う団体に法人格を付
与することなどにより，ボランティア活
動をはじめとする市民が行う自由な社会
貢献活動としての特定非営利活動の健全
な発展を促進し，公益の増進に寄与する
ことを目的とする法律。

7 NPO

エヌピーオー
➡ p.117 参照

non-profit organization の略。広義には民間非営利組織といわれるもので、社会福祉協議会、ボランティア団体、福祉公社、協同組合など、営利を目的としない団体を指す。法的には、特定非営利活動促進法により、特定非営利活動を行う団体に法人格が付与され、その活動の推進が図られている。

8 官僚制の逆機能

かんりょうせいのぎゃくきのう
➡ p.120 参照

ある社会システムが社会全体に対してマイナスの影響を与える場合には「逆機能」、プラスの貢献をする場合には「順機能」という。

9 QOL

キューオーエル
➡ p.121 参照

Quality of Life の略。「生活の質」「人生の質」「生命の質」などと訳される。一般的な考えは、生活者の満足感・安定感・幸福感を規定している諸要因の質のこと。諸要因の一方に生活者自身の意識構造、もう一方に生活の場の諸環境があると考えられる。

10 資力調査 (ミーンズ・テスト)

しりょくちょうさ (みーんず・てすと)
➡ p.139 参照

一般的には公的扶助制度において、わが国の場合は生活保護法にもとづいて、申請者の受給資格を判定するために行われる調査のこと。実際にある貯金や債権および資産活用の能力などが調査の具体的内容となる。その性格上、生活内容に深く立ち入るため、否定的・差別的感情がつきまとうので、調査は慎重に行われる必要がある。

11 厚生年金基金

こうせいねんきんききん
➡ p.147 参照

国が行う老齢厚生年金の一部を代行給付するとともに、企業の実情に合った一定割合の給付を上乗せして、被用者の老後の所得をより手厚く保障することを目的とする制度。

12 後期高齢者医療広域連合

こうきこうれいしゃいりょうこういきれんごう
➡ p.151 参照

後期高齢者医療の事務を処理するため、都道府県の区域ごとに区域内のすべての市町村が加入する広域連合。保険料の決定、医療給付などの事務を処理し、財政責任をもつ運営主体という意味では、後期高齢者医療の保険者であるといえる。

13 公共職業安定所 (ハローワーク)

こうきょうしょくぎょうあんていじょ (はろーわーく)
➡ p.152 参照

職業安定法にもとづき、労働市場の実情に応じて労働力の需給の適正な調整を行うために、全国的体系で組織・設置されている総合的雇用サービス機関。その業務は、求人・求職の申し込みの受理、職業指導、職業相談、職業斡旋などの職

業紹介サービス，雇用保険に関する業務などであり，無料で行われている。

14 ナショナル・ミニマム

なしょなる・みにまむ
➡ p.158 参照

社会的に容認された国民の最低限度の生活水準を，国家の責任において保障すること。わが国では，憲法第 25 条に生存権の保障として規定されており，生活保護法をはじめとする各公共政策で具体的に実施されている。

15 ケースワーカー

けーすわーかー
➡ p.160 参照

社会生活のなかで困難や問題をかかえ，専門的な援助を必要としている人に対して，社会福祉の立場から，個別事情に即した課題の解決や緩和のために助言・援助を行う者のこと。

16 福祉六法

ふくしろっぽう
➡ p.165 参照

生活保護法，児童福祉法，身体障害者福祉法，知的障害者福祉法，老人福祉法，母子及び父子並びに寡婦福祉法の六つの法律をいう。昭和 20 年代に成立した生活保護法，児童福祉法，身体障害者福祉法を福祉三法と呼んでいたが，昭和 30 年代に福祉六法体制となった。

17 高齢者の医療の確保に関する法律

こうれいしゃのいりょうのかくほにかんするほうりつ
➡ p.165 参照

2006（平成 18）年の「健康保険法等の一部を改正する法律」により，老人保健法を改称し，高齢期における適切な医療の確保について定めた法律。

18 少子化社会対策基本法

しょうしかしゃかいたいさくきほんほう
➡ p.165 参照

急速な少子化の進行は，わが国の人口構造にひずみを生じさせ，21 世紀の国民生活に，深刻かつ多大な影響をもたらすことから，少子化社会における施策の基本理念を明らかにし，少子化に的確に対処するための施策を総合的に推進することを目的とした法律。

19 高齢社会対策基本法

こうれいしゃかいたいさくきほんほう
➡ p.165 参照

国をはじめ社会全体として高齢社会対策を総合的に推進するための法律。基本的施策として「就業・所得」「健康・福祉」「学習・社会参加」「生活環境」「調査研究等」「国民の意見の反映」の施策について明らかにし，また，内閣府に特別の機関として高齢社会対策会議の設置を定めている。

20 第一種社会福祉事業

だいいっしゅしゃかいふくしじぎょう
➡ p.169 参照

社会福祉事業のうち，相対的に強い規制の対象となる事業。施設サービスなど，

利用者の生活と密接な関係を有し，事業の継続性，安定性の確保などの必要性が特に高いものが対象とされている。原則として，経営主体は，国，地方公共団体または社会福祉法人に限られ，その他の者が事業を行おうとする場合には，都道府県知事の許可を受ける必要がある。

21 第二種社会福祉事業

だいにしゅしゃかいふくしじぎょう
➡ p.169 参照

社会福祉事業のうち，第一種社会福祉事業ではないものをいう。経営主体についての制限は設けられていないが，事業開始の際は，都道府県知事に届出を行う必要がある。

22 地域福祉計画

ちいきふくしけいかく
➡ p.169 参照

各自治体が整備すべき社会福祉サービスや施設について数値目標が明記されたもの。社会福祉法において地域福祉の推進が求められ，施設福祉中心であった従来の福祉制度の見直しが行われている。

23 支援費制度

しえんひせいど
➡ p.175 参照

障害者自らが，サービスを提供する指定事業者や施設を選び，直接契約を結んでサービスを利用するしくみ。2006（平成18）年度に廃止された。

24 同行援護

どうこうえんご
➡ p.175 参照

視覚障害により，移動にいちじるしい困難を有する障害者・児について，外出時において，移動の援護，排泄や食事などの介護，そのほか必要な援助を同行して行うサービス。

25 公費負担医療

こうひふたんいりょう
➡ p.179 参照

国や地方公共団体が，医療受益者にかわって，その医療費を負担する制度のこと。

26 障害者政策委員会

しょうがいしゃせいさくいいんかい
➡ p.192 参照

障害者基本法にもとづき，内閣総理大臣が障害者基本計画の案を作成する際に意見を聴くための機関として，内閣府に設置される機関。障害者基本計画の策定に関する調査審議・意見具申，同計画の実施状況の監視・勧告を行う。

27 障害者基本計画

しょうがいしゃきほんけいかく
➡ p.192 参照

障害者基本法にもとづき，政府が策定する障害者の自立および社会参加の支援などのための施策の総合的かつ計画的な推進を図るための基本的な計画。地方公共団体においてもこれを基本とするとともに，各都道府県または各市町村は，それぞれの地域の障害者の状況などをふま

え，都道府県障害者計画，市町村障害者計画を策定しなければならない。

28 障害福祉計画

しょうがいふくしけいかく
→ p.192 参照

障害者総合支援法にもとづき，障害福祉サービスや相談支援，地域生活支援事業の提供体制を整備し，自立支援給付および地域生活支援事業の円滑な実施を確保するために策定される行動計画。国は基盤整備に関する基本指針を策定し，指針に即して，市町村は市町村障害福祉計画を，都道府県は都道府県障害福祉計画を策定することが義務づけられている。

29 発達障害者支援センター

はったつしょうがいしゃしえんせんたー
→ p.193 参照

自閉症などの発達障害のある障害児・者に対する支援を総合的に推進する地域の拠点となる機関。都道府県，指定都市または委託を受けた社会福祉法人などが運営する。

30 市町村障害福祉計画

しちょうそんしょうがいふくしけいかく
→ p.194 参照

障害者総合支援法にもとづいて市町村が作成する計画。障害者自立支援法から障害者総合支援法への改正に伴い，福祉サービスの供給体制の確保にかかる目標数値，年度ごとの必要量の見込み，地域生活支援事業の種類ごとの実施に関する事項，その確保のための方策，医療機関などとの連携に関する事項など，細かく

計画を立案することが定められた。

31 協議会

きょうぎかい
→ p.194 参照

障害のある人の地域における自立生活を支援していくために，関係機関・団体，障害者等やその家族，障害福祉サービス事業者や医療・教育・雇用を含めた関係者が，地域の課題を共有し，地域の支援体制の整備について協議を行う場で，地方公共団体が単独または協同して設置するもの。なお，障害者総合支援法においては，「自立支援協議会」の名称を地方公共団体が地域の実情に応じて変更できるよう，「協議会」として規定されている。

32 基幹相談支援センター

きかんそうだんしえんせんたー
→ p.194 参照

障害者自立支援法の改正により，相談支援体制の強化を目的として2012（平成24）年から設置された施設。地域における相談支援の中核的役割を担い，相談支援事業，成年後見制度利用支援事業および身体障害者・知的障害者・精神障害者などにかかわる相談支援を総合的に行うことを目的とする。

33 障害者就業・生活支援センター

しょうがいしゃしゅうぎょう・せいかつしえんせんたー
→ p.196 参照

障害のある人が職業生活における自立を図るために，就業や，就業に伴う日常生活上の支援を行い，その人の職業の安定を図ることを目的として設立された一般

社団法人もしくは一般財団法人，社会福祉法人，NPO法人などで，都道府県知事の指定を受けたものをいう。

34 乳幼児健康診査

にゅうようじけんこうしんさ
➡ p.197 参照

母子保健法にもとづき，市町村が実施主体となり，乳幼児に対して実施する健康診査。①1歳6か月児健康診査，②3歳児健康診査，③必要に応じ実施される乳幼児健康診査がある。

35 更生相談所

こうせいそうだんじょ
➡ p.197 参照

身体障害者福祉法，知的障害者福祉法にもとづいて，都道府県が設置する障害者の更生援護に関する専門的相談・判定機関。身体障害者更生相談所，知的障害者更生相談所がこれに当たる。

36 療育

りょういく
➡ p.197 参照

「肢体不自由児の父」といわれる高木憲次の造語であり，療は医療を，育は養育・保育・教育を意味し，「療育とは，時代の科学を総動員して，肢体不自由をできるだけ克服し，自活の途が立つよう育成することである」と定義された。

37 放課後児童健全育成事業

ほうかごじどうけんぜんいくせいじぎょう
➡ p.199 参照

保護者が労働などにより昼間家庭にいない小学校低学年児童などに対して，授業の終了後に児童厚生施設などを利用して適切な遊びや生活の場を与えて，その健全な育成を図る事業。放課後児童指導員が配置された児童館，保育所や学校の余裕教室，団地の集会室などの社会資源を活用して実施される。

38 障害者の雇用の促進等に関する法律

しょうがいしゃのこようのそくしんとうにかんするほうりつ
➡ p.200 参照

障害のある人がその能力に適合する職業に就くことなどを通じて，自立することを促進するための措置を総合的に講じ，障害のある人の職業の安定を図ることを目的とする法律。公共職業安定所，障害者職業センター，障害者就業・生活支援センターなどにおける職業リハビリテーションの推進，障害者雇用率制度などにもとづく雇用の促進などについて定めている。

39 ジョブコーチ

じょぶこーち
➡ p.200 参照

職場適応援助者ともいう。障害のある人が就職を目指して実習を行っている現場や，雇用されて働いている職場に派遣されることによって，職場習慣の確立や，同僚への障害者の特性に関する理解の促進など，きめ細かな人的支援，専門的な支援が実施され，障害のある人の就職および職場定着の促進が図られている。

40 悪質商法

あくしつしょうほう
➡ p.204 参照

悪質な業者が不当な利益を得るために行う，社会通念上問題のある商売方法のこと。不安をあおったり，親切にして信用させたりして商品やサービスを売りつける。

41 公正証書

こうせいしょうしょ
➡ p.204 参照

法律の専門家である公証人が，公証人法や民法などの法律に従って作成する公文書のこと。

42 養護者

ようごしゃ
➡ p.208 参照

こうれいしゃぎゃくたいぼうしほう
高齢者 虐 待防止法では，高齢者を現に養護する者であって，老人福祉施設，介護老人福祉施設，介護老人保健施設などの養介護施設の従事者以外のものと定義されている。

43 養介護施設

ようかいごしせつ
➡ p.208 参照

こうれいしゃぎゃくたいぼうしほう
高齢者 虐 待防止法において施設従事者による虐待防止の対象となる施設。老人福祉施設（老人デイサービスセンター，養護老人ホーム，軽費老人ホームなど），有料老人ホーム，地域密着型介護老人福祉施設，介護老人福祉施設，介護老人保健施設，地域包括支援センターをいう。

44 クーリング・オフ制度

くーりんぐ・おふせいど
➡ p.218 参照

購入者が訪問販売など営業所以外の場所において，指定商品や権利などについて
けいやく ていけつ
契約の締結をした場合に，一定の期間内であれば，購入者が販売業者に通知して無条件に契約の解除をすることができる制度。

45 サービス付き高齢者向け住宅

さーびすつきこうれいしゃむけじゅうたく
➡ p.236 参照

高齢者の居住の安定確保に関する法律において，高齢者生活支援サービスを提供することとしている賃貸住宅とされ，都道府県知事の登録を受けたものをいう。

46 ユニバーサルデザイン

ゆにばーさるでざいん
➡ p.237 参照

設計段階からバリア（障壁）のないものを構想し，障害のある人や高齢者などの特別な人々を対象としたものではなく，すべての人々が共通して利用できるような
めざ がい
ものや環境をつくることを目指した概
ねん
念のこと。

資料

● 身体障害者福祉法における別表

(1) 次に掲げる視覚障害で，永続するもの

　1　両眼の視力（万国式試視力表によって測ったものをいい，屈折異常がある者については，矯正視力について測ったものをいう。以下同じ。）がそれぞれ 0.1 以下のもの

　2　一眼の視力が 0.02 以下，他眼の視力が 0.6 以下のもの

　3　両眼の視野がそれぞれ 10 度以内のもの

　4　両眼による視野の 2 分の 1 以上が欠けているもの

(2) 次に掲げる聴覚又は平衡機能の障害で，永続するもの

　1　両耳の聴力レベルがそれぞれ 70 デシベル以上のもの

　2　一耳の聴力レベルが 90 デシベル以上，他耳の聴力レベルが 50 デシベル以上のもの

　3　両耳による普通話声の最良の語音明瞭度が 50 パーセント以下のもの

　4　平衡機能の著しい障害

(3) 次に掲げる音声機能，言語機能又はそしゃく機能の障害

　1　音声機能，言語機能又はそしゃく機能の喪失

　2　音声機能，言語機能又はそしゃく機能の著しい障害で，永続するもの

(4) 次に掲げる肢体不自由

　1　一上肢，一下肢又は体幹の機能の著しい障害で，永続するもの

　2　一上肢のおや指を指骨間関節以上で欠くもの又はひとさし指を含めて一上肢の二指以上をそれぞれ第一指骨間関節以上で欠くもの

　3　一下肢をリスフラン関節以上で欠くもの

　4　両下肢のすべての指を欠くもの

　5　一上肢のおや指の機能の著しい障害又はひとさし指を含めて一上肢の三指以上の機能の著しい障害で，永続するもの

　6　1 から 5 までに掲げるもののほか，その程度が 1 から 5 までに掲げる障害の程度以上であると認められる障害

(5) 心臓，じん臓又は呼吸器の機能の障害その他政令で定める障害※で，永続し，かつ，日常生活が著しい制限を受ける程度であると認められるもの

※身体障害者福祉法施行令

第 36 条　法別表第 5 号に規定する政令で定める障害は，次に掲げる機能の障害とする。

　1　ぼうこう又は直腸の機能

　2　小腸の機能

　3　ヒト免疫不全ウイルスによる免疫の機能

　4　肝臓の機能

さくいん index

編者・執筆者一覧

■編者

黒澤 貞夫 (くろさわ さだお)
浦和大学名誉教授

是枝 祥子 (これえだ さちこ)
大妻女子大学名誉教授

白井 孝子 (しらい たかこ)
東京福祉専門学校ケアワーク学部教務主任

石橋 真二 (いしばし しんじ)
公益社団法人日本介護福祉士会会長

上原 千寿子 (うえはら ちずこ)
尾道福祉専門学校校長

■執筆者 (五十音順)

井上 泰司 (いのうえ たいじ) ——————— 第3章第3節7・8
特定非営利活動法人大阪障害者センター常務理事

遠藤 慶子 (えんどう けいこ) ——————— 第3章第4節5❹
東京医科歯科大学大学院医歯学総合研究科講師

黒澤 貞夫 (くろさわ さだお) ——————— 第1章第1節
浦和大学名誉教授

坂本 毅啓 (さかもと たけはる) ——————— 第3章第2節8〜12
北九州市立大学地域創生学群准教授

澤 宣夫 (さわ のりお) ——————— 第1章第3節1
長崎純心大学人文学部教授

塩見 洋介 (しおみ ようすけ) ——————— 第3章第3節1〜6
特定非営利活動法人大阪障害者センター事務局長

添田 正揮 (そえた まさき) ——————— 第3章第4節1〜3
川崎医療福祉大学医療福祉学部講師

高野 龍昭 (たかの たつあき) ——————— 第2章
東洋大学ライフデザイン学部准教授

平木 久子 (ひらき ひさこ) ——————— 第1章第2節4
一般社団法人埼玉県介護福祉士会会長

平野 方紹 (ひらの まさあき) ——————— 第3章第4節6・7
立教大学コミュニティ福祉学部教授

藤森 雄介 (ふじもり ゆうすけ) ——————— 第3章第2節5〜7
淑徳大学国際コミュニケーション学部准教授

増田 雅暢 (ますだ まさのぶ) ——————— 第3章第2節1〜4
岡山県立大学保健福祉学部教授

八木 裕子 (やぎ ゆうこ) ——————— 第1章第2節1〜3, 第3節4・5
東洋大学ライフデザイン学部准教授

矢原 隆行 (やはら たかゆき) ——————— 第3章第1節
広島国際大学医療福祉学部教授

山本 光昭 (やまもと みつあき) ——————— 第3章第4節4・5❶〜❸
兵庫県健康福祉部医監

横尾 惠美子 (よこお えみこ) ——————— 第1章第3節2・3
聖隷クリストファー大学社会福祉学部教授

介護福祉士実務者研修テキスト
【第1巻】人間と社会

2015 年 11 月 20 日　初 版 発 行
2017 年 2 月 1 日　初版第 4 刷発行

編　集	黒澤貞夫・石橋真二・是枝祥子・上原千寿子・白井孝子
発行者	荘村明彦
発行所	中央法規出版株式会社
	〒 110-0016　東京都台東区台東 3-29-1　中央法規ビル
	営　業　TEL03-3834-5817　FAX03-3837-8037
	書店窓口　TEL03-3834-5815　FAX03-3837-8035
	編　集　TEL03-3834-5812　FAX03-3837-8032
	http://www.chuohoki.co.jp/
印刷・製本	サンメッセ株式会社
本文デザイン	ケイ・アイ・エス

定価はカバーに表示してあります。
ISBN978-4-8058-5264-4